新编21世纪高等职业教育精品教材·公共基础课系列

形势与政策

（第2版）

主　编　姚　勇

副主编　张建明　费丽莎

中国人民大学出版社

·北京·

图书在版编目（CIP）数据

形势与政策/姚勇主编．--2版．--北京：中国人民大学出版社，2021.8

新编21世纪高等职业教育精品教材·公共基础课系列

ISBN 978-7-300-29670-8

Ⅰ．①形… Ⅱ．①姚… Ⅲ．①时事政策教育一高等职业教育一教材 Ⅳ．①G641.41

中国版本图书馆CIP数据核字（2021）第145098号

新编21世纪高等职业教育精品教材·公共基础课系列

形势与政策（第2版）

主　编　姚　勇

副主编　张建明　费丽莎

Xingshi yu Zhengce

出版发行	中国人民大学出版社		
社　　址	北京中关村大街31号	**邮政编码**	100080
电　　话	010－62511242（总编室）		010－62511770（质管部）
	010－82501766（邮购部）		010－62514148（门市部）
	010－62515195（发行公司）		010－62515275（盗版举报）
网　　址	http://www.crup.com.cn		
经　　销	新华书店		
印　　刷	北京鑫丰华彩印有限公司	**版　　次**	2021年1月第1版
规　　格	185mm×260mm　16开本		2021年8月第2版
印　　张	15.5 插页1	**印　　次**	2021年8月第1次印刷
字　　数	305 000	**定　　价**	40.00元

前　言

PREFACE

“形势与政策”是教育部规定的高校必修课程，是高校思想政治理论课的重要组成部分。本课程是一门理论武装时效性、释疑解惑针对性、教育引导综合性都很强的课程，是对学生进行形势与政策教育的主渠道、主阵地，在大学生思想政治教育中担负着重要使命，具有不可替代的重要作用。

本书是为“形势与政策”这门课程专门编写的教学用书。本书以习近平新时代中国特色社会主义思想为指导，围绕“两个一百年”奋斗目标，针对学生关注的热点问题和思想特点，帮助大学生正确认识新时代国内外形势，深刻领会党的十八大以来党和国家事业取得的历史性成就、发生的历史性变革、面临的历史性机遇和挑战，教育和引导大学生全面、准确地理解党的基本理论、基本路线、基本方略，树牢“四个意识”，坚定“四个自信”，做到“两个维护”，坚定在中国共产党领导下走中国特色社会主义道路的信心和决心，积极投身实现伟大复兴中国梦的生动实践中去，成为能够担当民族复兴大任的时代新人。

通过对本课程的学习，作为当代大学生，要正确认识世界和中国发展大势，正确认识时代责任和历史使命，正确认识远大抱负和脚踏实地，能够树立正确的世界观和价值观。

本书涵盖四个专题共十章。一是全面从严治党形势与政策专题（第一章），重点讲授为什么要坚持和加强党的领导，怎样加强党的全面领导，如何使党的领导行稳致远。二是我国经济社会发展形势与政策专题（第二至八章），重点讲授凝心聚力，抗击疫情；坚持和完善中国特色社会主义制度，推进国家治理体系和治理能力现代化；贯彻实施中国民法典，开启中国法治新时代；决胜脱贫攻坚战，共享全面小康成果；贯彻新思想新理念，推动经济社会新发展；打造“最强大脑”，建设创新型国家；弘扬中华优秀传统文化，建设社会主义文化强国等内容。三是港澳台工作形势与政策专题（第九章），重点讲授“一国两制”的成功实践。四是国际形势与政策专题（第十章），重点讲授中国坚持和平发展道路、推动构建人类命运共同体的新理念、新贡献。

本书由河南经贸职业学院党委书记姚勇担任主编，马克思主义学院书记张建明、形势与政策教研室主任费丽莎担任副主编。具体编写分工如下：张建明负责编写第一章的内容；费丽莎负责编写第十章第一、二、三节的内容；司慧积负责编写第二、五章的内容；梁文闻负责编写第三、六章的内容；张小静负责编写第四、八章及第十章第四节的内容；杨霞负责编写第七、九章的内容；姚勇负责全书的统稿和审稿工作。

由于时间有限，书中难免存在纰漏，希望广大读者或同行批评指正。此外，在编写过程中，我们引用了一些专家学者的研究成果，谨此一并致谢！

编　者

2021年4月

目　录

CONTENTS

第一章 坚持和加强党的领导

★★★★★

中国共产党是中国特色社会主义事业的领导核心。党的领导是做好党和国家各项工作的根本保证。没有共产党，就没有新中国，就没有新中国的繁荣富强。坚持中国共产党这一坚强领导核心，是中华民族的命运所系。有了中国共产党执政，是中国、中国人民、中华民族的一大幸事。只要我们深入了解中国近代史、中国现代史、中国革命史，就不难发现，如果没有中国共产党的领导，我们的国家、我们的民族不可能取得今天这样的成就，也不可能占有今天这样的国际地位。中国共产党的领导地位不是自封的，而是中国历史发展的必然，是中国人民的选择，实践已经并将进一步证明历史和人民的选择是完全正确的。在坚持党的领导这个重大原则问题上，我们脑子要特别清醒、眼睛要特别明亮、立场要特别坚定，绝不能有任何含糊和动摇。

第一节 为什么要坚持和加强党的领导

习近平总书记指出："历史和人民选择中国共产党领导中华民族伟大复兴的事业是正确的，必须长期坚持、永不动摇。"这一重大论断，具有充分的历史依据、理论依据、现实依据，具有深刻的历史逻辑、理论逻辑、实践逻辑。

一、坚持和加强党的领导是历史形成的

习近平总书记指出："实现中华民族伟大复兴，是中华民族近代以来最伟大的梦想。"中华民族 5 000 多年的文明史从未中断，经济社会发展曾长期处于世界前列。1840 年鸦片战争以后，由于封建统治者故步自封、腐朽无能，加之资本主义列强的侵略，中国逐步沦为半殖民地半封建社会，受尽欺凌，到了亡国灭种的边缘。从此，救亡图存成为中华儿女共同心愿的"最大公约数"。无数仁人志士为此进行了不懈探索，从戊戌变法到辛亥革命，从清末的"君主立宪"到孙中山的中华民国，各种方案都失败了，都没能从根本上改变中华民族受压迫、受剥削的悲惨境地。

"自从有了中国共产党，中国革命的面目就焕然一新了。"1921 年，中国共产党成立之时，就把为中国人民谋幸福、为中华民族谋复兴作为自己的初心和使命，确立了新民主主义革命的正确道路，让灾难深重的中国人民看到了新的希望，有了新的依靠。我们党"唤起工农千百万"，团结带领人民经过艰苦卓绝的土地革命战争、抗日战争、解放战争，推翻了压在中国人民头上的帝国主义、封建主义、官僚资本主义"三座大山"，建立了人民当家作主的中华人民共和国，彻底结束了近代以来中国内忧外患、积贫积弱的悲惨命运，开启了中华民族发展进步的新纪元。站起来的中国人民和各民主党派共同选择中国共产党作为领导中华民族伟大复兴事业的执政党。

新中国成立后，面对一穷二白、百废待兴的局面，面对人口众多、人均资源不足、经济基础薄弱的基本国情，面对帝国主义的敌视和封锁，我们党在通过抗美援朝战争稳固周边环境的同时，迅速医治战争创伤。中国从新民主主义社会迅速过渡到社会主义社会，实行生产资料公有制，发挥社会主义集中力量办大事的优势，多快好省地建设"四个现代化"。尽管探索之路艰辛坎坷，但我们成功建立和巩固了社会主义基本制度，建立了独立的比较完整的工业体系和国民经济体系，为人民幸福、民族复兴奠定了根本制

度基础和物质基础。

党的十一届三中全会以后，我们党果断纠正“文化大革命”的错误，坚持以经济建设为中心、坚持四项基本原则、坚持改革开放，成功开创中国特色社会主义道路，极大提高了国家经济实力、科技实力、综合国力和人民生活水平。到2010年，我国国内生产总值跃升为世界第二位，先后成为世界第一制造大国、第一贸易大国。中国人民基本过上小康生活，“富起来”的目标正在实现。全国各族人民从实践中认识到中国特色社会主义是发展中国的唯一正确道路，更加拥护中国共产党的领导。

党的十八大以来，中国特色社会主义进入新时代。面对世界复杂多变的形势和国内繁重艰巨的改革发展任务，面对各种重大风险考验和党内存在的突出问题，以习近平同志为核心的党中央举旗亮剑、锐意进取，统筹推进“五位一体”总体布局，协调推进“四个全面”战略布局，以深化改革增添发展动力，以高压反腐净化政治生态，以扶贫攻坚解决突出民生问题，解决了许多长期想解决而没有解决的难题，办成了许多过去想办而没有办成的大事，党和国家事业取得了历史性成就，发生了历史性变革，谱写了新时代中国特色社会主义新篇章。党的十九大擘画了实现中华民族伟大复兴的宏伟蓝图，提出到21世纪中叶把我国建成富强民主文明和谐美丽的社会主义现代化强国的宏伟目标。党的十九大以来，在以习近平同志为核心的党中央正确领导下，全党全国人民众志成城，战胜了前进道路上的种种艰难险阻，特别是在遭遇战中取得了抗击新冠肺炎疫情的重大战略成果，充分彰显了习近平新时代中国特色社会主义思想的实践伟力、中国特色社会主义制度的巨大优势、中国共产党的强大执政能力。

近百年来，我们党团结带领全国各族人民实现了民族独立、人民解放，找到了实现中华民族伟大复兴的正确道路，创造了世所罕见的经济快速发展、社会长期稳定“两大奇迹”，中华民族迎来了从站起来、富起来到强起来的伟大飞跃，中国特色社会主义迎来了从创立、发展到完善的伟大飞跃，中国人民迎来了从温饱不足到小康富裕的伟大飞跃，创造了中华民族发展史上、世界社会主义发展史上、人类社会发展史上的“中国奇迹”。美国知名公关公司日前发布的信任度调查显示，中国民众对本国政府信任度达95%，在受访国家中排名第一。

因此，坚持中国共产党的领导，是近代以来中国历史发展的必然，是时代发展的必然，是历史选择了中国共产党。实践已经并将继续证明，中国人民的历史性选择是完全正确的。

二、坚持和加强党的领导是人民选择的

“时代是出卷人，我们是答卷人，人民是阅卷人。”中国共产党好不好，中国共产党

的领导是不是正确，中国人民最有发言权，人民拥护不拥护、赞成不赞成、高兴不高兴、答应不答应是衡量的标准。中国共产党的领导地位，是中国人民经过长期的历史比较后作出的郑重选择。中国共产党从只有50多名党员发展成为今天拥有9 100多万名党员，成为在世界人口最多的国家长期执政的世界第一大党，团结带领全国人民取得革命、建设、改革的伟大胜利，根本原因在于我们党来自人民，为人民而生，因人民而兴，人民始终把中国共产党作为自己利益的忠实代表者，始终团结在党的周围，衷心拥护党的领导。

中国共产党始终坚持以科学理论为指导。理论是行动的指南。马克思主义科学揭示了人类社会发展客观规律，为人类社会发展指明了唯一的正确道路。我们党就是在马克思列宁主义指导下建立起来的，并把马克思列宁主义基本原理同中国革命、建设、改革的实践紧密结合起来，不断推进马克思主义中国化、时代化，先后创立了毛泽东思想、邓小平理论、“三个代表”重要思想、科学发展观、习近平新时代中国特色社会主义思想，实现了党的指导思想的与时俱进。在科学理论指导下，我们党能够及时洞察和把握社会发展大趋势，始终“站在历史正确的一边”，坚持战略思维、历史思维、辩证思维、创新思维、法治思维、底线思维，不断增强决策的战略性、前瞻性、科学性，特别是找到了新民主主义革命—社会主义革命和建设—中国特色社会主义道路这一民族复兴的正确路线。同时，马克思主义及其中国化、时代化的理论成果，为中国人民认识和改造世界提供了强大思想武器，使中国人民精神上由被动变为主动。

中国共产党始终代表中国最广大人民的根本利益。马克思主义创始人在《共产党宣言》中庄严宣告：“过去的一切运动都是少数人的或者为少数人谋利益的运动。无产阶级的运动是绝大多数人的，为绝大多数人谋利益的独立的运动。”代表多数人还是少数人，这是马克思主义政党与其他政党的根本区别。在近百年的奋斗历程中，一代又一代中国共产党人的一切奋斗都是为中国人民谋幸福、为中华民族谋复兴。在革命战争年代，我们党领导人民打土豪、分田地，开展抗日战争、赶走日本侵略者，推翻蒋家王朝、建立新中国，是为人民根本利益而斗争；在和平建设年代，我们党领导人民开展社会主义革命和建设、改变一穷二白的国家面貌，实行改革开放、推进社会主义现代化，是为人民根本利益而斗争；在新时代，我们党领导人民全面建成小康社会、全面建设社会主义现代化国家，包括决战脱贫攻坚，坚决打赢疫情防控的人民战争、总体战、阻击战，同样是为人民根本利益而斗争。

中国共产党始终坚持以人民为中心的根本政治立场。中国共产党是中国工人阶级的先锋队，同时是中国人民和中华民族的先锋队，党的根本宗旨是全心全意为人民服务，始终为了国家和人民的根本利益，没有自己的特殊的利益。习近平总书记指出：“人民对美好生活的向往，就是我们的奋斗目标。”我们党坚持历史唯物主义，视人民为历史进步的根本动力，把党作为人民实现其根本利益的工具，把群众路线作为党的根本工作路线，始终与人民同呼吸、共命运、心连心。我们党始终把保障人民的国家主人地位、实现人民根本利益作为制定方针政策的出发点和落脚点，不断增强人民的获得感、幸福感、安全感。党与人民同心同德、水乳交融，党和人民的血肉联系是任何敌对势力都无法离间的。

中国共产党始终为实现初心使命而不懈奋斗。我们党自成立以来，矢志不渝地践行为中国人民谋幸福、为中华民族谋复兴的初心和使命。在近百年革命、建设、改革的奋斗历程，可谓荆棘遍布，遇到的艰难险阻是中外历史上少有的，但我们党事不避难敢担当，永葆斗争精神，审时度势、科学决策，以“踏平坎坷成大道，斗罢艰险又出发”的顽强意志，以“狭路相逢勇者胜”的大无畏革命精神去战胜前进道路上的各种困难，作出了巨大牺牲，上百万共产党人甚至献出了宝贵生命，谱写了一曲曲惊天地泣鬼神的奋斗赞歌。为了民族和人民的利益，我们党胜不骄败不馁，不断追求新的更大目标，领导全国人民夺取了全国政权却只视为“万里长征迈出的第一步”，基本实现小康目标后又提出全面建成小康社会的新目标，党的十九大把原定基本实现社会主义现代化的时间提前 15 年，马不停蹄、只争朝夕地朝着中华民族伟大复兴的目标不懈奋进，走完了发达国家用上百年甚至几百年才走完的路。我们党这种不畏艰险、不怕牺牲、永不懈怠的奋斗精神深深地感染了全国各族人民，全国各族人民由衷地把我们党当作自己的“主心骨”。

中国共产党始终以人格力量凝聚党心民心、感召人民。中国共产党作为马克思主义执政党，不仅有强大的真理力量，还有强大的人格力量。无数中国共产党人用他们的人格力量，感召亿万人民群众跟党走，万众一心为中国革命、建设、改革而团结奋斗。在革命战争年代，长征途中三位红军女战士用半条被子生动诠释了中国共产党是什么、要干什么；在建设时期，焦裕禄“心中装着全体人民，唯独没有他自己”的感人事迹教育了一代又一代人。他们是时代的先锋、民族的脊梁，他们身上焕发着凝聚和激励亿万人民不断前进的强大精神力量。

中国共产党始终得到人民的拥护支持。习近平总书记指出：“谁把人民放在心上，人民就把谁放在心上。”民心是最大的政治，一个政党的前途命运，取决于人民的选择。“最后一碗米送去做军粮，最后一尺布送去做军装，最后一件老棉袄盖在担架上，最后一个亲骨肉送去上战场。”在革命战争年代异常艰苦、危险的条件下，人民群众毫无保留地支持中国共产党、拥护中国共产党。今天，人民群众依然毫无保留地拥护和支持中国共产党。这是中国共产党执政的最大底气。

历史和现实充分证明，中国人民选择中国共产党的领导是完全正确的。正是因为有这样一个始终恪守“人民对美好生活的向往，就是我们的奋斗目标”、始终坚持以人民为中心的先进政党的领导，我们的国家、我们的民族才能取得今天这样的成就。面向未来，实践还将进一步证明，中国共产党让人民过上好日子的根本目的是始终不渝的，中国人民对中国共产党的拥护和支持是毫不动摇的。

办好中国的事情，关键在党。我们党所做的一切，就是让中国人民过上美好生活，让老百姓幸福。坚持以人民为中心，不断满足人民对美好生活的向往，就要坚持和加强党的全面领导。今天的中国共产党，创造力、凝聚力、战斗力显著增强，团结统一更加巩固，党群关系明显改善，党在革命性锻造中更加坚强，焕发出强大生机活力，为全面贯彻落实坚持以人民为中心提供了坚强政治保证。面向新的征程，中国共产党将不忘初心、牢记使命，始终走在时代前列，以更加昂扬的姿态，团结带领全国人民实现中华民族伟大复兴的中国梦，不断向历史和人民交出新的更加优异的答卷。

三、坚持和加强党的领导是宪法确定的

第十三届全国人民代表大会第一次会议表决通过的《中华人民共和国宪法修正案》第36条，将“中国共产党领导是中国特色社会主义最本质的特征”增写入宪法第一条第二款。“中国特色社会主义最本质的特征是中国共产党领导”，是习近平新时代中国特色社会主义思想的一个重要论断，深刻揭示了中国共产党领导与中国特色社会主义之间内在的统一性。把这一理论创新成果充实进宪法规定的国家根本制度之中，对于坚持和加强党的全面领导、科学表述和完善发展国家根本制度与国体、推进中国特色社会主义事业发展都具有重要而深远的意义。

党的领导地位，是历史的选择、人民的选择，确定党在国家中的领导地位是我国宪法的题中应有之义。现行宪法在序言中回顾总结了党领导人民进行革命、建设、改革的奋斗历程和根本成就，宣示“中国各族人民将继续在中国共产党领导下”“坚持人民民主专政，坚持社会主义道路”，确立了党在国家中的领导地位。宪法在序言确定党的领导地位的基础上，进一步在总纲中增写“中国共产党领导是中国特色社会主义最本质的特征”，把党的领导由宣示性、纲领性的序言式叙述，上升为具有法的规范性和约束力的宪法规范，使宪法“禁止任何组织或者个人破坏社会主义制度”的规定内在地包含“禁止破坏党的领导”的内涵，为坚持和加强党的全面领导提供了宪法依据，为惩处反对、攻击、破坏、颠覆党的领导的行为提供了宪法保障，有利于坚持党的领导、人民当家作主、依法治国有机统一，有利于在全体人民中强化党的领导意识，有效把党的领导落实到国家工作全过程和各方面，确保党和国家事业始终沿着正确方向前进。

“社会主义制度是中华人民共和国的根本制度。”我国宪法第一条开宗明义地规定了我国的国家性质和国体，即“工人阶级领导的、以工农联盟为基础的人民民主专政的社

会主义国家”。这从社会主义制度本质属性的角度更加科学、全面地规定了我国的国家根本制度和国体。一方面，最本质特征是一个事物区别于其他事物的根本属性。中国共产党是中国特色社会主义的开辟者、领导者和推动者，党的领导是当代中国最大的国情、最大特色和最本质特征，是中国特色社会主义制度的最大优势。另一方面，中国共产党是中国工人阶级的先锋队，同时是中国人民和中华民族的先锋队，是中国特色社会主义事业的领导核心。坚持社会主义道路、坚持人民民主专政、坚持中国共产党的领导、坚持马克思列宁主义毛泽东思想这四项基本原则，是我们的立国之本。因此，在宪法总纲中确立“中国共产党领导是中国特色社会主义最本质的特征”，是对党的领导与中国特色社会主义之间内在统一性的深刻认识，也是对国家根本制度和国体的科学表述。

中国特色社会主义是在党的领导下开创和发展起来的，也只有在党的领导下才能继续推进。如今，我们走进新时代、开启新征程，在中国特色社会主义道路上实现“两个一百年”奋斗目标，实现中华民族伟大复兴的中国梦，从根本上还是要依靠党的领导。宪法总纲关于党的领导是中国特色社会主义最本质特征的规定，为新时代坚持和加强党的全面领导、建设社会主义现代化强国提供了坚实的宪法基础和保障。

四、坚持和加强党的领导是现实需要的

当前，从国际环境上看，世界正经历百年未有之大变局，新冠肺炎疫情使各种不稳定、不确定因素明显增加，风险挑战无处不在。从国内形势看，我国发展处于爬坡过坎的关键时期，解决发展不平衡不充分问题、实现高质量发展任务艰巨，还有许多短板、弱项。我们要完成建设社会主义现代化强国的历史任务，绝不是轻轻松松、敲锣打鼓就能实现的。越是任务艰巨，越是风险挑战增大，越要坚持中国共产党领导这个最大优势。

坚持党的领导是全面建成小康社会的本质要求。中国共产党是实现全面建成小康社会和实现共同富裕这一社会主义本质属性最积极的引领者、最忠实的践行者、最可靠的维护者。离开了党的领导，中国特色社会主义建设就是无本之木、无源之水，就是空中楼阁。只有坚持党的领导才能充分地调动社会主义建设的一切积极因素。在中国这样一个历史悠久的统一的多民族的发展中大国，要把十几亿人的力量凝聚起来，向着社会主义现代化的目标前进，必须有一个坚强的领导力量才行。建设中国特色社会主义，需要党带领全国各族人民接续奋斗。中国共产党是全心全意为人民服务的，在长期的革命建设改革实践中形成了崇高威望和强大战斗力，党的最大政治优势是善于发动群众、联系群众和组织群众。所以，只有坚持党的领导，才能最广泛地动员和有效地组织各方面的

力量，才能进行伟大斗争、建设伟大工程、推进伟大事业、实现伟大梦想。

坚持党的领导是建设社会主义现代化强国的题中应有之义。只有坚持党的领导，才能举旗定向、砥砺前行，保证现代化建设的正确方向。我们正在进行的全面深化改革，依然是社会主义制度的自我完善和发展，在改革中，必须保持社会主义基本制度不变，必须保持党的领导核心地位不变。同时，改革又是一场革命，这场革命是党自己发动的，也必须在党的领导下有计划有步骤有秩序地进行。所以，只有坚持党的领导，才能自觉地防止来自“左”的和右的错误倾向的干扰，既不走封闭僵化的老路，也不走改旗易帜的邪路，才能统筹推进“五位一体”总体布局，协调推进“四个全面”战略布局。

坚持党的领导是实现中华民族伟大复兴的中国梦的根本保证。中国只有有了共产党的领导，才能实现和保持社会稳定。社会稳定是顺利进行现代化建设的前提条件，没有稳定的社会环境，根本谈不上社会主义现代化建设，根本无法实现中华民族伟大复兴的中国梦。邓小平同志强调：“共产党的领导，这个丢不得，一丢就是动乱局面，或者不稳定状态。一旦不稳定甚至动乱，什么建设也搞不成。”习近平同志在党的十九大报告中指出：“党政军民学，东西南北中，党是领导一切的。必须增强政治意识、大局意识、核心意识、看齐意识，自觉维护党中央权威和集中统一领导。”没有共产党的坚强领导，中国“就会成为一盘散沙，不仅现代化实现不了，而且必然陷入混乱。这是总结近代以来中国发展的历程得出的结论，也是分析许多国家发展的经验教训得出的结论”。全党同志、全国各族人民应当更加自觉地增强道路自信、理论自信、制度自信、文化自信，保持政治定力，坚持实干兴邦，始终毫不动摇地坚持和发展中国特色社会主义。所以，只有坚持党的领导，才能制定出符合中国国情的正确路线、方针和政策，体现社会主义本质的要求，才能解放和发展生产力，逐步实现人的全面自由发展。

在中国共产党的领导下，我们创造了世所罕见的经济快速发展奇迹和社会长期稳定奇迹，中华民族迎来了从站起来、富起来到强起来的伟大飞跃。中国共产党领导中国人民取得的举世瞩目成就，推进中国特色社会主义进入新时代。新时代意味着新的历史发展方位。随着世情国情党情的深刻变化，我们既面临各种机遇，也面临各种风险挑战。继续推进中国特色社会主义伟大事业，艰巨性、长期性、复杂性不言而喻，必须进行具有许多新的历史特点的伟大斗争。能够带领中国人民进行伟大斗争的，只有中国共产党。面对风险挑战，只有把党的领导全面贯彻到治国理政全过程和各方面，确保党始终成为中国特色社会主义事业的坚强领导核心，才能凝聚起实现民族复兴的磅礴力量，有效应对各种风险挑战，实现“两个一百年”奋斗目标、实现中华民族伟大复兴的中国梦。历史长河奔腾不息，实现中华民族伟大复兴的征程不会一帆风顺，难免会遇到艰难险阻甚至惊涛骇浪。只要有中国共产党的坚强领导，我们一定能够在民族复兴的道路上风雨无阻，高歌行进。

第二节　怎样加强党的全面领导

党的十九大报告在阐述“十四条坚持”基本方略时，第一条就是“坚持党对一切工作的领导”，这是坚持和加强党的全面领导的必然要求。习近平总书记对党的领导核心作用作了鲜明生动的阐述，他强调：“形象地说是‘众星捧月’，这个‘月’就是中国共产党。”习近平总书记强调：“坚持党对一切工作的领导。党政军民学，东西南北中，党是领导一切的。”这一重要论断深刻揭示了党的领导必须是全面的、系统的、整体的，必须体现为对经济建设、政治建设、文化建设、社会建设、生态文明建设和国防建设、祖国统一、外交、党的建设等各方面工作的领导，必须体现为对人大、政府、政协、监察机关、审判机关、检察机关、武装力量、人民团体、企事业单位、基层群众自治组织、社会组织等的领导，也就是要把党对一切工作的领导贯彻到治国理政的全过程和各方面。

党的领导的范围、内容和方式。党领导的范围是“党政军民学，东西南北中”。“党政军民学”泛指领域，“东西南北中”泛指地域。党如何实施领导？主要是“把方向、谋大局、定政策、促改革”，这在一定意义上说就是党的领导的内容和方式。内容主要是“方向”“大局”“政策”“改革”，方式主要是“把”“谋”“定”“促”。通过提高党把方向、谋大局、定政策、促改革的能力和定力，确保党始终总揽全局、协调各方，充分发挥领导核心作用，不断增强党的政治领导力、思想引领力、群众组织力、社会号召力，把坚持和加强党的全面领导落到实处。

一、坚决维护习近平总书记党中央的核心、全党的核心地位

船重千钧，掌舵一人。一个国家、一个政党，领导核心至关重要。确立和维护习近平总书记党中央的核心、全党的核心地位，是全党全国各族人民的共同愿望，是推进全面从严治党、提高党的创造力凝聚力战斗力的迫切要求，是保持党和国家事业发展正确方向的根本保证。

确立和维护无产阶级政党的领导核心，始终是马克思主义建党学说的一个基本观点。马克思曾指出：“一个单独的提琴手是自己指挥自己，一个乐队就需要一个乐队指挥。”毛泽东同志指出：“要建立领导核心，反对‘一国三公’。”邓小平同志强调：“任

何一个领导集体都要有一个核心，没有核心的领导是靠不住的。”我们这样一个有着 14 亿多人口的大国，必须有一个众望所归的领袖；我们这样一个有着 9 100 多万名党员的大党，必须有一个坚强的领导核心。没有党中央的核心、全党的核心，就没有党中央的权威和集中统一领导，就会导致各自为阵、各自为政，那就什么事情都干不成。

习近平总书记党中央的核心、全党的核心地位，是在新的伟大斗争实践中形成的。党的十八大以来，习近平总书记带领全党全国各族人民接续推进伟大社会革命，开创了中国特色社会主义新时代，开辟了马克思主义中国化新境界，推动了党和国家事业取得历史性成就、发生历史性变革，展现了坚定的信仰信念、鲜明的人民立场、非凡的政治智慧、顽强的意志品质、强烈的历史担当、高超的政治艺术，赢得了全党全国各族人民的衷心拥护，赢得了国际社会的高度赞誉。党的十八届六中全会正式确立习近平总书记党中央的核心、全党的核心地位，党的十九大把习近平总书记党中央的核心、全党的核心地位写入党章，这是历史和人民的共同选择、郑重选择、必然选择，是党和国家之幸、人民之幸、中华民族之幸。

服从核心、维护核心就是服从大局、维护大局，就是最大的政治。全党同志特别是党的领导干部要从事关党和国家前途命运的战略高度，坚决维护习近平总书记党中央的核心、全党的核心地位。要教育引导党员干部从历史和现实、理论和实践、国内和国际的结合上深刻认识、强化认同，不断增强拥护核心、跟随核心、捍卫核心的思想自觉、政治自觉、行动自觉，始终同以习近平同志为核心的党中央保持高度一致。

二、坚决维护党中央权威和集中统一领导

“事在四方，要在中央。”党中央是大脑和中枢，党和国家大政方针的决定权在党中央。地方和部门的权威来自党中央权威，地方和部门的工作是对党中央决策部署的具体落实。党的任何组织和成员必须以实际行动维护党中央一锤定音、定于一尊的权威，必须服从党中央集中统一领导。习近平总书记强调，坚决维护党中央权威和集中统一领导，是党的领导的最高原则，任何时候、任何情况下都不能含糊、不能动摇。

党的历史、新中国发展的历史表明，要治理好我们这个大党、治理好我们这个大国，保证党的团结和集中统一至关重要，维护党中央权威至关重要。什么时候党中央有权威，党就有力量。如果党中央没有权威，党的理论和路线方针政策可以随意不执行，党就会变成一盘散沙，就会成为自行其是的“私人俱乐部”，党的领导就会成为一句空话。维护党中央权威和集中统一领导，绝不是一般问题和个人的事，而是方向性、原则性问题，是党性，是大局，关系党、民族、国家前途命运。

维护党中央权威和集中统一领导，必须对党忠诚。对党忠诚，就是要与党中央同心

同德，听党指挥、为党尽责，严守党的政治纪律和政治规矩，始终在政治立场、政治方向、政治原则、政治道路上同党中央保持高度一致。对党忠诚，必须体现到对党的信仰的忠诚上，必须体现到对党组织的忠诚上，必须体现到对党的理论和路线方针政策的忠诚上。要把维护党中央权威和集中统一领导作为明确的政治准则和根本的政治要求，自觉做到党中央提倡的坚决响应、党中央决定的坚决执行、党中央禁止的坚决不做，执行党中央决策部署不讲条件、不打折扣、不搞变通。维护党中央权威、向党中央看齐，这个逻辑不能层层推下去。核心只有党中央的核心，看齐只能向党中央看齐。

维护党中央权威和集中统一领导，同坚持民主集中制是完全一致的。民主集中制是我们党的根本组织原则和领导制度，是马克思主义政党区别于其他政党的重要标志。民主集中制包括民主和集中两个方面，两者互为条件、相辅相成、缺一不可。民主是正确集中的前提和基础，离开民主讲集中，集中就成了个人专权专断。集中是民主的必然要求和归宿，离开集中搞民主，就会导致极端民主化和无政府状态。

我们党实行的民主集中制，是又有集中又有民主、又有纪律又有自由、又有统一意志又有个人心情舒畅生动活泼的制度，是民主和集中紧密结合的制度。在充分发扬民主的基础上进行集中，坚持党中央权威和集中统一领导，集中全党智慧，体现全党共同意志，是我们党的一大创举。这样做，既有利于做到科学决策、民主决策、依法决策，避免发生重大失误甚至颠覆性错误；又有利于克服分散主义、本位主义，避免议而不决、决而不行，形成推进党和国家事业发展的强大合力。坚持党中央权威和集中统一领导，不是说不要民主集中制了，不要发扬党内民主了，而是体现了充分发扬民主基础上的正确集中，把这两者对立起来是不对的、有害的。

三、完善坚持党的领导的体制机制

坚持党对一切工作的领导，保证国家统一、法制统一、政令统一、市场统一，顺利推进新时代中国特色社会主义各项事业，必须建立健全坚持和加强党的全面领导的制度体系，确保党的领导全覆盖，确保党的领导更加坚强有力。

健全党中央集中统一领导重大工作的体制机制。中央委员会、中央政治局、中央政治局常委会，是党的领导决策核心。党中央决策议事协调机构在中央政治局及其常委会领导下开展工作。要优化党中央决策议事协调机构，负责重大工作的顶层设计、总体布局、统筹协调、整体推进。其他方面的议事协调机构，要同党中央决策议事协调机构的设立调整相衔接，保证党中央令行禁止和工作高效。党中央作出的决策部署，所有党组织都要贯彻落实。要强化党的组织在同级组织中的领导地位，理顺党的组织同其他组织的关系，不断增强党的政治领导力、思想引领力、群众组织力、社会号召力。

推进国家治理体系现代化。坚持和加强党的全面领导，必须努力从机构职能上解决党对一切工作领导的体制机制问题，解决党长期执政条件下我国国家治理体系中党政军群的机构职能关系问题，把党的领导贯彻到党和国家机关全面正确履行职责的各领域、各环节。要构建系统完备、科学规范、运行高效的党和国家机构职能体系，形成总揽全局、协调各方的党的领导体系，职责明确、依法行政的政府治理体系，中国特色、世界一流的武装力量体系，联系广泛、服务群众的群团工作体系等，推动各类机构、各种职能相互衔接、相互融合，推动党和国家各项工作协调行动、高效运行。

严格执行请示报告制度。请示报告制度是我们党的一项重要制度。中央政治局全体同志每年向党中央和总书记书面述职；中央书记处和中央纪律检查委员会、全国人大常委会党组、国务院党组、全国政协党组、最高人民法院党组、最高人民检察院党组每年向中央政治局常委会、中央政治局报告工作；各地区各部门党委（党组）加强向党中央报告工作。研究涉及全局的重大事项或作出重大决定要及时向党中央请示报告，执行党中央重要决定的情况要专题报告。遇有突发性重大问题和工作中重大问题要及时向党中央请示报告。党员、领导干部在涉及重大事项、重要工作、个人有关事项时，要按规定、按程序向组织请示报告。要把请示报告和履职尽责统一起来，该请示的必须请示，该报告的必须报告，该负责的必须负责，该担当的必须担当。

四、全面增强党的执政本领

领导 14 亿多人的社会主义大国，我们党既要政治过硬，也要本领高强。习近平总书记强调，全党同志特别是各级领导干部都要有本领不够的危机感，以时不我待的精神，一刻不停增强本领。

从总体上看，与今天我们党和国家事业发展的要求相比，我们的本领有适应的一面，也有不适应的一面。很多同志有做好工作的真诚愿望，也有干劲，但缺乏新形势下做好工作的本领，面对新情况新问题，由于不懂规律、不懂门道、缺乏知识、缺乏本领，还是习惯于用老思路、老套路来应对，蛮干盲干，结果是虽然做了工作，有时做得还很辛苦，但不是不对路子，就是事与愿违，甚至搞出一些南辕北辙的事情来。这就叫新办法不会用，老办法不管用，硬办法不敢用，软办法不顶用。如果不抓紧增强本领，久而久之，我们就难以胜任领导改革开放和社会主义现代化建设的繁重任务。

绳短不能汲深井，浅水难以负大舟。党和国家事业越发展，对领导干部的能力要求就越高。党的十九大提出了全面增强执政本领的明确要求。要增强学习本领，在全党营造善于学习、勇于实践的浓厚氛围；增强政治领导本领，科学制定和坚决执行党的路线方针政策；增强改革创新本领，善于结合实际创造性推动工作；增强科学发展本领，善于贯彻新发展理念，不断开创发展新局面；增强依法执政本领，加强和改善对国家政权机关的领导；增强群众工作本领，善于组织动员广大人民群众坚定不移跟党走；增强狠抓落实本领，以钉钉子精神做实做细做好各项工作；增强驾驭风险本领，勇于战胜前进道路上的各种艰难险阻。只有全面增强执政本领，着力提高党把方向、谋大局、定政策、促改革的能力和定力，才能牢牢把握工作主动权。

在中国特色社会主义新时代，完成伟大事业必须靠党的领导。中国共产党人能不能打仗，新中国的成立已经说明了；中国共产党人能不能搞建设搞发展，改革开放的推进也已经说明了；中国共产党人能不能在日益复杂的国际国内环境下坚持住党的领导、坚持和发展中国特色社会主义，这个还需要一代一代共产党人继续作出回答。历史和人民把我们党推到了这样的位置，我们就要以坚强有力的政治领导担负起应该承担的政治责任。

第三节　如何使党的领导行稳致远

中国特色社会主义是我们党领导的伟大事业，全面推进党的建设新的伟大工程，是这一伟大事业取得胜利的关键所在。只有党坚强有力，事业才能兴旺发达，国家才能繁荣稳定，人民才能幸福安康。党的十八大以来，我们党坚持党要管党、从严治党，凝心聚力、直击积弊、扶正祛邪，党的建设开创新局面，党风政风呈现新气象。当前和今后一个时期，深入推进全面从严治党，要全面贯彻党的十九大精神，以习近平新时代中国特色社会主义思想为指导，增强“四个意识”，坚定“四个自信”，做到“两个维护”，紧紧围绕坚持和加强党的全面领导，紧紧围绕维护党中央权威和集中统一领导，全面推进党的政治建设、思想建设、组织建设、作风建设、纪律建设，把制度建设贯穿其中，深入推进反腐败斗争，在坚持中深化、在深化中发展，不断增强党的创造力、凝聚力和战斗力。

一、以政治建设为统领，坚决做到“两个维护”

马克思主义执政党就要旗帜鲜明讲政治。大量事实表明，党内存在的各种问题，从根本上讲，都与政治建设软弱乏力、政治生活不严肃不健康有关。党的十九大把党的政治建设纳入党的建设总体布局并摆在首位，是从战略和全局高度作出的重大决策。任何政党都有政治属性，都有自己的政治使命、政治目标、政治追求。旗帜鲜明讲政治是我们党作为马克思主义政党的根本要求。党的政治建设是党的根本性建设，决定党的建设方向和效果。如果马克思主义政党政治上的先进性丧失了，党的先进性和纯洁性就无从谈起。党的十八大以来，在全面从严治党实践中，我们把党的政治建设摆在突出位置，在坚定政治信仰、增强“四个意识”、维护党中央权威和集中统一领导、严明党的政治纪律和政治规矩、加强和规范新形势下党内政治生活、净化党内政治生态、正风肃纪、反腐惩恶等方面取得明显成效。实践告诉我们，党的政治建设决定党的建设方向和效果，不抓党的政治建设或背离党的政治建设指引的方向，党的其他建设就难以取得预期成效。党的政治建设是一个永恒课题。保证全党服从中央，坚持党中央权威和集中统一领导，是党的政治建设的首要任务。全党要坚定执行党的政治路线，严格遵守政治纪律和政治规矩，在政治立场、政治方向、政治原则、政治道路上同党中央保持高度一致。

政治方向是党生存发展第一位的问题，事关党的前途命运和事业兴衰成败。加强党的政治建设就是要发挥政治指南针作用，引导全党坚定理想信念、坚定“四个自信”，把全党智慧和力量凝聚到新时代坚持和发展中国特色社会主义伟大事业中来；就是要推动全党把坚持正确政治方向贯彻到谋划重大战略、制定重大政策、部署重大任务、推进重大工作的实践中去，经常对表对标，及时校准偏差，坚决纠正偏离和违背党的政治方向的行为，确保党和国家各项事业始终沿着正确政治方向发展；就是要把各级党组织建设成为坚守正确政治方向的坚强战斗堡垒，教育广大党员、干部坚定不移沿着正确政治方向前进。

二、以思想建设为基础，坚定理想信念信仰

习近平总书记强调指出：“思想建设是党的基础性建设。革命理想高于天。共产主义远大理想和中国特色社会主义共同理想，是中国共产党人的精神支柱和政治灵魂，也是保持党的团结统一的思想基础。要把坚定理想信念作为党的思想建设的首要任务，教育引导全党牢记党的宗旨，挺起共产党人的精神脊梁，解决好世界观、人生观、价值观这个‘总开关’问题，自觉做共产主义远大理想和中国特色社会主义共同理想的坚定信仰者和忠实实践者。”

坚定理想信念，坚守共产党人精神追求，始终是共产党人安身立命的根本。理想信念是共产党人精神上的“钙”，理想信念坚定，骨头就硬，没有理想信念，或者理想信念不坚定，精神上就会“缺钙”，就会得“软骨病”，就会在风雨面前东摇西摆。事实一再表明，理想信念动摇是最危险的动摇，理想信念滑坡是最危险的滑坡。一些党员、干部出这样那样的问题，说到底是信仰迷茫、精神迷失。近百年来，共产主义远大理想激励着一代又一代共产党人英勇奋斗，成千上万的烈士为了这个理想献出了宝贵生命。历

史和实践都充分证明，有了坚定的理想信念，站位才能高，眼界才能宽，心胸才能开阔，才能始终坚持正确政治方向，在胜利和顺境时不骄傲不急躁，在困难和逆境时不消沉不动摇，经受住各种风险和困难考验，自觉抵制各种腐朽思想的侵蚀，永葆共产党人政治本色。每一名在党旗下宣过誓的共产党员都必须铭记，为了理想信念，就应该去拼搏、去奋斗、去献出全部精力乃至生命。

共产党人的理想信仰是什么？习近平总书记指出："对马克思主义的信仰，对社会主义和共产主义的信念，是共产党人的政治灵魂，是共产党人经受住任何考验的精神支柱。"中国共产党从诞生之日起就把马克思主义写在自己的旗帜上，把实现共产主义确立为最高理想。在我们党100多年的历史中，无数共产党人不惜流血牺牲，靠的就是这种信仰，为的就是这个理想。尽管他们也知道，自己追求的理想并不会在自己手中实现，但他们坚信，一代又一代人为之持续努力，一代又一代人为此作出牺牲，崇高的理想就一定能实现。

崇高信仰、坚定信念不会自发产生。习近平总书记指出："要炼就'金刚不坏之身'，必须用科学理论武装头脑，不断培植我们的精神家园。"中华民族要实现伟大复兴，一刻不能没有理论思维。马克思主义始终是我们党和国家的指导思想，是我们认识世界、把握规律、追求真理、改造世界的强大思想武器。新时代，中国共产党人仍然要学习马克思，学习和实践马克思主义，不断从中汲取科学智慧和理论力量，更有定力、更有自信、更有智慧地坚持和发展新时代中国特色社会主义，确保中华民族伟大复兴的巨轮始终沿着正确航向破浪前行。坚持以马克思主义为指导，学习贯彻习近平新时代中国特色社会主义思想，首先要解决真懂真信的问题，核心要解决好为什么人的问题，最终要落实到怎么用上来。

三、以组织建设为关键，锻造忠诚干净担当干部队伍

"为政之要，莫先于用人。"建设中国特色社会主义，关键在于建设一支宏大的高素质干部队伍。要大力加强党的组织建设，着力培养选拔党和人民需要的好干部，从严管理干部，夯实基层组织，巩固党执政的组织基础。

怎样是好干部？2013年6月，习近平总书记在全国组织工作会议上提出了好干部的五条标准：信念坚定、为民服务、勤政务实、敢于担当、清正廉洁。信念坚定，党的干部必须坚定共产主义远大理想，真诚信仰马克思主义，矢志不渝为中国特色社会主义而奋斗，坚持党的基本理论、基本路线、基本纲领、基本经验、基本要求不动摇。为民服务，党的干部必须做人民公仆，忠诚于人民，以人民忧乐为忧乐，以人民甘苦为甘苦，全心全意为人民服务。勤政务实，党的干部必须勤勉敬业、求真务实、真抓实干、

精益求精，创造出经得起实践、人民、历史检验的实绩。敢于担当，党的干部必须坚持原则、认真负责，面对大是大非敢于亮剑，面对矛盾敢于迎难而上，面对危机敢于挺身而出，面对失误敢于承担责任，面对歪风邪气敢于坚决斗争。清正廉洁，党的干部必须敬畏权力、管好权力、慎用权力，守住自己的政治生命，保持拒腐蚀、永不沾的政治本色。

怎样成长为好干部？好干部不会自然而然产生。成长为一个好干部，一靠自身努力，二靠组织培养。从干部自身来讲，要不断改造主观世界、加强党性修养、加强品格陶冶，老老实实做人，踏踏实实干事，清清白白为官。要勤于学、敏于思，提高思维能力，丰富知识储备，完善知识结构，打牢履职尽责的知识基础。要加强实践，经风雨、见世面，在改革发展的主战场、维护稳定的第一线、服务群众的最前沿砥砺品质、提高本领。从组织培养来讲，就要抓好党性教育这个核心，抓好道德建设这个基础，加强宗旨意识、公仆意识教育。强化干部实践锻炼，积极为干部锻炼成长搭建平台。

怎样把好干部用起来？用一贤人则群贤毕至，见贤思齐就蔚然成风。选什么人就是风向标，就有什么样的干部作风，乃至就有什么样的党风。用人得当，首先要知人。要近距离接触干部，观察干部对重大问题的思考、对群众的感情、对待名利的态度、处理复杂问题的过程和结果。用人得当，就要坚持全面、历史、辩证地看干部，注重一贯表现和全部工作，改进考核方法手段。用人得当，就要科学合理使用干部，用当其时、用其所长，树立强烈的人才意识，寻觅人才求贤若渴，发现人才如获至宝，举荐人才不拘一格，使用人才各尽其能。要下决心改变任人唯亲、任人唯利的问题，使用人之风真正纯洁起来。

把好干部选用起来，需要科学有效的选人用人机制。要紧密结合干部工作实际，认真总结，深入研究，不断改进，努力形成系统完备、科学规范、有效管用、简便易行的制度机制。要把加强党的领导和充分发扬民主结合起来，发挥党组织在干部选拔任用工作中的领导和把关作用。要完善工作机制，推进干部工作公开，坚决制止简单以票取人的做法，确保民主推荐、民主测评风清气正。加强和改进年轻干部工作，对那些看得准、有潜力、有发展前途的年轻干部，要敢于给他们压担子，有计划安排他们去经受锻炼。要从严管理干部，坚持从严教育、从严管理、从严监督，对干部身上出现的苗头性、倾向性问题，要及时“咬咬”耳朵、扯扯袖子，早提醒、早纠正。

民主集中制是党的根本组织制度和领导制度。要健全和认真落实民主集中制的各项具体制度，促使全党同志按照民主集中制办事，促使各级领导干部特别是主要领导干部带头执行民主集中制。要发扬党内民主，营造民主讨论的良好氛围，鼓励讲真话、讲实话、讲心里话，允许不同意见碰撞和争论，同时善于进行正确集中，防止议而不决、决而不行。

基层党组织是党全部工作和战斗力的基础，要扎实做好抓基层、打基础的工作。建立严密的基层党组织工作制度，推动服务群众、做群众工作制度化、常态化、长效化，使基层党组织领导方式、工作方式、活动方式更加符合服务群众的需要。要重视基层、关心基层、支持基层，加大投入力度，加强带头人队伍建设，充分理解、充分信任，格外关心、格外爱护广大基层干部，多为他们办一些雪中送炭的事情，确保基层党组织有资源、有能力为群众服务，使每个基层党组织都成为坚强战斗堡垒。

四、以作风建设为保障，凝聚干事创业合力

党的十八大以来，党中央以作风建设为切入点从严管党治党。从制定出台改进工作作风、密切联系群众的“八项规定”，到开展党的群众路线教育实践活动；从整治中秋国庆期间公款送礼等不正之风，到整治“会所歪风”；从狠刹“舌尖上的浪费”，到禁办奢华晚会……党风政风为之一新，党心民心为之大振。

“工作作风上的问题绝对不是小事。”我们党作为马克思主义执政党，不但要有强大的真理力量，而且要有强大的人格力量。真理力量集中体现为我们党的正确理论，人格力量集中体现为我们党的优良作风。随着改革不断深入和对外开放不断扩大，党必将面临前所未有的风险和挑战，党的作风建设始终是摆在我们面前的一项重大而紧迫的任务。习近平总书记反复强调：“如果不坚决纠正不良风气，任其发展下去，就会像一座无形的墙把我们党和人民群众隔开，我们党就会失去根基、失去血脉、失去力量。”作风问题的核心是保持党同人民群众的血肉联系。人心向背关系党的生死存亡。在任何时候、任何情况下，与人民同呼吸共命运的立场不能变，全心全意为人民服务的宗旨不能忘，群众是真正英雄的历史唯物主义观点不能丢，始终坚持立党为公、执政为民。

要坚持和发扬艰苦奋斗精神。“历览前贤国与家，成由勤俭破由奢。”艰苦奋斗、勤俭节约是中华民族的传统美德，是我们党的优良作风。能不能坚守艰苦奋斗精神，是关系党和人民事业兴衰成败的大事。近年来，一些党政机关讲排场、比阔气、大手大脚、奢侈浪费现象时有发生，社会上奢靡之风、奢华之风很甚，广大干部群众对此反映强烈。要大力弘扬中华民族勤俭节约的优秀传统，大力宣传节约光荣、浪费可耻的思想观念，坚持勤俭办一切事业，坚决反对讲排场比阔气，努力使厉行节约、反对浪费在全社会蔚然成风。

要严格党内生活，开展积极的批评和自我批评。严肃的党内生活是解决党内自身问题的重要途径，批评和自我批评是清除党内各种政治灰尘和政治微生物的有力武器。要提高党内生活质量，增强党内生活的政治性、原则性、战斗性，坚决反对党内生活中的自由主义、好人主义。要本着对自己、对同志、对班子、对党高度负责的精神，大胆使

用、经常使用批评和自我批评这个武器，使之越用越灵、越用越有效。要通过严格党内生活，开展批评和自我批评，在党性原则基础上，不断增强能够掏心见胆、并肩奋斗的真正的团结。

要坚持从领导干部抓起。习近平总书记指出，抓作风建设，首先要从中央政治局做起，要求别人做到的自己先要做到，要求别人不做的自己坚决不做。中央政治局逐条逐项、不折不扣落实“八项规定”，以上率下、示范全党，在党内外引起强烈反响，产生了强大示范效应。各级领导干部要坚持正人必先正己，用严格的尺子衡量自己，用很高的标准要求自己，用无私无畏的勇气对照、检查、改进、提高自己。

要建立抓作风的长效机制。事实告诉我们，作风问题具有反复性和顽固性，抓一抓会好转，松一松就反弹，不可能一蹴而就、毕其功于一役，更不能一阵风、刮一下就停。要锲而不舍、驰而不息地抓下去，如果前热后冷、前紧后松，就会功亏一篑。要建立健全管用的体制机制，自觉接受群众评议和社会监督。要有踏石留印、抓铁有痕的劲头，一个节点一个节点抓，积小胜为大胜，保持力度、保持韧劲，善始善终、善作善成，通过全党共同努力，抓党风政风、带社风民风，营造风清气正的社会环境。

作风建设永远在路上。习近平总书记强调：“各级领导干部都要树立和发扬好的作风，既严以修身、严以用权、严以律己，又谋事要实、创业要实、做人要实。”“三严三实”是广大党员干部特别是各级领导干部的为政之道、成事之要、做人准则，是对党员干部的新要求，是加强作风建设的再启程、再出发。广大党员干部要按照“三严三实”的要求，祛除歪风邪气、树立清风正气，做到思想认识上真正提高、工作作风上明显转变。

五、以纪律建设为准绳，严守政治纪律和政治规矩

“加强纪律性，革命无不胜。”党要管党、从严治党，靠什么管，凭什么治？就要靠严明纪律。我们党有 9 100 多万名党员，在一个幅员辽阔、人口众多的发展中大国执政，如果没有铁的纪律，就没有党的团结统一，党的凝聚力和战斗力就会大大削弱，党的领导能力和执政能力就会大大削弱。2013 年 1 月，习近平总书记在十八届中央纪律检查委员会第二次全体会议上强调：“党面临的形势越复杂、肩负的任务越艰巨，就越要加强纪律建设，越要维护党的团结统一，确保全党统一意志、统一行动、步调一致前进。”

严明党的纪律，首要的是严明政治纪律。党的纪律是多方面的，政治纪律是最重要、最根本、最关键的纪律，遵守党的政治纪律是遵守党的全部纪律的重要基础。一个政党如果没有政治纪律约束，允许党的组织和党的重要干部在政治主张、政策主张上各

有一套、我行我素，允许广大党员在政治上行动上与党离心离德、为所欲为，这个党就不可能有号召力影响力战斗力，在政治上就没有作为。遵守党的政治纪律，最核心的，就是坚持党的领导，坚持党的基本理论、基本路线、基本纲领、基本经验、基本要求，同党中央保持高度一致，自觉维护党中央权威。在指导思想和路线方针政策以及关系全局的重大原则问题上，全党必须在思想上政治上行动上同党中央保持高度一致。要防止和克服地方和部门保护主义、本位主义，决不允许上有政策、下有对策，决不允许有令不行、有禁不止，决不允许在贯彻执行中央决策部署上打折扣、做选择、搞变通。

严明党的纪律，还必须严明党的组织纪律。党的力量来自组织，组织能使力量倍增。我们党是按照马克思主义建党原则建立起来的政党，以民主集中制为根本组织制度和领导制度，组织严密是党的光荣传统和独特优势。改革开放和发展社会主义市场经济，对党内生活带来不可低估的影响，组织观念薄弱、组织涣散就是其中一个需要严肃对待的问题。增强组织纪律性，必须切实增强党性，切实遵守组织制度，切实加强组织管理，切实执行组织纪律。要强化党的意识，强化组织意识，始终把党放在心中最高位置，任何时候都与党同心同德，相信组织、依靠组织、服从组织。要严格执行民主集中制、党内组织生活制等党的组织制度。要正确对待组织，对组织忠诚老实，言行一致、表里如一。要遵照执行党的规矩，不能搞特殊、有例外。

习近平总书记强调："遵守党的纪律是无条件的，要说到做到，有纪必执，有违必查，而不能合意的就执行，不合意的就不执行，不能把纪律作为一个软约束或是束之高阁的一纸空文。"党的各级组织要自觉担负起执行和维护党的纪律的责任，要敢抓敢管，使纪律真正成为带电的高压线。

六、以零容忍的态度惩治腐败，营造风清气正的良好生态

腐败是社会毒瘤，是影响经济社会发展、国家长治久安的致命风险。反对腐败、建设廉洁政治，保持党的肌体健康，始终是我们党一贯坚持的鲜明政治立场。反腐倡廉建设，是广大干部群众始终关注的重大政治问题。党的十八大以来，我们党以坚决的态度重拳反腐，坚持"老虎""苍蝇"一起打，二十多名省部级高官相继落马，湖南衡阳破坏选举案被严肃查处，让全党全国全社会感到了变化、看到了希望，树立了党的权威、赢得了群众信任。

反腐倡廉必须常抓不懈，拒腐防变必须警钟长鸣。当前，滋生腐败的土壤依然存在，反腐败形势依然严峻复杂，一些不正之风和腐败问题影响恶劣，亟待解决。"物必先腐，而后虫生。"如果任凭腐败问题愈演愈烈，最终必然会亡党亡国。2014 年 1 月，习近平总书记在十八届中央纪律检查委员会第三次全体会议上强调，要"以猛药去疴、

重典治乱的决心，以刮骨疗毒、壮士断腕的勇气，坚决把党风廉政建设和反腐败斗争进行到底”。

要建立健全惩治和预防腐败体系。这是反腐败国家战略和顶层设计，要把这项重大政治任务贯穿到改革发展稳定各项工作之中，坚持标本兼治、综合治理、惩防并举、注重预防，以改革精神加强反腐败体制机制创新和制度保障，坚定不移转变作风，坚定不移反对腐败，建设廉洁政治，努力实现干部清正、政府清廉、政治清明。

要坚持惩治这一手不放松。党的十八大以来惩治腐败的事实说明，不论什么人，不论其职务多高，只要触犯了党纪国法，都要受到严肃追究和严厉惩处，这绝不是一句空话。要牢记“蠹众而木折，隙大而墙坏”的道理，保持惩治腐败的高压态势，做到有案必查、有腐必惩。要严格依纪依法查处各类腐败案件，既坚决查处发生在领导机关和领导干部中的滥用职权、贪污贿赂、腐化堕落、失职渎职案件，又着力解决发生在群众身边的腐败问题，严肃查处损害群众利益的各类案件。坚持党纪国法面前没有例外，不管涉及谁，都要一查到底，决不姑息。

要加强反腐倡廉教育和廉政文化建设。思想纯洁是马克思主义政党保持纯洁性的根本，道德高尚是领导干部做到清正廉洁的基础。要抓好思想理论建设、抓好党性教育和党性修养、抓好道德建设，教育引导广大党员、干部坚定理想信念、坚守共产党人精神家园，不断夯实廉洁从政的思想道德基础，筑牢拒腐防变的思想道德防线。

要推进反腐败体制机制创新。改革党的纪律检查体制，加强反腐败工作体制机制创新，完善纪委派驻机构统一管理，改进中央和省区市巡视制度。要在全面深化改革的进程中，健全和完善党内监督、民主监督、法律监督和舆论监督体系，强化对权力运行的制约和监督，形成不敢腐的惩戒机制、不能腐的防范机制、不易腐的保障机制，铲除腐败现象滋生蔓延的土壤。要落实党委的主体责任和纪委的监督责任，强化责任追究，不能让制度成为纸老虎、稻草人。

“打铁还需自身硬。”“中华号”巨轮乘风破浪、顺利前行，关键靠党来掌舵，靠党来掌握方向。要坚持治国必先治党、治党务必从严，提高管党治党的能力和水平，靠“自身硬”凝聚起不可战胜的磅礴力量，创造无愧于历史的辉煌业绩。不忘初心，方得始终。要牢记党的历史使命，以许党许国、报党报国的担当，坚定不移全面从严治党，推进新时代党的建设新的伟大工程，确保党始终成为中国特色社会主义事业的坚强领导核心。

拓展阅读

历史周期律

“历史周期律”是指世界上任何一个国家的政权都会经历兴衰治乱，往复循环呈现出的周期性现象。极端的不公导致社会的崩溃，从而达到新的相对公平，周而复始。

中国的历史周期律问题是黄炎培先生在延安向毛泽东提出的。1945 年 7 月，黄炎培到延安考察，谈到“其兴也勃焉，其亡也忽焉”，称历朝历代都没有能跳出兴亡周期律。

黄炎培直言道：

“我生六十余年，耳闻的不说，所亲眼看到的，真所谓‘其兴也勃焉’，‘其亡也忽焉’，一人，一家，一团体，一地方，乃至一国，不少单位都没有能跳出这周期律的支配力。大凡初时聚精会神，没有一事不用心，没有一人不卖力，也许那时艰难困苦，只有从万死中觅取一生。既而环境渐渐好转了，精神也就渐渐放下了。有的因为历时长久，自然地惰性发作，由少数演为多数，到风气养成，虽有大力，无法扭转，并且无法补救。也有为了区域一步步扩大了，它的扩大，有的出于自然发展，有的为功业欲所驱使，强求发展，到干部人才渐见竭蹶，艰于应付的时候，环境倒越加复杂起来了。控制力不免趋于薄弱了。一部历史，‘政怠宦成’的也有，‘人亡政息’的也有，‘求荣取辱’的也有。总之没有能跳出这周期律。中共诸君从过去到现在，我略略了解的了。就是希望找出一条新路，来跳出这周期律的支配。”

毛泽东自信地回答：

“我们已经找到新路，我们能跳出这周期律。这条新路，就是民主。只有让人民来监督政府，政府才不敢松懈。只有人人起来负责，才不会人亡政息。”

事后黄炎培写下了自己对毛泽东答话的感想：“我想：这话是对的。只有大政方针决之于公众，个人功业欲才不会发生。只有把每一地方的事，公之于每一地方的人，才能使地地得人，人人得事。用民主来打破这个周期律，怕是有效的。”

时政热点

练习题

一、单选题

1. 我国的根本政治制度是（　　）。

A. 民族区域自治制度　　B. 人民代表大会制度

C. 共产党领导的多党合作和政治协商制度　　D. 基层民主制度

2. 中国共产党的根本宗旨是（　　）。

A. 代表中国先进生产力的发展要求　　B. 实现共产主义

C. 解放全人类，实现人的全面发展　　D. 全心全意为人民服务

3. 党的根本性建设是（　　）。

A. 道德水平建设　　B. 执政能力建设

C. 实践能力建设　　D. 思想理论建设

4. 党内法规体系中，最高层次的法规是（　　）。

A. 准则　　B. 条例　　C. 党章　　D. 规定

5. 推进党的作风建设，核心是（　　）。

A. 以人为本　　B. 执政为民

C. 保持党与群众的血肉联系　　D. 以民为本

6. 党的最重要的纪律是（　　）。

A. 政治纪律　　B. 组织纪律

C. 工作纪律　　D. 廉洁纪律

7. 党组织讨论决定问题，必须执行（　　）的原则。

A. 集体领导　　B. 个人分工负责

C. 少数服从多数　　D. 民主集中制

8. 党的十八届四中全会《决定》指出，（　　）是中国特色社会主义最本质的特征，是社会主义法治最根本的保证。

A. 依宪执政　　B. 民主执政

C. 依宪治国　　D. 党的领导

9. 改革开放是坚持和发展中国特色社会主义的（　　）。

A. 本质要求　　B. 立国之本

C. 必由之路　　D. 执政之基

10. 对马克思主义的信仰，对社会主义和共产主义的信念，是共产党人的（　　）。

A. 政治灵魂　　B. 文化品质

C. 纪律要求　　D. 道德底线

11. （　　）既是党的根本组织原则，也是群众路线在党的生活中的运用。

A. 民主集中制　　B. 为人民服务

C. 一切依靠群众　　D. 少数服从多数

12. （　　）是马克思主义政党的基本政治观点和根本工作路线。

A. 思想路线　　B. 政治路线

C. 群众路线　　D. 组织路线

13. 党员受到警告处分后的（　　）内，不得在党内提升职务和向党外组织推荐担任高于原任职务的党外职务。

A. 半年　　B. 一年　　C. 两年　　D. 三年

14. 预备党员需要继续考察和教育的，可以延长预备期，但不能超过（　　）。

A. 半年　　B. 一年　　C. 一年半　　D. 两年

15. 党的领导主要是（　　）的领导。

A. 政治、经济和文化　　B. 政治、思想和组织

C. 政治、国防和外交　　D. 政治、思想和国防

16. 党内（　　）是党的生命。

A. 监督　　B. 纪律　　C. 民主　　D. 制度

17. 党的基层委员会每届任期三年至五年，总支部委员会、支部委员会每届任期（　　）。

A. 三年或五年　　B. 一年或两年

C. 两年或三年　　D. 三年或四年

18. 习近平总书记指出：经济建设是党的中心工作，（　　）工作是党的一项极端重要的工作。

A. 意识形态　　B. 舆论引导

C. 理论武装　　D. 对外宣传

19. 协调推进“四个全面”的根本保证是（　　）。

A. 全面落实建成小康社会　　B. 全面深化改革

C. 全面依法治国　　D. 全面从严治党

20. 中国共产党在领导社会主义事业中，必须坚持以（　　）为中心。

A. 党的建设　　B. 经济建设

C. 政治建设　　D. 文化建设

二、判断题

1. 中国共产党人的初心和使命，就是为中国人民谋幸福，为中华民族谋复兴。（　　）

2. 中国共产党的领导是中国特色社会主义最本质的特征，是中国特色社会主义制

度的最大优势。（　　）

3. 增强党的自我净化能力，根本靠强化党的自我监督和党员监督。（　　）

4. 党的干部是党的事业的骨干，是人民的公仆，要做到忠诚干净担当。（　　）

5. 2014 年 10 月 8 日，习近平总书记在党的群众路线教育实践活动总结大会讲话中首次提出“全面推进从严治党”。（　　）

6. 全面从严治党的实质是中国共产党开展的一场自我革命。（　　）

7. 在推进全面从严治党向纵深发展的过程中，党特别需要保持自我革命的勇气和自信。（　　）

8. 习近平总书记强调，中国共产党要做到信念过硬、政治过硬、责任过硬、能力过硬、作风过硬。（　　）

9. 治国必先治党，治党务必从严。（　　）

10. 全面从严治党，核心是加强党的领导，基础在全面，关键在严，要害在治。（　　）

11. 管党治党，必须治字当头。（　　）

12. 全面从严治党是习近平总书记党建思想中最鲜明的特征。（　　）

13. 中国共产党以马克思列宁主义、毛泽东思想、邓小平理论、“三个代表”重要思想、科学发展观、习近平新时代中国特色社会主义思想作为自己的行动指南。（　　）

14. 必须坚持党对一切工作的领导，增强政治意识、大局意识、核心意识、看齐意识，坚决维护习近平总书记在党中央和全党的核心地位，坚决维护以习近平同志为核心的党中央权威和集中统一领导，自觉在思想上、政治上、行动上同党中央保持高度一致。（　　）

15. 新时代党的建设的目标是把党建设成为始终走在时代前列、人民衷心拥护、勇于自我革命、经得起各种风浪考验、朝气蓬勃的政党。（　　）

16. 反腐败斗争是我们党的根本组织制度和领导制度，是巨大的制度优势。（　　）

17. 共产党人讲政治，最根本的就是要自觉维护最广大人民的根本利益。（　　）

18. 中国共产党是世界上最大的政党。（　　）

19. 我们党的最大政治优势是密切联系群众，党执政后的最大危险是脱离群众。（　　）

20. 政治问题就是腐败问题，可以只讲腐败，不讲政治。（　　）

三、思考题

1. 为什么要坚持和加强党的领导？

2. 如何推进全面从严治党？

第二章

凝心聚力 抗击疫情

★★★★★

2020 年的庚子鼠年，新冠肺炎疫情席卷全球。中国共产党团结带领全国各族人民，进行了一场惊心动魄的抗疫大战，经受了一次艰苦卓绝的历史大考，付出了巨大努力，取得了抗击新冠肺炎疫情斗争的重大战略成果，创造了人类同疾病斗争史上又一次英勇壮举！

第一节 在抗疫中坚定四个自信

新冠肺炎疫情暴发以来，在以习近平同志为核心的党中央坚强领导下，在全党全军全国各族人民的共同努力下，疫情防控已经取得了积极成效。在这场突如其来的大考中，中国经受住了考验，中国人民更加坚定了打赢这场疫情阻击战的信心。这种信心和底气来自我们对中国特色社会主义的道路自信、理论自信、制度自信、文化自信。

一、在抗疫中坚定道路自信

党的十九届四中全会指出，我们既不走封闭僵化的老路，也不走改旗易帜的邪路，而是要坚定不移走中国特色社会主义道路。70 余年来，中国共产党领导人民在实践中探索出了具有强大生命力的中国特色社会主义道路，创造了罕见的经济发展奇迹和政治稳定奇迹。这条道路已成为国家发展之路、民族振兴之路、人民幸福之路。

（一）道路选择——只有社会主义才能救中国

一个国家实行什么样的主义，关键要看这个主义能否解决这个国家面临的历史性课题。历史和现实都告诉我们，没有共产党就没有新中国，只有社会主义才能救中国，中国特色社会主义是近代以来中国社会发展的必然选择。1840 年鸦片战争打开了中国的国门，中国被动地从古代社会被推到了近代社会，逐步沦入半殖民地半封建社会的深渊，陷入国弱民穷的深重灾难之中。而这时欧美国家的资本主义却在蓬勃发展，一次次战争的失败，一次次丧权辱国，一款款不平等条约的签订，一场场生离死别，山河破碎、民生疾苦成为那个时代中国人的沉痛记忆。辛亥革命之后，中国尝试过君主立宪制、帝制复辟、议会制、多党制、总统制等各种形式，各种政治势力及其代表人物纷纷登场，都没能找到救亡图存的正确答案。习近平总书记指出："从近代中国波澜起伏的历史进程中可以清楚地看到：因为不触动帝国主义、封建主义统治根基的改良主义失败了，中国人民才选择了革命的道路；因为走资本主义道路的各种方案尝试全部失败了，中国人民才选择了经过新民主主义走向社会主义的道路；因为其他各种政治力量都无力领导中国人民实现救亡图存和民族独立、解放与复兴，唯有中国无产阶级及其政党中国共产党肩负起了这一历史使命，才使受尽屈辱、濒临危亡边缘的中国进入了历史的新纪元。"

（二）道路自信——只有中国特色社会主义才能发展中国

中国特色社会主义道路，既不是封闭僵化的老路，也不是改旗易帜的邪路，更不是照抄照搬的套路，而是一条在中国共产党的坚强领导下、立足基本国情、建设富强民主文明和谐美丽的社会主义现代化强国的光明之路。

习近平总书记指出："70 年来，在中国共产党坚强领导下，中国人民勇于探索、不断实践，成功开辟了中国特色社会主义道路，推动中国特色社会主义进入新时代，中国大踏步赶上了时代，中国人民意气风发走在了时代前列！"

简要回顾历史，以毛泽东同志为核心的第一代中央领导集体在借鉴苏联经验教训的基础上，探索中国社会主义建设道路，为新时期开创中国特色社会主义提供了宝贵经验、理论准备、物质基础。以邓小平同志为核心的第二代中央领导集体总结我国和世界社会主义建设的历史经验，明确提出走自己的路、建设有中国特色的社会主义，开创了中国特色社会主义。以江泽民同志为核心的第三代中央领导集体在十分复杂的国内外形势下，捍卫了中国特色社会主义，把中国特色社会主义推向 21 世纪。以胡锦涛同志为核心的党中央抓住重要战略机遇期，在新的历史起点上坚持和发展了中国特色社会主义。党的十八大以来，以习近平同志为核心的党中央围绕改革发展稳定、内政外交国防、治党治国治军提出一系列新理念新思想新战略，统筹推进"五位一体"总体布局和协调推进"四个全面"战略布局，全面推进了中国特色社会主义。

社会主义是人间正道。无论经过多少曲折多少磨难，人类社会终将走向社会主义和共产主义，这是不以人的意志为转移的客观历史规律。"我们依然处在马克思主义所指明的历史时代。"70 余年来，社会主义中国的发展"风景这边独好"。70 余年来，我们党领导人民创造了世所罕见的经济快速发展奇迹和社会长期稳定奇迹，中华民族迎来了从站起来、富起来到强起来的伟大飞跃。而今天，在习近平总书记的亲自部署下，在党中央的坚强领导下，在全国上下的团结努力下，中国取得抗击新冠肺炎疫情斗争重大战略成果。历史和实践再一次让中国人民深深懂得，只有走中国特色社会主义道路，才能够解决中国问题，才能够发展中国。

（三）道路优势——在抗疫中坚定中国特色社会主义道路

坚持走中国特色社会主义道路，这是历史和人民的选择，新中国成立 70 余年的成就也证明了这是唯一正确的道路。这一道路的突出特征是中国共产党的领导，这是我们最大的优势，与之相适应形成了理论、制度和以社会主义核心价值观为灵魂的文化自信。新冠肺炎疫情能够在这么短的时间内取得积极的变化，凸显了中国特色社会主义能够集中力量办大事的制度优势和治理能力。防疫抗疫实践充分证明，我们坚守的中国特色社会主义道路、党集中统一领导的社会制度、党以人民为中心的执政理念以及广大人民群众自觉弘扬和践行社会主义核心价值观是多么的珍贵。我们经常看到的宣传标语中所写的“人民有信仰，国家有力量，民族有希望”，抗击疫情是对这句话最好的诠释，让我们深切地感受到中国人“家是最小国，国是千万家”的家国情怀，看到普通中国人对“四个自信”的认同和坚信，深刻理解了中国特色社会主义道路的优势所在。

方向决定道路，道路决定命运。实践证明，中国特色社会主义道路，是一条符合中国国情、引导中国发展进步的光明道路，必将越走越宽广。“千磨万击还坚劲，任尔东西南北风。”只要我们坚定不移坚持中国特色社会主义，坚定不移推进改革开放，“中国号”巨轮必将破浪前行，把民族复兴的百年梦想逐步变为现实。

二、在抗疫中坚定理论自信

（一）坚定理论自信，凝聚起抗击疫情的行动指南

理论是实践的先导，思想是行动的指南。中国特色社会主义建设的伟大实践能够顺利进行，离不开中国特色社会主义理论的指导。中国特色社会主义理论体系具有科学性，不仅在于它是对马克思列宁主义的继承和发展，更在于它作为中国社会主义建设实践的经验总结和理论指导，已经被中国社会主义现代化建设的辉煌成就所证明。中国特色社会主义理论体系具有先进性。在我国改革开放和现代化建设实践中，中国特色社会主义理论体系着眼于新实践、新发展、新问题，与时俱进，得到了不断地丰富和完善。中国特色社会主义理论体系具有人民性，人民群众是历史的创造者，中国特色社会主义理论体系来源于最广大人民群众的伟大实践，并始终坚持依靠人民，服务人民，把“以人为本”“以人民为中心”贯穿始终，把“人民拥护不拥护”“人民赞成不赞成”“人民高兴不高兴”“人民答应不答应”作为各项方针政策的出发点和归宿，始终把解决人民群众切身利益放在首位，带领全体人民朝着共同富裕的方向稳步前进。

新冠肺炎疫情发生后，党中央始终坚持把人民群众生命安全和身体健康放在第一位，充分体现以人民为中心、以人民健康为中心的执政理念。2020年1月20日，党中央、国务院对新冠肺炎疫情作出重要指示。1月25日，习近平总书记主持召开中共中央政治局常务委员会会议，专门听取新冠肺炎疫情防控工作汇报，对疫情防控特别是患者治疗工作进行再研究、再部署、再动员。2月10日、2月14日、2月23日，习近平总书记在北京调研指导疫情防控工作、在中央全面深化改革委员会第十二次会议、在统筹推进新冠肺炎疫情防控和经济社会发展工作部署会议上发表重要讲话。3月10日，习近平总书记到武汉看望慰问抗击疫情一线的干部群众和医务人员，对打赢疫情防控的人民战争、总体战、阻击战进行具体安排部署。疫情暴发第一时间，中央应对疫情工作领导小组进驻武汉，密切关注人民群众切身利益诉求，调动全国医疗资源支援湖北，形

成“一省包一市”格局；主动向全社会征集线索，对侵害群众利益的事情从严从速查处；了解当地群众的生活困难和饮食喜好，为当地民众提供爱心菜、爱心肉，还免费向民众发放活鱼；在基层，党员干部始终冲在一线，拉网排查患者，做到应收尽收，为社区居民免费买药，为孤寡老人等行动不便的群众提供上门服务。

这次抗疫既丰富了中国特色社会主义理论体系，更检验了其是否能够在面对重大挑战、重大风险、重大阻力、重大矛盾时作出科学的指导。习近平总书记指出，“只有掌握科学理论才能正确把握前进方向”，实践证明，理论优势始终是我们党的核心优势、核心领导力。我们只要始终坚持完善和践行中国特色社会主义理论，坚持以人民为中心，坚持做到发展为了人民、发展依靠人民、发展成果由人民共享，就能为“中国号”巨轮扬帆远航提供强大的思想武器。

（二）坚定理论自信，把增进人民福祉、促进人的全面发展作为发展的出发点和落脚点

习近平总书记曾指出，马克思主义博大精深，归根到底就是一句话，为人类求解放。人民性是马克思主义最鲜明的品格。党的十八大以来，以习近平同志为核心的党中央高举以人民为中心的旗帜，强调“必须坚持以人民为中心的发展思想，把增进人民福祉、促进人的全面发展作为发展的出发点和落脚点”。坚持人民至上、人民利益高于一切。疫情暴发以来，党中央和国务院秉持以人民为中心的工作理念，始终牢记人民利益高于一切，把人民群众生命安全和身体健康放在第一位，统一指挥、统一调动，把疫情防控工作作为当前最重要的工作来抓；在疫情防控中，各级党员干部紧密依靠人民群众，紧密团结群众，广泛发动群众，构筑起联防联控、群防群治抵御疫情的人民防线，凝聚起了抗击疫情的磅礴伟力，发动起一场抗击疫情的人民战争。

三、在抗疫中坚定制度自信

面对史无前例的新冠肺炎疫情，以习近平同志为核心的党中央审时度势、运筹帷幄、沉着应对，领导和指挥全党全军全国各族人民坚定信心、同舟共济、科学防治、精准施策，打响了疫情防控的人民战争、总体战、阻击战，在保持政治稳定和社会安宁的同时，仅用两个月就基本阻断了新冠肺炎疫情的本土传播，经济社会秩序加快恢复。世界卫生组织总干事谭德赛表示，中国展现的领导力和政治意愿值得其他国家学习。然而，尽管中国为世界赢得了抗击疫情的宝贵时间和经验，美国等西方国家面对疫情，却陷入制度失灵、管理失效、社会失序、物资匮乏、感染人数激增的混乱局面，所谓的资本主义“制度优势”荡然无存。中国和西方国家的疫情防控形势形成鲜明对照，中国特色社会主义制度优势充分彰显。

（一）党领导一切，为抗击疫情提供坚强政治保证，彰显中国特色社会主义制度的政治优势

党的十九大报告指出："中国特色社会主义最本质的特征是中国共产党领导，中国特色社会主义制度的最大优势是中国共产党领导。"中国抗击疫情的显著成效是对这一命题的最新也是最好注解。党集中领导、统一指挥、凝心聚力的政治优势，是做好党和国家各项工作的根本保证，是战胜一切困难和风险的"定海神针"。疫情发生以来，习近平总书记果断决策、亲自指挥，为疫情防控领航掌舵、定调压舱。党中央印发《关于加强党的领导、为打赢疫情防控阻击战提供坚强政治保证的通知》，发出最强动员令。各级党组织和广大党员、干部，特别是基层干部坚决落实中央部署，力克形式主义、官僚主义，把打赢疫情防控阻击战作为最重大的政治任务，让党旗在防控疫情斗争第一线高高飘扬，把党的政治优势、组织优势、密切联系群众优势切实转化成疫情防控的强大政治优势。面对空前的疫情，十几亿人口的大国，水不停，电不停，暖不停，通信不停，物资供应不断，社会秩序不乱……只有中国，只有在中国共产党领导下，才能做到。中国共产党作为领导一切的最高政治领导力量，其总揽全局、协调各方的主心骨作用充分发挥，中国特色社会主义制度的政治优势充分彰显。

（二）全国一盘棋，集中领导、统一指挥，彰显中国特色社会主义制度集中力量办大事的体制优势

坚持全国一盘棋，调动各方面积极性，集中力量办大事是中国国家制度和国家治理体系的显著优势之一。集中领导、统一指挥、举国动员，是打赢疫情防控阻击战的根本依靠。面对新中国成立以来传播速度最快、感染范围最广、防控难度最大的疫情，从武汉到湖北，从湖北到全国，在党中央统一指挥、统一协调、统一调度下，拧成一股绳、下好一盘棋，社会主义制度释放出强大的领导能力、应对能力、组织动员能力、贯彻执行能力，转化为应对大风大浪、抵御风险挑战时的治理效能：武汉"封城"，人民解放军医护人员率先进入武汉，全国各地 42 000 多名医务人员、180 多个医疗队陆续奔赴武汉、驰援湖北；动员各方力量夜以继日建设火神山、雷神山医院，分秒必争改造方舱医院，快速实现"人等床"到"床等人"；19 个省份对口支援湖北省除武汉市外的 16 个市州及县级市的救治和防控工作。全国各地启动重大突发公共卫生事件一级响应，联防联控、群防群控防控体系得以建立，全国统一的应急物资保障体系迅速运行，形成了众志成城、抗击疫情的局面，疫情防控形势实现大逆转。

（三）人民至上，把人民群众生命安全和身体健康放在第一位，应收尽收，应治尽治，彰显中国特色社会主义制度以人民为中心的价值优势

人民性是马克思主义最鲜明的品格。为人民谋幸福，是中国共产党人的初心。人民

利益至上是中国特色社会主义制度的根本价值取向。习近平总书记反复强调，要以人民为中心，始终要把人民放在心中最高的位置，始终全心全意为人民服务，始终为人民利益和幸福而努力工作。生命重于泰山。面对疫情，以习近平同志为核心的党中央一开始就明确要求把人民群众生命安全和身体健康放在第一位。按照“集中患者、集中专家、集中资源、集中救治”原则，严格落实早发现、早报告、早隔离、早治疗措施，坚决做到应收尽收、应治尽治、应检尽检、应隔尽隔。不惜付出封城禁足、工厂停工、公共场所停业等一切代价防控疫情，救治患者，不忽略每一个病人，不放弃每一个生命。与此同时，面对疫情突发给民生所带来的重大影响，各级政府坚持就业优先，积极保障“米袋子”和“菜篮子”供应，强化对困难群众的救助保障，关心关爱一线人员，为境外我国公民提供必要防护指导、物资保障和交通支持。

（四）医保买单、财政兜底，物资充足、保障有力，彰显中国特色社会主义制度的经济优势

以公有制为主体、多种所有制经济共同发展，以按劳分配为主体、多种分配方式并存，社会主义市场经济体制等社会主义基本经济制度，为抗击疫情提供了强大的经济支撑，彰显了社会主义优越性。以公有制为主体保证国有经济掌握关系国计民生的关键领域和基础性行业，为中国共产党领导人民集中力量办大事提供了坚实的物质基础。中建集团仅用 10 天，就建成了建筑面积 34 000 平方米、可容纳 1 000 张床位的火神山医院。中国石化针对口罩原材料短期紧缺的情况，迅速生产熔喷布，并全部定向供应制作口罩，不对企业和个人销售，防止中间商囤积投机倒把赚差价，有效缓解了医疗物资供需矛盾，并且抑制了原材料价格的持续暴涨。社会主义市场经济体制既发挥了市场的决定性作用，又更好地发挥了政府作用，政府高效干预医用物资和民生物资的生产调度，为遏制疫情蔓延提供了坚实的物资保障。政府主导，确保医疗卫生、社会保障等基本公共服务真正体现公益性，公立医院在救治患者中发挥中流砥柱作用。对新冠肺炎患者实行免费救治，医保买单，财政兜底。据统计，确诊住院患者人均医疗费用达到 2.15 万元，重症患者超过 15 万元，少数危重症患者达到几十万元，甚至超过百万元，医保均按规定予以报销。面对严峻疫情，中国经济表现出巨大韧性，中国的股市、债市运作相对平稳，“米袋子”和“菜篮子”供应充足，水电气暖供应正常，疫情防控和复产复工在全球率先出现向好态势。

（五）人民军队为抗击疫情提供强力支撑，保证国家安全稳定，彰显中国特色社会主义制度党对人民军队绝对领导的独特优势

党对人民军队的绝对领导是党和国家的重要政治优势，更是中国特色社会主义制度的独特优势。面对严峻复杂的国际疫情和世界经济形势，人民军队不但为抗击疫情提供

强大的人力和科技支撑，更保证着国家安全稳定，随时准备应对外部环境变化。疫情发生后，人民解放军在党中央和中央军委统一指挥下，牢记人民军队宗旨，闻令而动，勇挑重担，敢打硬仗，积极支援地方疫情防控。一声令下，全军4 000多名医护人员火速驰援武汉，接管火神山医院，不但圆满完成医疗救治任务，而且实现“打胜仗、零感染”。

四、在抗疫中坚定文化自信

新冠肺炎疫情发生以来，在抗击疫情的过程中，我们深刻感受到，中国有优秀传统文化的底蕴。这是我们文化自信的彰显，更是我们文化自信的锻造过程。这种文化力，越是在民族危难之际，在遇到重大灾情的紧要关头，疫情暴发得越凶猛，其集中表现为万众一心、众志成城，集中力量克难攻坚、坚决打赢并坚信必将赢得全面胜利的巨大优势。

（一）疫情防控中彰显中华优秀传统文化

中华文明绵延5 000多年，最可贵的思想之一就是执政者以人为本的价值追求。儒家经典《尚书》强调“民惟邦本，本固邦宁”，习近平在讲话中也多次引用这一政治格言。民惟邦本的传统价值观，对应了中国执政党一贯坚持的以人民为中心的发展思想以及全心全意为人民服务的执政理念。

面对这场突如其来的新冠肺炎疫情，对生命的保护和拯救是中国执政党的出发点。习近平多次强调，要“始终把人民群众生命安全和身体健康放在第一位”。他在湖北省考察疫情防控工作时强调要“为保障人民生命安全和身体健康筑牢制度防线”。4月17日，当武汉重症病例数从最高峰9 000多例降至约30人时，习近平在主持中共中央政治局会议时仍然明确要求，湖北和武汉要继续抓好疫情防控工作，精心治疗、悉心护理重症患者。

“老吾老以及人之老，幼吾幼以及人之幼”，尊敬老者、呵护幼儿，这也是中华传统文化的一大特色。在这场疫情防控阻击战中，中国人同样是这样做的。不分老幼、无论贫富，“生命至上”成为中国疫情防疫的基本准则。

这一组数据能说明问题：为尽可能挽救湖北和武汉重症患者生命，中国政府把他们安排到高水平医院进行集中救治，国家级医疗团队专门制定“一人一策”诊治方案；武汉确诊的2 500多位80岁以上高龄患者中，救治成功率达到为70%，年纪最长者为108岁；中国确诊住院的重症患者人均治疗费用超过15万元，少数危重症患者治疗费用达到几十万元甚至百万元以上，除医疗保险给予报销外，个人负担费用将由国家财政进行补助……正如很多国际分析人士指出的，这种竭尽全力治病救人的举动，包括对高龄老人和困难家庭的不离不弃，在许多国家是很难做到的。

（二）疫情防控中彰显红色革命文化

红色革命文化是马克思主义与中国的革命实际相结合所产生的思想理论在精神文化上的综合表现，是中国共产党领导人民在艰苦卓绝的革命斗争中长期积累的智慧结晶，红色革命文化是中国抗疫取得快速成效的精神源泉。

党领导人民在历次关键时刻和重要关头，创造了红船精神、井冈山精神、长征精神、延安精神、沂蒙精神和西柏坡精神等革命文化，集中展现了中国人民大无畏的革命精神、敢于牺牲的崇高品质和革命到底的精神气魄。“砍头不要紧，只要主义真”，共产党员的大无畏精神和敢于牺牲的勇气，是大公无私、敢于奉献的动力源泉；疫情暴发后，请战逆行、火线入党、干部下沉，中国迅速启动“战时”响应，各项防控举措密集出台，各类防控物资调配充足供应，各级防控人员安排快速部署，各类社会问题妥善应对，各项群众关切及时回应。这种面对突发灾难的快速反应和有效治理，在很大程度上得益于革命战争年代积累的丰富实战经验，以及中国人民对这种经验的高度认同。因此，当 1998 年特大洪水、2003 年“非典”疫情和 2008 年汶川地震等灾难来临之际，大无畏的革命精神、勇于牺牲的崇高品质和革命到底的决心就成为中国人民顽强不屈、奋战到底、赢取最终胜利的精神底气。

（三）疫情防控中彰显中国特色社会主义先进文化

社会主义先进文化立足于中国特色社会主义伟大实践，代表着时代潮流和发展要求。首先，社会主义先进文化凝聚了中国特色社会主义共同理想、社会主义核心价值体系和核心价值观、以爱国主义为核心的民族精神和以改革创新为核心的时代精神等要素，是中国道路、中国理论和中国制度在精神文化上的集中展示。其次，在抗击疫情的实践中，社会主义先进文化集中展示出新时代以人民为中心的发展理念、以爱国主义为核心的民族精神和努力践行人类命运共同体的理念。抗疫中，以人民为中心的发展理念体现为“人民至上，生命至上”“尽最大可能提高治愈率，降低死亡率”“应收尽收，不漏一人”等具体防控政策。这种人民生命观，是中国国家治理体系和治理能力更具优越性的核心因素。以人民为中心的发展理念还表现在“紧紧依靠人民群众坚决打赢疫情防控阻击战”上，疫情期间中国共产党发动群众、组织群众、依靠群众，在实现群防群控的同时，也激发了空前高涨的爱国主义热情，社会各界空前团结。中国在自身疫情尚不明朗的情况下，就开始主动向世界分享疫情信息和防控经验，在形势有所好转后，更是积极援助疫情严重国家，以实际行动践行大国担当。国务委员王毅用翔实的数据展现了中国对全球抗疫的援助力度，并将其总结为“新中国历史上规模最大的一次全球紧急人道行动”。社会主义先进文化是抗疫精神的主要枝干，而中国人民在抗疫中的精神品质，又进一步充实了社会主义先进文化的内涵，使其枝叶更加繁茂。

（四）疫情防控中彰显与锻造文化自信

中国特色社会主义文化作为国家的文化软实力，在应对重大公共危机时，发挥着强信心、聚民心的关键作用。习近平总书记在统筹推进新冠肺炎疫情防控和经济社会发展工作部署会议上指出：“中华民族历史上经历过很多磨难，但从来没有被压垮过，而是愈挫愈勇，不断在磨难中成长、从磨难中奋起。”人无精神不立，国无精神不强，中国特色社会主义先进文化源于5 000年文明智慧，成于中国的革命、改革实践，必将持续塑造和锻造中国人的精神文化，为世界贡献中国智慧。

面对疫情，中国人民迸发出的中国力量、中国精神，则展现出了真正的大国风范——湖北尤其是武汉人民的封城隔离，为“抗疫”做出巨大牺牲，见证了中国人民牺牲小我、成就大我的奉献精神；全国医护人员向疫情重灾区的最美“逆行”，见证了中国人民不怕牺牲的担当精神；各级党政领导干部及基层工作人员夙兴夜寐、日夜工作，见证了中国人民的拼搏奋斗精神；从各个城市志愿者的自发组织行动，到各地方支援疫区的物资运送大军，见证了中国人民万众一心、守望相助的精神；企业家大规模捐款捐物，甚至停工转产医疗物资支援国家，见证了中国人民的家国情怀、舍利取义的精神；海内外中华儿女在“抗疫”时期从国外高价买回口罩包机运回中国，见证了全世界华侨华人报效祖国的爱国爱乡精神。全国上下，各行各业，一同见证中国人民自强不息、万众一心、团结奋斗的民族精神。当然最为重要的，还是全体党员干部为人民服务的共产主义精神。如果说时代是“出题人”，全体党员干部是“答卷人”，人民是“阅卷人”，那么这次疫情大考，答卷人可以说用行动在答卷上倾力写下了“不负人民”。正是有这样的中国特色社会主义先进文化，让中国人民面对艰难险阻，却能百折不挠，让中华文明跨越千年，却能不断新生。

第二节 在抗疫中弘扬中国精神

习近平总书记深刻指出：“精神是一个民族赖以长久生存的灵魂，唯有精神上达到一定的高度，这个民族才能在历史洪流中屹立不倒、奋勇向前。”

中华民族历史上经历过许多磨难，但从来没有被压垮过，而是愈挫愈勇，不断在磨难中成长、从磨难中奋起。这种精神存在于中国人民抗击外部侵略争取独立解放的斗争中，存在于改革开放谋求发展的脚步中，同样也存在于抗震救灾、迎击非典、抗击新冠肺炎疫情的全民动员之中。

中国精神作为兴国强国之魂，是实现中华民族伟大复兴不可或缺的精神支撑和精神动力。“中国精神”是中华民族坚挺的脊梁，是坚强不屈的中国魂。

一、中国精神的内涵

（一）精神的内涵

关于精神，有广义和狭义之分。从广义上讲，精神既与物质相关，又与物质相对。精神是如何产生的呢？它是人在生活实践的活动当中，所形成的思想和观念的产物。所以我们说的精神，它必须通过实践的活动展现出来，而通过社会实践的活动，精神又可以有创造物质的力量。

从狭义上讲，精神是指人的思想观念或者知、情、意的内核和精髓。它往往和灵魂、气节、节操、气概、精气神等相类相通。

（二）精神的作用

历史上有很多大家、专家对“精神的作用”问题进行过深入的研究。恩格斯曾经说过：“就单个人来说，他的行动的一切动力，都一定要通过他的头脑，一定要转变为他的意志的动机，才能使他行动起来。”马克思曾经说过：“理论一经掌握群众，也会变成物质力量。”毛泽东也说过：“人是要有一点精神的。”

（三）中国精神的内涵

习近平总书记说：“以爱国主义为核心的民族精神和以改革创新为核心的时代精神，就共同构成了我们的中国精神。”中国精神就是我们凝心聚力的兴国之魂、强国之魂。

武汉疫情发生以来，1 月 28 日，钟南山在接受新华社记者采访时，谈及武汉抗疫，双眼满含泪水。他说：“劲头上来了，很多东西都能解决，大家全国帮忙，武汉是能够过关的，武汉本来就是一个很英雄的城市。”其实，钟南山院士说的这个劲头，就是中国精神的力量。

钟南山认为，“因为干任何的东西，包括对待这个危重症的传染病人，很重要就是一个士气，一个精神，还有一个团结协作的力量，这个是必须要有的一个前提”。

2020 年的春节，在以习近平同志为核心的党中央坚强领导和科学部署下，全国人民上下同心、团结协作、顽强斗争，充分发扬伟大的中国精神，凝聚起了众志成城抗击疫情的强大精神力量。

二、抗疫凝聚起中国精神

习近平总书记说：“在这场同严重疫情的殊死较量中，中国人民和中华民族以敢于斗争、敢于胜利的大无畏气概，铸就了生命至上、举国同心、舍生忘死、尊重科学、命运与共的伟大抗疫精神。”

（一）“生命至上”精神

2020 年新冠疫情发生以来，党中央强调，要把人民群众的生命安全和身体健康放在第一位。

生命至上，集中体现了中国人民深厚的仁爱传统和中国共产党人以人民为中心的价值追求。“爱人利物之谓仁。”疫情无情人有情。人的生命是最宝贵的，生命只有一次，失去不会再来。在保护人民生命安全面前，中国政府不惜一切代价，全心全意为人民服务，果断关闭离汉离鄂通道，实施史无前例的严格管控。为了保护人民生命安全，中国政府什么都可以豁得出来，从出生仅 30 多个小时的婴儿到 100 多岁的老人，从在华外国留学生到来华外国人员，每一个生命都得到全力护佑，人的生命、人的价值、人的尊严得到悉心呵护。这是中国共产党执政为民理念的最好诠释！这是中华文明人命关天的道德观念的最好体现！这也是中国人民敬仰生命的人文精神的最好印证！

（二）“举国同心”精神

自从武汉疫情发生以来，从 2020 年正月初一到正月十九，中央政治局常务委员会共召开三次会议，研究加强疫情防控等工作。习近平总书记奔赴北京疫情防控第一线，号召全国坚决打赢疫情防控的人民战争、总体战、阻击战。我们全国一盘棋，面对病毒肆虐，举国抗击。

从 2020 年 1 月 23 日开始，湖北武汉就宣布“封城”，并且决定要建设火神山医院；同日，浙江省、广东省等地也陆陆续续地启动了重大突发公共卫生事件一级响应；1 月 24 日，中国人民解放军派出了海、陆、空 3 支医疗队，共计 450 人紧急驰援武汉；2 月 2 日，火神山医院仅仅用了 10 天的时间就已经建成交付；全国上下、各行各业加速奔跑、英勇奋战。中国的医务人员逆向而行，奔向最需要又最危险的地方——武汉。全国大部分城市的公交减运或者停运了，各大商场基本都关闭了，“贺岁片”也下线了，各个城市的风景区、文化场馆都“关门”了，春节聚会活动也全面取消了……在极短的时间内，各地应急决策果断出台，还在休假中的干部职工也迅速到位。在浙江，建立起了联防联控、群防群控工作机制，实施了最严格的隔离医学观察和疫情监测；在安徽，部署了“三防三查三加强”的举措，要求源头防控、防聚集管控及宣传引导到位；在河南，快速排查从疫区返乡或与病例密切接触的人员。

在这次疫情防控战中，党中央还充分发挥全国一盘棋的对口支援机制，建立 16 个省份支援武汉以外地市的一一对口支援关系，以一省包一市的方式，全力支持湖北省加强病人的救治工作，维护好人民群众的生命安全和身体健康。建立对口支援机制，通过划定“责任田”一对一提供援助的方式，有力缓解了当地医疗资源紧缺的局面，凝聚战胜疫情的强大力量，如江苏对口支援孝感、浙江对口支援荆门、山东对口支援黄冈、河南对口支援随州。事实证明，在重大灾难、重大任务面前，建立对口支援机制，举全国之力攻坚克难，是我们国家制度的显著优势，也是我们打赢疫情防控阻击战的重要法宝。对口支援制度的建立，为受援地区解了燃眉之急，体现了“一方有难，八方支援”的守望相助、团结协作的精神。在疫情面前，我们手足相抵，齐心协力，共战病魔。

举国同心，集中体现了中国人民万众一心、同甘共苦的团结伟力。面对生死考验，面对长时间隔离带来的巨大身心压力，广大人民群众生死较量不畏惧、千难万险不退缩，或向险而行，或默默坚守，以各种方式为疫情防控操心出力。长城内外、大江南北，全国人民心往一处想、劲往一处使，把个人冷暖、集体荣辱、国家安危融为一体，“天使白”“橄榄绿”“守护蓝”“志愿红”迅速集结，“我是党员我先上”“疫情不退我不退”，誓言铿锵，丹心闪耀。14 亿中国人民同呼吸、共命运，肩并肩、心连心，绘就了团结就是力量的时代画卷！

（三）“舍生忘死”精神

基辛格《论中国》中有一句名言总是被我们反复引用，这句话就是：“中国人总是被他们之中最勇敢的人保护得很好。”在 2020 年春节前夕，新冠疫情开始暴发，全国人民闭门不出，在家自我隔离的时候，有一群人却选择了逆行而上，他们无私奉献，以“舍生忘死”的精神守护着我们每一个人的生命健康。

2020 年 1 月 18 日，84 岁的钟南山院士告诉所有人：“千万不要出门！”而他自己，却搭上了前往武汉的高铁，奔赴前线。2 月 2 日，73 岁的李兰娟院士主动请缨，带领自己的精英医疗团队，乘上了前往武汉的火车。

为了 14 亿国人的安危，中国 4 万多白衣战士逆行而上，在看不见敌人的战场上，他们用血肉之躯筑起了生命防线。2 月 9 日，41 架飞机，从祖国四面八方飞向武汉！这是一场不见硝烟的战争，湘雅医院、协和医院、齐鲁医院、华西医院，中华医疗界的“王炸天团”，百年来首次会师武汉，用最美逆行捍卫每一个中国人的健康。

舍生忘死，集中体现了中国人民敢于压倒一切困难而不被任何困难所压倒的顽强意志。危急时刻，又见遍地英雄。各条战线的抗疫勇士临危不惧、视死如归，困难面前豁得出、关键时刻冲得上，以生命赴使命，用大爱护众生。

（四）“尊重科学”精神

尊重科学，集中体现了中国人民求真务实、开拓创新的实践品格。面对前所未知的新型传染性疾病，我们秉持科学精神、科学态度，把遵循科学规律贯穿到决策指挥、病患治疗、技术攻关、社会治理各方面、全过程。在没有特效药的情况下，实行中西医结合，先后推出八版全国新冠肺炎诊疗方案，筛选出“三药三方”等临床有效的中药西药和治疗办法，被多个国家借鉴和使用。无论是抢建方舱医院，还是多条技术路线研发疫苗；无论是开展大规模核酸检测、大数据追踪溯源和健康码识别，还是分区分级差异化防控、有序推进复工复产，都是对科学精神的尊崇和弘扬，都为战胜疫情提供了强大科技支撑！

（五）“命运与共”精神

一场突如其来的新冠肺炎疫情肆虐全球，在全球战疫紧要关头，中国秉持人类命运共同体理念，推动国际社会携手抗疫、共克时艰，展现负责任大国担当，给世界带来信心和力量。

新冠肺炎疫情发生以来，中国采取最全面、最严格、最彻底的抗疫举措，同时以开放、透明姿态积极推动疫情防控国际合作。中方第一时间向世界卫生组织报告疫情，第一时间同世界各国分享新冠病毒基因序列，第一时间建立疫情信息定期沟通机制，还先后向世界卫生组织捐款 5 000 万美元，以进一步支持国际抗疫合作。

命运与共，集中体现了中国人民和衷共济、爱好和平的道义担当。大道不孤，大爱无疆。我们秉承“天下一家”的理念，不仅对中国人民生命安全和身体健康负责，也对全球公共卫生事业尽责。我们发起了新中国成立以来援助时间最集中、涉及范围最广的紧急人道主义行动，为全球疫情防控注入源源不断的动力，充分展示了讲信义、重情义、扬正义、守道义的大国形象，生动诠释了为世界谋大同、推动构建人类命运共同体的大国担当！

三、弘扬和践行中国精神

（一）做新时代的忠诚的爱国者

未来 30 年是复兴大业的关键期，00 后大学生是历史选择的“强国一代”。要肩负起历史赋予的重任，就必须化爱国之情为报国之行，刻苦学习，锤炼自己，要做到以下几个方面：

1. 要具有坚定的政治方向

要拥护中国共产党的领导，坚定不移地走社会主义道路，建设中国特色社会主义，树立起全心全意为人民服务的宗旨，把自己的学习、工作同国家的前途和人民的利益紧密结合起来。

2. 要具有丰富的科学文化知识和研究问题、解决问题的能力

要敢于向已有的科学成果挑战，敢于向未知的新领域进军，勇敢地去实践，去探索。因为，00 后大学生是否具有强烈的开拓和创新能力关系到我国科学的兴衰。

3. 要具有健全的心理人格

对国家、对人民，00 后大学生要有强烈的爱心；对社会主义建设事业，要有强烈的责任感；对待人生，要积极奋发，乐观坚强；对他人，要能够与他人合作，要具有团队精神。

4. 要有良好的身体素质

健康的体魄是人才成功的关键。只有身体健康，精力充沛，才能从事艰苦的创造性劳动，才能攀登事业的高峰。

在不同历史条件下，人们报效祖国的方式往往是不同的。吉鸿昌慷慨赴死表明其爱国决心，陈嘉庚以倾囊兴办教育的方式体现自己的爱国情感，邓稼先以默默献身于国防建设来实现自己的报国志愿。不论以什么样的方式来报效祖国，都要自觉弘扬以爱国主义为核心的民族精神，努力学习，掌握报效祖国的本领。只有把自己的真才实学同报效祖国的志向结合起来，始终如一的身体力行，才能为祖国和民族做出应有的贡献，实现做一个忠诚的爱国者的人生追求。

（二）做改革创新的实践者

改革创新是我们国家的命运所系，在一些科技领域，中国已经从原来的“跟跑者”变成了“同行者”，甚至在有些领域已经开始领跑。例如，中国高铁、中国制造都在领跑世界。改革创新是国家命运所系，也是我们国运所在，可谓是使命逼人。00 后大学生要做到以下几点：

1. 要有勇于担当、坚定创新的决心

习近平总书记说过：“青年一代有理想、有担当，国家就有前途，民族就有希望。”在战争年代，我们的青年满怀革命理想，为争取民族独立、人民解放抛洒热血；在建设时期，我们的青年响应党的号召，在新中国的广阔天地忘我劳动、艰苦创业。如今，面对中华民族伟大复兴中国梦和“大众创业，万众创新”的号召，00 后大学生应当将责任扛在肩上，将行动落到实处，勇于担当，锐意创新，为国家繁荣、人民幸福奉献力量。

2. 要有坚持学习、不断提升创新的能力

如今，00 后大学生正处于学习的黄金时期，应该把学习作为首要任务，创新需要扎实的知识基础。只有完成好学习这项任务，才能拥有创新所需的能力和信心。2020

年的新冠疫情，让我们充分认识到了只有钟南山这样的专家，这样拥有深厚知识力量的人，才能给我们带来光明和曙光。钟南山教授一直以来都非常努力，同时还刻苦钻研学术，20 多岁名牌大学毕业，40 多岁赴英国进修，60 多岁带领医护工作者抗击非典，如今 80 多岁的他依然挂帅亲征，赶赴武汉，与新冠病毒斗争。

树立梦想要从学习开始，要让坚持学习打牢创新的基石，让增长本领提振创新的信心。要在学校里学，学一门精一门，要在工作中学，把握住每一个机遇，学一行专一行。“人的一生只有一次青春。现在，青春是用来奋斗的；将来，青春是用来回忆的。”趁着青春，勇敢地肩负起时代赋予的重任，锐意创新，奋斗不止，让青春在圆梦征程中焕发绚丽光彩，让青春在记忆长河中变得更加美好。

第三节 在抗疫中凝聚中国力量

2020 年，突如其来的新冠肺炎疫情，恰似试金石，检验了中国精神的伟大，淬炼出民族精神和时代精神的火花，为打赢抗疫阻击战提供了精神支撑。在伟大民族精神的鼓舞下，全党全军全国各族人民心往一处想、劲往一处使，构筑起齐心协力、众志成城的严密防线，凝聚起新时代抗击疫情的磅礴伟力。我们要继续弘扬中国精神，凝聚中国力量，打赢脱贫攻坚战，交出人民满意的决胜全面建设小康社会的时代答卷。

一、党的领导，凝聚同心抗疫的硬核力量

（一）这一场抗疫，以习近平同志为核心的党中央是主心骨，是信心之源

1. 科学制定战略策略，引领防控斗争方向

党中央审时度势、综合研判，及时提出“坚定信心、同舟共济、科学防治、精准施策”的总要求，明确“坚决遏制疫情蔓延势头、坚决打赢疫情防控阻击战”的总目标。依法将新冠肺炎纳入乙类传染病，采取甲类措施严格管理。把坚持全国一盘棋、统筹各方面力量支持疫情防控作为重要保障，把控制传染源、切断传播途径作为关键着力点，加强对疫情防控的统一领导、统一指挥、统一行动，打响疫情防控的人民战争、总体战、阻击战。提出“早发现、早报告、早隔离、早治疗”的防控要求和“集中患者、集中专家、集中资源、集中救治”的救治要求，把提高收治率和治愈率、降低感染率和病亡率作为突出任务来抓。立足地区特点和疫情形势因应施策，把武汉和湖北作为全国主战场，对其他省

份加强分类指导，严守“四道防线”，步步推进、层层深入，形成了全面动员、全面部署、全面加强疫情防控的战略格局。2020 年 1 月 22 日，习总书记以巨大政治勇气果断决策，要求湖北省对人员外流实施全面严格管控，紧急调派全国各省区市和军队等医疗队、医护人员驰援，这一系列战略策略和决策部署，事关抗疫工作的全局和枢纽，为抗疫最终胜利树立了科学指导。

2. 跟进加强指导督导，提供抗疫基本遵循

习近平总书记时刻跟踪疫情蔓延形势和防控工作进展，适时作出重要指示批示。2020 年 1 月 7 日，主持召开中央政治局常委会会议，对做好疫情防控工作提出要求。1 月 20 日，专门就疫情防控作出指示，要求各级党委和政府及有关部门把人民群众生命安全和身体健康放在第一位，采取切实有效措施，坚决遏制疫情蔓延势头。大年初一，主持召开中央政治局常委会会议，对疫情防控进行再研究、再部署、再动员，决定成立中央应对疫情工作领导小组，派出中央指导组，要求国务院联防联控机制充分发挥协调作用。之后，又多次主持召开中央政治局常委会会议、中央政治局会议，专题研究疫情防控和复工复产等工作。同时，还主持召开中央全面依法治国委员会、中央网络安全和信息化委员会、中央全面深化改革委员会、中央外事工作委员会等会议，从不同角度对做好疫情防控提出要求。

3. 亲临一线鼓舞士气，注入抗疫必胜信念

为了掌握一手真实情况，激励广大群众，习近平总书记多次到抗疫一线，考察指导工作、看望慰问防控人员。2 月 10 日，当疫情防控处于胶着对垒状态之际，习近平总书记赴北京朝阳区社区和北京地坛医院远程诊疗中心，通过监控画面察看患者住院诊疗情况、视频连线武汉疫情防控一线医务工作者了解情况，作出应收尽收、全力做好救治工作和全面加强社会面管控等重要部署。3 月 2 日，当防控形势积极向好的态势正在拓展的时刻，习近平总书记赴军事医学研究院和清华大学医学院考察科研攻关工作，鼓励科研人员尽快研制出安全有效的疫苗、药物、检测试剂，拿出更多硬核产品，尽最大努力挽救更多患者生命。3 月 10 日，当疫情蔓延扩散得到基本遏制、防控形势逐步向好的关键阶段，习近平总书记专门赴湖北考察。在武汉火神山医院，同医务人员和患者视频连线了解情况，称赞医务人员是“新时代最可爱的人”，是抗疫“最大的功臣”；在居民街道，同社区工作者、基层民警、卫生服务站医生、下沉干部、学雷锋志愿者等亲切交谈，鼓励大家一鼓作气，咬紧牙关，坚持到底。习近平总书记的亲临指导，表明全党全军全国各族人民同湖北和武汉人民站在一起，对于奋战在一线的干部群众是莫大的鼓舞和有力的鞭策。

（二）这一场抗疫，各级党组织守土有责、守土担责、守土尽责

1. 强组织，普遍成立专门领导机构

各地区第一时间成立党政主要负责同志挂帅的领导小组，各级党政领导特别是主要领导坚守岗位、靠前指挥，科学判断形势、精准把握疫情，对防控工作实施坚强有力领导。各地各部门领导普遍深入一线，面对面加强指导督导，以有力行动和有效措施，帮助群众解决存在的困难问题。各地区各部门采取防控举措时，既考虑本地区本领域防控需要，也考虑对重点地区、对全国防控的影响，使各项工作在全局上协调耦合。抗疫期间，各级党委增强“四个意识”、坚定“四个自信”、做到“两个维护”，努力把思想和行动统一到习总书记的重要讲话精神和决策部署上来，动员广大党员干部把打赢疫情防控阻击战作为重大政治任务，把投身防控疫情第一线作为践行初心使命、体现责任担当的试金石和磨刀石，切实把党的政治优势、组织优势、密切联系群众优势转化为疫情防控的强大政治优势。

2. 抓落实，采取最严格的政策举措

各省区市迅速启动重大突发公共卫生事件一级响应，全面动员，全面部署，全面加强工作，切实把疫情防控作为当前最重要的工作来抓。各级坚持突出重点、统筹兼顾，分类指导、分区施策，努力把各项工作抓实、抓细、抓落地。湖北省特别是武汉市作为疫情防控的重中之重，千方百计解决床位和医务人员等医疗资源不足问题，全力以赴救治感染患者；19 个省份对口支援湖北省武汉市以外地市，坚持责任包干，把每一项工作、每一个环节做到位；非疫情防控重点地区落实科学防治、精准施策原则，以县域为单元，确定不同县域风险等级，分区分级制定差异化防控策略，统筹做好疫情防控与经济社会秩序恢复；人口流入大省大市按照联防联控、群防群控要求，重点加强对返程人员健康监测，扎实做好交通工具场站消毒通风等工作。重大考验面前，各级党委坚持在疫情防控一线识别干部，把在防控斗争中的实际表现作为考察其政治素质、宗旨意识、全局观念、驾驭能力、担当精神的重要内容，对表现突出的予以表彰和使用，对不敢担当、作风漂浮、落实不力的予以严肃问责。针对前期防控工作存在的严重问题，中央对湖北省委和武汉市委领导班子作了调整充实。

（三）这一场抗疫，鲜红的党旗始终在一线高高飘扬

党的力量来自组织。我们党现有 9 100 多万党员、460 多万基层党组织，是名副其实的世界第一大政党。在抗疫期间，广大基层党支部和党员干部牢记人民利益高于一切，坚定站在疫情防控第一线，做到哪里任务险重，哪里就有党组织坚强有力的工作、哪里就有党员当先锋作表率。

一个支部就是一座堡垒。疫情在哪里，战斗堡垒就在哪里建起来、强起来。广大基

层党组织把做好疫情防控作为巩固拓展“不忘初心、牢记使命”主题教育成果的重要战场。抗疫期间，广大基层党组织动员群众、组织群众、凝聚群众，建立健全区县、街镇、城乡社区等防护网络，认真做好疫情监测、排查、预警、防控等工作，严防死守、不留死角，构筑群防群治抵御疫情的严密防线。坚持把社区作为关键防线，全力加强社区管控，实行严格封闭管理措施，压实基层防控责任，看好自己的门、管好自己的人、做好自己的事。协调工会、共青团、妇联等团体发挥作用，组织所联系群众积极投身疫情防控；支持广大社工、义工和志愿者开展心理疏导、情绪支持、保障支持等服务，耐心细致做好思想工作，教育引导广大群众服从大局、遵守疫情防控各项规定，自觉维护社会秩序。各级还在一线成立许多临时党支部，采取火线入党、重温入党誓词，为党员突击队、青年突击队授旗等形式，鼓舞党员完成急难险重任务。

二、人民群众，凝聚同心抗疫的磅礴力量

新冠肺炎疫情防控，是一场没有旁观者的全民行动，是一场齐心协力的人民战争。广泛动员群众、组织群众、凝聚群众，是我们打赢疫情防控阻击战的制胜之本。

习近平总书记指出，“战胜这次疫情，给我们力量和信心的是中国人民。”在这场疫情防控斗争中，我们坚持中国共产党的集中统一领导，坚持以人民为中心，紧紧依靠人民群众，全国动员、全民参与，联防联控、群防群治，构筑起最严密的防控体系，凝聚起坚不可摧的强大力量。人民群众，凝聚起了同心抗疫的磅礴力量。

“沧海横流，方显英雄本色。”面对突如其来的新冠肺炎疫情，中华儿女众志成城、守望相助，齐心协力与病魔展开搏击，展现了坚忍不拔的顽强斗志。从城市到乡村，从干部到群众，每一个人都从大局出发，积极响应党的号召，自觉配合防控工作，心往一处想、劲往一处使，全面落实联防联控各项措施，奋力构筑群防群治严密防线。他们从自己做起、从身边做起、从点滴做起，坚守负责岗位，踊跃捐款捐物，开展志愿服务，书写了一个又一个感人故事。

在中国，各个社区是联防联控、群防群控的主战场，是阻断疫情扩散蔓延的最有效防线。为坚决守住“外防输入、内防扩散”的安全防线，广大社区工作者全力以赴、不怕繁难，强化网格化管理，实施地毯式排查，严格落实“早发现、早报告、早隔离、早治疗”，毫不放松“测体温、做消杀、清垃圾、搞卫生”，耐心细致做好居民的思想工作，千方百计解决居民的生活难题，在一点一滴的辛劳与坚守中，牢固筑起了疫情防控的铜墙铁壁。

打好疫情防控阻击战，不仅要遏制病毒的传播，而且要保障社会平稳运行。快递小哥、出租车司机、环卫工人……这些默默无闻的劳动者，辛苦奔波在城市的角落，始终

坚守在平凡的岗位，用勤劳的汗水服务千家万户，肩负起疫情防控的后方工作。还有许许多多“宅”在家里的群众，自觉听从防控安排，主动配合防控检查，戴口罩、勤洗手，不扎堆、不聚集，既对自己和家人负责，更对他人和社会负责。

人民群众是真正的英雄，中国人民众志成城、万众一心，同舟共济、团结奋斗，战胜了敌人、攻克了难关。我们紧紧依靠人民群众，凝聚起抗击疫情的磅礴力量，打赢了这场人民战争。

三、“90后”“00后”，凝聚同心抗疫的青春力量

习近平总书记在2020年3月15日给北京大学援鄂医疗队全体“90后”党员回信，向他们和奋斗在疫情防控各条战线上的广大青年致以诚挚的问候。习近平总书记在信中写道：“广大青年用行动证明，新时代的中国青年是好样的，是堪当大任的！”

在这次抗击疫情的斗争中，以“90后”为代表的青年一代不畏艰险、冲锋在前、舍生忘死，充分展现了新时代中国青年的精神风貌。在4.2万多名驰援湖北的医护人员中，就有1.2万多名是“90后”，其中相当一部分还是“95后”甚至“00后”。中国的“90生”“00后”，凝聚起了同心抗疫的青春力量。

习近平总书记在给北京大学援鄂医疗队全体“90后”党员的回信中提道：“在新冠肺炎疫情防控斗争中，你们青年人同在一线英勇奋战的广大疫情防控人员一道，不畏艰险、冲锋在前、舍生忘死，彰显了青春的蓬勃力量，交出了合格答卷。”

“90后”“00后”青年在疫情防控工作的各个环节、各个岗位尽职尽责、勇于创新、全力奋战，把爱国情付诸实际行动，为夺取疫情防控和经济社会发展“双胜利”贡献着青春活力。“90后”“00后”都年轻得如一滴清澈的水，涓滴之水，正汇成江河，涌向大海，一滴水涌动着另一滴水，汇聚成抗疫不竭的力量源泉。在这场突如其来的疫情大考面前，他们脱掉了稚气，成为年轻的脊梁。

拓展阅读

习近平给北京大学援鄂医疗队全体“90后”党员的回信

北京大学援鄂医疗队全体“90后”党员：

来信收悉。在新冠肺炎疫情防控斗争中，你们青年人同在一线英勇奋战的广大疫情防控人员一道，不畏艰险、冲锋在前、舍生忘死，彰显了青春的蓬勃力量，交出了合格答卷。广大青年用行动证明，新时代的中国青年是好样的，是堪当大任的！我向你们、向奋斗在疫情防控各条战线上的广大青年，致以诚挚的问候！

青年一代有理想、有本领、有担当，国家就有前途，民族就有希望。希望你们努力在为人民服务中茁壮成长、在艰苦奋斗中砥砺意志品质、在实践中增长工作本领，继续在救死扶伤的岗位上拼搏奋战，带动广大青年不惧风雨、勇挑重担，让青春在党和人民最需要的地方绽放绚丽之花。

习近平

2020年3月15日

时政热点

练习题

一、单选题

1. 一个国家实行什么样的主义，关键要看这个主义能否解决这个国家面临的历史性课题。历史和现实都告诉我们，没有共产党就没有新中国，只有（　　）才能救中国。

A. 共产主义　　B. 社会主义

C. 民主主义　　D. 资本主义

2. 中国特色社会主义道路的突出特征是（　　），这是我们最大的优势。

A. 中国共产党的领导　　B. 民主集中制

C. 政治协商制度　　D. 一切从实际出发，实事求是

3. 面对严峻疫情，中国的股市、债市运作相对平稳，“米袋子”和“菜篮子”供应充足，水电气暖供应正常，疫情防控和复产复工在全球率先出现向好态势，彰显中国特色社会主义制度的（　　）。

A. 道路自信
B. 制度优势
C. 发展水平
D. 经济优势

4. 中国特色社会主义理论体系来源于（　　）。

A. 马克思列宁主义理论
B. 历史经验的总结
C. 最广大人民群众的伟大实践
D. 社会的变革

5. 面对史无前例的新冠肺炎疫情，我国在保持政治稳定和社会安宁的同时，仅用两个月就基本阻断了新冠肺炎疫情的本土传播，经济社会秩序加快恢复，而西方国家面对疫情，却陷入了制度失灵、管理失效等混乱局面，中国和西方国家的疫情防控形势形成鲜明对照，彰显了（　　）。

A. 我国管理能力强
B. 坚持同舟共济、科学防治、精准施策
C. 我国道路正确
D. 中国特色社会主义制度优势

6. 面对疫情，以习近平同志为核心的党中央一开始就明确要求把（　　）放在第一位。

A. 经济发展
B. 人民群众生命安全和身体健康
C. 疫情控制
D. 社会稳定

7. 中国特色社会主义制度的独特优势是（　　）。

A. 政协制度
B. 民主集中制
C. 党对人民军队的绝对领导
D. 党的领导

8. 党领导人民在历次关键时刻和重要关头展现了大无畏的精神、敢于牺牲的崇高品质和革命到底的精神气魄，中国抗疫取得快速成效的精神源泉是（　　）。

A. 红色革命文化
B. 中华文化
C. 延安精神
D. 长征精神

9. 2020年的春节，在以习近平同志为核心的党中央坚强领导和科学部署下，全国人民上下同心、团结协作、顽强斗争，充分发扬伟大的中国精神，中国精神就是（　　）。

A. 支撑力量
B. 中国脊梁
C. 精神支柱
D. 兴国之魂、强国之魄

10. 中国精神的构成包括（　　）。

A. 改革创新和艰苦奋进的精神
B. 以爱国主义核心的民族精神和以改革创新为核心的时代精神

C. 舍生忘死和命运与共的精神

D. 爱国主义和集体主义精神

11. 在这场同严重疫情的殊死较量中，中国人民和中华民族以敢于斗争、敢于胜利的大无畏气概，铸就了（　　）的伟大抗疫精神。

A. 顽强无畏

B. 自强不息、不怕困难

C. 生命至上、举国同心、舍生忘死、尊重科学、命运与共

D. 勇往直前

12. 基辛格《论中国》中，有一句名言总是被我们反复引用，这句话就是："中国人总是被他们之中最勇敢的人保护得很好。"新冠疫情开始暴发时，有一群人选择逆行而上，以（　　）的精神守护着我们每一个人的生命健康，正是这句话的体现。

A. 舍生忘死　　B. 勇往直前

C. 舍己为人　　D. 无所畏惧

13. 未来 30 年是复兴大业的关键期，00 后大学生是历史选择的"强国一代"。要肩负起历史赋予的重任，就必须化爱国之情为报国之行，要做到（　　）；要具有丰富的科学文化知识和研究问题、解决问题的能力；要具有健全的心理人格；要有良好的身体素质。

A. 具有坚定的政治方向　　B. 爱国敬业

C. 诚信友善　　D. 坚持拥护党

14.（　　）是我们国家的命运所系，在一些科技领域，中国已经从原来的"跟跑者"变成了"同行者"，甚至在有些领域已经开始领跑。

A. 社会稳定　　B. 经济发展

C. 改革创新　　D. 艰苦创业

15. 党中央审时度势、综合研判，及时提出"（　　）、科学防治、精准施策"的总要求，明确"坚决遏制疫情蔓延势头、坚决打赢疫情防控阻击战"的总目标。

A. 坚定信心、同舟共济　　B. 舍己为人、勇往直前

C. 无所畏惧、舍生忘死　　D. 同舟共济、舍生忘死

16. 各地区第一时间成立党政主要负责同志挂帅的领导小组，各级党政领导特别是主要领导坚守岗位、靠前指挥，科学判断形势、精准把握疫情，对防控工作实施坚强有力的领导。这充分体现了各级党组织（　　）、守土担责、守土尽责。

A. 勇于担当　　B. 主动作为

C. 强化责任　　D. 守土有责

17. 在这场疫情防控斗争中，我们坚持中国共产党的集中统一领导，坚持以人民为中心，紧紧依靠人民群众，全国动员、全民参与，联防联控、群防群治，构筑起最严密

的防控体系，凝聚起坚不可摧的强大力量。（ ），是凝聚同心抗疫的磅礴力量。

A. 医务人员　　B. 人民群众

C. 领导干部　　D. 军队战士

18. 新冠肺炎疫情防控，是一场没有旁观者的全民行动，是一场齐心协力的（ ）。

A. 抗击行动　　B. 人民战争

C. 联防行动　　D. 艰巨任务

19. 习近平总书记指出："在新冠肺炎疫情防控斗争中，你们青年人同在一线英勇奋战的广大疫情防控人员一道，不畏艰险、冲锋在前、舍生忘死，彰显了青春的蓬勃力量，交出了合格答卷。"你们指的是（ ）。

A. 90后、00后　　B. 80后、90后

C. 70后、80后　　D. 80后、00后

20. 90后、00后青年在疫情防控工作的各个环节、各个岗位尽职尽责、勇于创新、全力奋战，把（ ）付诸实际行动，为夺取疫情防控和经济社会发展"双胜利"贡献着青春活力。

A. 使命感　　B. 责任感　　C. 爱国情　　D. 凝聚力

二、判断题

1. 新冠肺炎疫情发生后，党中央始终坚持把人民群众生命安全和身体健康放在第一位，充分体现了以人民为中心、以人民健康为中心的执政理念。1月25日，习近平总书记主持召开政治协商会会议，专门听取新冠肺炎疫情防控工作汇报，对疫情防控特别是患者治疗工作进行再研究、再部署、再动员。（ ）

2. 以毛泽东同志为核心的中央领导探索中国社会主义建设；以邓小平同志为核心的中央领导提出建设有中国特色的社会主义；以江泽民同志为核心的中央领导捍卫了中国特色社会主义；以胡锦涛同志为核心的党中央发展了中国特色社会主义；以习近平同志为核心的党中央全面推进了中国特色社会主义。（ ）

3. 中国特色社会主义建设的伟大实践能够顺利进行，离不开马克思列宁主义理论的指导。（ ）

4. 方向决定道路，道路决定命运。实践证明，中国特色社会主义道路，是一条符合中国国情的光明道路。（ ）

5. 坚持全国一盘棋，调动各方面积极性，集中力量办大事是中国国家制度和国家治理体系的显著优势之一。（ ）

6. 人民解放军医护人员率先进入武汉；全国各地42 000多名医务人员、180多个医疗队陆续奔赴武汉、驰援湖北；动员各方力量夜以继日建设火神山、雷神山医院，分秒必争改造方舱医院，快速实现"人等床"到"床等人"；19个省份对口支援湖北省除

武汉市外的16个市州及县级市的救治和防控工作：充分彰显了中国特色社会主义制度集中力量办大事的体制优势。（　　）

7. 疫情发生后，人民解放军在党中央和中央军委统一指挥下，牢记人民军队宗旨，闻令而动，勇挑重担，敢打硬仗，积极支援地方疫情防控。（　　）

8. “人无精神不立，国无精神不强，中华民族历史上经历过很多磨难，但从来没有被压垮过，而是愈挫愈勇，不断在磨难中成长、从磨难中奋起。”这是习近平总书记在统筹推进新冠肺炎疫情防控和经济社会发展工作部署会议上说的。（　　）

9. 习近平总书记深刻指出：“精神是一个民族赖以长久生存的灵魂，唯有精神上达到一定的高度，这个民族才能在历史洪流中屹立不倒、奋勇向前。”（　　）

10. 2020年1月28日，钟南山接受新华社采访时，谈及武汉抗疫，双眼满含泪水。他说：“劲头上来了，很多东西都能解决，大家全国帮忙，武汉是能够过关的，武汉本来就是一个很英雄的城市。”这个劲头，是干劲儿。（　　）

11. 生命至上，集中体现了中国人民深厚的仁爱传统和中国共产党人以人民为中心的价值追求。（　　）

12. 自从武汉疫情发生以来，从2020年正月初一到正月十九，中共中央政治局常委会共召开3次会议，研究加强疫情防控等工作。（　　）

13. 吉鸿昌慷慨赴死表明自己的爱国决心，陈嘉庚以倾囊兴办教育的方式体现自己的爱国情感，邓稼先以默默献身于国防建设来实现自己的报国志愿。不论以什么样的方式来报效祖国，都要自觉弘扬以爱国主义为核心的民族精神，努力学习，掌握报效祖国的本领。（　　）

14. 如今，00后大学生正处于学习的黄金时期，只应该把学习作为首要任务，创新并不重要。（　　）

15. 2020年1月22日，习总书记以巨大政治勇气果断决策，要求湖北省对人员外流实施全面严格管控，紧急调派全国各省区市和军队等医疗队、医护人员驰援，这一系列战略策略和决策部署，事关抗疫工作的全局和枢纽，为抗疫最终全胜立起了科学指导。（　　）

16. 2020年1月7日，习近平总书记主持召开中央政治局常委会会议，对做好疫情防控工作提出了要求。（　　）

17. 习近平总书记指出：“战胜这次疫情，给我们力量和信心的是中国人民。”（　　）

18. 在中国，各个家庭是联防联控、群防群控的主战场，是阻断疫情扩散蔓延的最有效防线。（　　）

19. 习近平总书记在2020年3月14日给北京大学援鄂医疗队全体“90后”党员回信，向他们和奋斗在疫情防控各条战线上的广大青年致以诚挚的问候。习近平总书记在信

中写道：“广大青年用行动证明，新时代的中国青年是好样的，是堪当大任的！”（　　）

20. 在这次抗击疫情的斗争中，以 90 后为代表的青年一代不畏艰险、冲锋在前、舍生忘死，充分展现了新时代中国青年的精神风貌。（　　）

三、思考题

1. 中国在抗击新冠肺炎疫情中的制度优势是如何体现的？
2. 如何弘扬中国抗疫精神？

第三章 坚持和完善中国特色社会主义制度 推进国家治理体系和治理能力现代化

★★★★★

我国有 5 000 多年的文明史，有近代 100 多年的探索期，有 70 多年的社会主义发展史，有 40 多年改革开放的成就……不同的历史阶段，共同诉说着中华民族的世事沧桑和苦难辉煌。习近平总书记以深邃的历史眼光鲜明指出："中国特色社会主义国家制度和法律制度是在长期实践探索中形成的，是人类制度文明史上的伟大创造。"一代又一代的中国共产党人接续奋斗、不断探索，为实现"中国之治"而不懈努力。

第一节 中国特色社会主义制度的探索与完善

2019 年金秋十月，党的十九届四中全会在北京召开，会议审议通过了《中共中央关于坚持和完善中国特色社会主义制度 推进国家治理体系和治理能力现代化若干重大问题的决定》（以下简称《决定》），擘画了新时代推进国家制度和治理体系建设的宏伟蓝图。站在历史和未来的交汇点上，人们对中国制度的艰难探索感慨万千，对中国制度的博大精深由衷赞叹。

一、中国特色社会主义制度上下求索

所谓制度，就是在一定历史条件下形成的政治、经济、文化等方面的规范和准则。人类社会发展史表明，任何一种社会、任何一个国家，要保持长治久安、纲维有序，就必须有一套稳定成熟的制度体系。中华民族是世界上伟大的民族，曾经创造了无与伦比的制度文明，成为世界上许多国家效仿的典范。

世界进入近代以后，西方社会进行工业革命和制度革命时，中国社会还沉浸在“天朝上国”的美梦中。1793 年，马戛尔尼率英国使团访华。面对他们带来的西方工业革命的最新成果和信息，乾隆皇帝对西方发生的一切不屑一顾。在浩浩荡荡的历史洪流中，清王朝的美梦很快就被戳破了。1840 年以后，西方列强屡次发动侵华战争，由于那时制度的腐朽落后，注定了中华民族百年黑暗中探索的历史命运。为挽民族于危亡、扶大厦之将倾，先进的中国人提出“师夷长技以制夷”，但北洋水师的甲午惨败，深深地警醒了国人。自此，中国走上了制度变革探索之路，先后尝试过君主立宪制、议会制、多党制、总统制等种种方案，但都一一碰壁，以失败而告终。

俄国十月革命的胜利，使社会主义从科学理论成为制度现实，让彷徨无计的中国人找到了一种新的制度选择。我们党从成立之日起，就把建立社会主义制度作为矢志不渝的追求。在长期革命实践中，我们党在局部执政的革命根据地，对建立适合国情的社会制度进行了积极探索。无论是“互助合作运动”还是“工农兵代表大会制度”，无论是“三三制”还是“豆选法”……这些早期实践中蕴含的社会主义的制度因素和价值主张，为建立新型国家制度积累了宝贵经验。

新中国的成立，社会主义基本制度的确立，从国体、政体以及各方面建立起了国家制度体系的“四梁八柱”。人民代表大会制度、中国共产党领导的多党合作和政治协商制度、民族区域自治制度、公有制、劳动保险制度……全方位构建起社会主义制度大厦。

随着改革开放逐步深化，我们党对制度建设的认识越来越深入。1979 年 3 月，邓小平说：“现在搞建设，也要适合中国情况，走出一条中国式的现代化道路。”“中国式的现代化，必须从中国的特点出发。”1992 年，邓小平在南方谈话中说：“恐怕再有三十年的时间，我们才会在各方面形成一整套更加成熟、更加定型的制度。”改革开放以来，党的十四大、十五大、十六大、十七大都对制度建设提出明确要求，从理论和实践的结合上，不断完善中国特色社会主义制度，推动党和国家事业从胜利走向新的胜利。

2012 年 11 月，党的十八大指出，中国特色社会主义道路是实现途径，中国特色社会主义理论体系是行动指南，中国特色社会主义制度是根本保障，三者统一于中国特色社会主义伟大实践。以习近平同志为核心的党中央领导人民统筹推进“五位一体”总体布局、协调推进“四个全面”战略布局，推动中国特色社会主义制度更加完善、国家治理体系和治理能力现代化水平明显提高，为政治稳定、经济发展、文化繁荣、民族团结、人民幸福、社会安宁、国家统一提供了有力保障，为推动党和国家事业取得历史性成就、发生历史性变革发挥了重大作用。

2013 年 11 月，党的十八届三中全会通过《中共中央关于全面深化改革若干重大问题的决定》；2019 年 10 月，党的十九届四中全会通过《中共中央关于坚持和完善中国特色社会主义制度 推进国家治理体系和治理能力现代化若干重大问题的决定》。两次全会一以贯之，是新时代制度建设的“上下篇”。“上篇”全面推进各领域的改革，明确了制度建设的任务书和着力点；“下篇”系统梳理和集成升华了党和国家各方面的制度，描绘了坚持和完善中国特色社会主义制度的宏伟蓝图，为实现中华民族伟大复兴提供了坚强制度保障。

党的十九大作出到 21 世纪中叶把我国建成富强民主文明和谐美丽的社会主义现代化强国的战略安排，其中制度建设和治理能力建设的目标是：到 2035 年，“各方面制度更加完善，国家治理体系和治理能力现代化基本实现”；到 21 世纪中叶，“实现国家治理体系和治理能力现代化”。

中国特色社会主义制度不是从天上掉下来的，也不是拍脑袋臆想出来的，而是经过从理论到实践的反复探索、历尽千辛万苦形成的。从大历史的角度审视，从鸦片战争引发中国几千年封建制度“摇摇欲坠”到 21 世纪中叶中国特色社会主义制度成熟定型，大致分为两个阶段。以新中国成立为节点，第一个阶段是以社会主义为指向、为归依的百年求索，第二个阶段是社会主义立足中国国情、彰显中国特色的百年复兴。

回顾近代以后中国立制、创制的艰辛历程，中国人民苦苦追寻、不懈探索、接力奋斗，有过山穷水尽的迷茫，有过屡试屡败的苦楚，有过照搬照抄的教训，有过成功探索的喜悦，书写了一部在困顿中觉醒、在艰难中探索、在坚守中创新的壮丽史诗。

二、中国特色社会主义制度底蕴深厚

制度优势是一个国家的最大优势，制度竞争是国家间最根本的竞争，制度稳则国家稳。中国特色社会主义制度和国家治理体系具有深厚的历史底蕴，具有多方面的显著优势，具有丰富的实践成果。

在我国几千年的历史演进中，孕育并形成了关于国家制度和国家治理的丰富思想。公元前 1 000 多年形成的周礼、周制，“经国家、定社稷、序民人、利后嗣”，有效保证了周朝 800 年的“国祚绵长”；从春秋战国到秦朝统一，历经几百年建立起相对完善的封建制度，在皇权继承、中央集权、官吏、礼教、土地等方面形成了一整套制度体系，影响了中国 2 000 多年的历史进程。任何一个国家的制度构建，都离不开这个国家的历史传承和文化土壤。走向历史的深处，今天的中国很多制度都可以找到渊源。

例如，“六合同风、九州共贯”的一统观念。自秦汉以后，我国形成了“海内为郡县、法令由一统”的局面，无论王朝如何更替，国家治理的基本框架得以延续下来，成为一种“超稳定结构”。就拿文字来说，从秦朝的“车同轨，书同文”开始，几千年来天南地北的中国人虽然口音差别很大，但文字是相通的，这成为维护国家统一、增进民族认同的文化纽带和心理基础。即便是处于战乱纷争、政权割据时期，“剑外忽传收蓟北，初闻涕泪满衣裳”“王师北定中原日，家祭无忘告乃翁”，也成为时人对国家统一最强烈的表达。

例如，“民惟邦本，本固邦宁”的民本思想。在我国古代，黎民百姓是统治阶级的衣食来源，是支撑国家运行的根本基础。同时，统治者也从历次农民起义中看到民众的力量，明白“水能载舟，亦能覆舟”的道理。因此，自古就有“民贵君轻”“得民心者得天下”的治国理念。

例如，“廉则兴，贪则衰”的反腐倡廉制度。中华民族 5 000 多年波澜壮阔的历史，治世与乱世不断交替，王朝的崛起与衰亡更迭，印证着“廉则兴国，腐则亡身”的历史之镜。古代廉政制度一脉相传，不断发展完善。廉政制度蕴含着浩瀚而丰富的廉政思想，寄予着古圣先贤对社稷安危的强烈忧患、对国泰民安的永久渴望、对修身齐家的笃正坚守。从片片甲骨文到尊尊青铜器，从斑驳的竹简到泛黄的遗卷，都展现着主流价值文化的薪火传递，影响着一代又一代人的价值追求。

三、中国特色社会主义制度兼收并蓄

20 世纪 80 年代末 90 年代初，国际局势风云变幻，苏联解体、东欧剧变，世界社会主义运动陷入低潮，国外甚至有人断言“社会主义倒台了”“共产主义终结了”，国内也有些人质疑“红旗到底还能扛多久”。面对这种严峻的局面，邓小平同志坚定地指出，“不要认为马克思主义就消失了，没用了，失败了。哪有这回事！我们对社会主义的前途充满信心”。

30 年弹指一挥间。今天，当我们重温那段历史，可以清楚地看到，历经时代的洗礼，中国特色社会主义大旗不仅举稳了，而且举得更高了，科学社会主义在中国焕发出新的生机活力，社会主义制度的优越性在中国得到充分彰显。

中国人民选择社会主义是历史的必然。但如何建设社会主义、如何发挥社会主义制度的优势、如何使国家更快发展起来，却是一个崭新的课题。新中国成立 70 多年来，我们党领导人民把科学社会主义基本原则同中国具体实际相结合，走出了一条独具特色的国家制度探索之路。

社会主义制度作为一种高级的制度形态，一般情况下是资本主义发展到一定阶段的必然产物，是建立在经济文化高度发达基础之上的。但在现实世界中，社会主义制度的建立是在经济文化落后的国家首先实现的。新中国成立之初，我国是世界上最贫穷落后的国家之一，经济基础十分薄弱。如何尽快摆脱一穷二白的贫困状况，最根本的就是大力解放和发展生产力。70 多年来，我们党高度重视经济建设，牢牢扭住发展这个主题不放松，创造了人类经济史上的发展奇迹，使社会主义制度的优越性得到了充分体现。

在经济文化相对落后的基础上建设社会主义，不能照搬照抄，必须从国情出发，从实际出发，坚持以我为主、为我所用，吸收借鉴其他文明成果来发展自己。中国特色社会主义制度立足国情、面向世界，具有开放包容的品格，善于学习借鉴包括资本主义国家在内的世界其他国家的文明成果，在博采众长中不断自我发展和完善。

先从学习社会主义国家的成功经验来说。新中国成立初期，由于缺乏社会主义革命和建设的经验，我们以苏为师，走苏联人的路。当时有这样的说法，“苏联的今天就是我们的明天”“苏联就是我们学习的楷模”。通过学习借鉴苏联经验，我国在较短时间内完成了社会主义改造，确立了社会主义制度，开展了大规模建设，巩固了新生的人民政权。

再就学习资本主义国家的有益成果而言。我国搞社会主义市场经济，也借鉴了西方国家的某些先进做法。从引进现代化生产线到实施职业经理人制度，从建立资本市场到股份制改革，从通信技术迭代到互联网发展……这些“舶来品”，经过引进、消化、吸收和创新发展后，在我国社会主义市场经济大潮中“生根发芽”“枝繁叶茂”，有效推动了我国经济跨越式发展。

列宁曾说，建设社会主义就像攀登一座未经勘探、人迹未至的高山。要“准备忍受几千个困难，准备做几千次尝试，而且，我们在做了一千次尝试以后，准备去做一千零一次尝试”。中国特色社会主义制度来之不易，是从中华民族悠久历史中传承下来的，是从近代以来深重苦难中求索出来的，是从我们党近百年接续奋斗中创造出来的，其过程无比艰辛，其成果无比辉煌。在实现民族复兴的千秋伟业中，通过一代又一代中国共产党人的不懈努力，彪炳史册的中国特色社会主义制度必将发扬光大，让 14 亿多人民的生活越来越幸福。

第二节　中国特色社会主义制度的显著优势

2020 年伊始，新冠肺炎疫情肆虐中华大地。这次疫情是新中国成立以来我国遭遇的传播速度最快、感染范围最广、防控难度最大的一次重大突发公共卫生事件。以习近平同志为核心的党中央统筹全局、果断决策，坚持把人民生命安全和身体健康放在第一位，全党全军全国各族人民上下一心、全力以赴，同时间赛跑、与病魔较量，坚决打赢疫情防控的人民战争、总体战、阻击战。这场感天动地的伟大战“疫”，所迸发的磅礴力量横扫一切病魔阴霾，所彰显的中国制度优势让世人为之惊叹。

一、中国特色社会主义制度的特色优势

习近平总书记指出：“防控工作取得的成效，再次彰显了中国共产党领导和中国特色社会主义制度的显著优势。”疫情是制度优劣的“透视镜”，相较于某些西方国家抗击疫情效率低下、应对不力，中国特色社会主义制度具有强大的政治领导力、社会号召力、群众组织力和资源调配力。

党的十九届四中全会立足中国特色社会主义事业发展全局，从 13 个方面系统总结了中国制度的显著优势。这既是理论层面的概括提炼，也是生动实践的深刻总结，更是亿万人民的切身感受。

我国国家制度和国家治理体系具有多方面的显著优势，主要是：坚持党的集中统一领导，坚持党的科学理论，保持政治稳定，确保国家始终沿着社会主义方向前进的显著

优势；坚持人民当家作主，发展人民民主，密切联系群众，紧紧依靠人民推动国家发展的显著优势；坚持全面依法治国，建设社会主义法治国家，切实保障社会公平正义和人民权利的显著优势；坚持全国一盘棋，调动各方面积极性，集中力量办大事的显著优势；坚持各民族一律平等，铸牢中华民族共同体意识，实现共同团结奋斗、共同繁荣发展的显著优势；坚持公有制为主体、多种所有制经济共同发展和按劳分配为主体、多种分配方式并存，把社会主义制度和市场经济有机结合起来，不断解放和发展社会生产力的显著优势；坚持共同的理想信念、价值理念、道德观念，弘扬中华优秀传统文化、革命文化、社会主义先进文化，促进全体人民在思想上精神上紧紧团结在一起的显著优势；坚持以人民为中心的发展思想，不断保障和改善民生、增进人民福祉，走共同富裕道路的显著优势；坚持改革创新、与时俱进，善于自我完善、自我发展，使社会始终充满生机活力的显著优势；坚持德才兼备、选贤任能，聚天下英才而用之，培养造就更多更优秀人才的显著优势；坚持党指挥枪，确保人民军队绝对忠诚于党和人民，有力保障国家主权、安全、发展利益的显著优势；坚持“一国两制”，保持香港、澳门长期繁荣稳定，促进祖国和平统一的显著优势；坚持独立自主和对外开放相统一，积极参与全球治理，为构建人类命运共同体不断作出贡献的显著优势。这些显著优势，是“中国之治”的制度“密码”所在，是我们坚定中国特色社会主义道路自信、理论自信、制度自信、文化自信的基本依据。

制度优势是一个国家的最大优势，国家之间的竞争表面上是经济、科技和军事等实力强弱的比拼，深层次上是制度优劣的竞争。中国特色社会主义制度是以马克思主义为指导、植根中国大地、具有深厚中华文化根基、深得人民拥护的制度，是具有强大生命力和巨大优越性的制度。

二、中国特色社会主义制度的实践优势

衡量一个社会制度是否科学、是否先进，主要看是否符合国情、是否有效管用、是否得到人民拥护。实践充分证明，中国特色社会主义制度和国家治理体系是以马克思主义为指导、植根中国大地、具有深厚中华文化根基、深得人民拥护的制度和治理体系，是具有强大生命力和巨大优越性的制度和治理体系，是能够持续推动拥有 14 亿多人口大国进步和发展、确保拥有 5 000 多年文明史的中华民族实现“两个一百年”奋斗目标进而实现伟大复兴的制度和治理体系。抗击新冠肺炎疫情的生动实践，充分展现了中国防控工作行动速度之快、规模之大，世所罕见，展现出中国速度、中国效率、中国力量，体现了中国制度的巨大优势。

（一）党的集中统一领导坚强有力

在这次疫情大考中，以习近平同志为核心的党中央以巨大的政治勇气、高超的领导水平、坚定的意志品质、强烈的责任担当，推进疫情防控科学有序、张弛有度、收放自如，展现出强大的政治领导力、思想引领力、群众组织力、社会号召力，这是党的政治优势的集中体现。实践证明，我们党集中领导、统一指挥、凝心聚力的政治优势，是做好党和国家各项工作的根本保证，是战胜一切困难和风险的“定海神针”。

（二）以人民为中心的初心、理念贯穿始终

中国特色社会主义制度的根本特色是人民性，它是反映人民意愿的，也是为人民的根本利益服务的。新冠肺炎疫情防控，是一场保卫人民群众生命安全和身体健康的严峻斗争。疫情发生以来，习近平总书记一开始就明确要求把人民群众生命安全和身体健康放在第一位，把疫情防控作为头等大事和最重要工作。中国疫情防控的胜利实践，书写了人类与重大传染性疾病斗争的光辉篇章，生动展现了生命至上的价值追求，有力彰显了以人民为中心的执政理念。

（三）坚持全国一盘棋，集中力量办大事

疫情发生以来，以习近平同志为核心的党中央，把坚持全国一盘棋、统筹各方面力量支持疫情防控作为重要保障，把控制传染源、切断传播途径作为关键着力点，加强对疫情防控工作的统一领导、统一指挥、统一行动，以壮士断腕的决心，果断采取最全面、最严格、最彻底的举措迎击疫情，取得了重大战略成果。除了抗击新冠肺炎疫情，还有很多实践可以证明中国特色社会主义制度具有显著优势。三峡工程 18 年移民 130 多万、扶贫脱贫几十年如一日、挖通一个隧道历时十几年、南水北调跨越半个中国、北斗三号全球卫星导航系统 55 颗卫星全球组网……这些需要调动的资源和力量之大是无法想象的，其他国家很难做到。党的十九届四中全会把新中国 70 多年来发展的伟大成就概括为“两大奇迹”，即“世所罕见的经济快速发展奇迹和社会长期稳定奇迹”。“两大奇迹”之所以能被创造出来，是党带领人民长期不懈奋斗的必然结果，也是我国国家制度和治理体系显著优势充分发挥的必然结果。

三、坚定中国特色社会主义的制度自信

制度自信，简单地说，就是对自己国家社会制度的认同、坚守和捍卫。制度自信源自制度确立、制度创新和制度自觉。在“四个自信”中，制度自信更具体、更显现、更刚性。可以说，制度自信是道路自信、理论自信、文化自信的集中体现，是增强“四个

自信”的强大底气和有力支撑。改革开放40余年来，青年学生对中国特色社会主义制度的态度经历了从反思到理性、从认同到逐步自信的历程。新时代的大学生，要从这次疫情防控的阻击战中感受伟大祖国的强大力量和中国特色社会主义制度的坚韧生命力，真正把制度自信内化于心、外化于行。具体要做到以下四个方面：

（一）强化理想信念，牢记使命担当

习近平总书记指出，历史和现实都告诉我们，青年一代有理想、有担当，国家就有前途，民族就有希望，实现我们的发展目标就有源源不断的强大力量。青年的价值取向决定了未来整个社会的价值取向，青年的理想信念决定了党和国家事业的发展方向。因此，同学们要坚定对马克思主义的信仰，进一步增强中国特色社会主义的制度自信，以实际行动践行社会主义核心价值观。

（二）把握历史规律，珍惜和平生活

从世界历史来看，形成一套比较完备的制度往往需要很长的历史时期。英国从1640年发生资产阶级革命到1688年“光荣革命”形成君主立宪制度，用了近50年时间，而这套制度成熟起来的时间更长。美国从1775年开始独立战争到1865年南北战争结束，新的体制大体稳定下来，用了90年的时间。鸦片战争后的百余年，中国人民为改变中华民族的命运进行了艰辛探索和不屈斗争。历史事实最终说明，只有社会主义才能救中国，只有中国特色社会主义才能发展中国。中国特色社会主义制度，是当代中国发展进步的根本制度保障，是具有鲜明中国特色、明显优势和强大自我完善能力的先进制度，我们要倍加珍惜、始终坚持、不断发展中国特色社会主义制度，推动国家治理体系和治理能力现代化。

（三）厚植家国情怀，弘扬爱国精神

爱国主义是中华民族的民族心、民族魂。同学们要把爱国情、强国志、报国行自觉融入日常的学习生活中。每一代人有每一代人的长征路，每一代人都要走好自己的长征路，在党要牢记“第一身份”“第一责任”，在团要牢记“党旗所指就是团旗所向”，在民要不忘“身在草野，心怀天下”，真正把个人理想追求融入民族伟大复兴的中国梦。在担当中历练，在尽责中成长，勇做走在时代前列的奋进者、开拓者、奉献者，在祖国最需要的时候彰显爱国之情、诠释报国之志，书写无愧于祖国、无愧于时代的绚丽篇章。

（四）发扬奋斗精神，锤炼能力本领

习近平总书记指出，中华民族伟大复兴，绝不是轻轻松松、敲锣打鼓就能实现的，要付出更为艰巨、更为艰苦的努力，要一代又一代有志青年接续奋斗。作为新时代社会

主义的建设者和接班人，既要品德高尚，也要本领高强。当代青年有知识、有本领、有能力，国家就有前途，民族就有希望。同学们要加强学习、提升能力，不负青春、不负韶华，以实际行动履行好一代人的使命担当。

当今世界正面临百年未有之大变局，国与国的竞争日益激烈，归根结底是国家制度的竞争。继往开来，熠熠生辉的中国制度，必将为中华民族伟大复兴开启壮美航程；放眼世界，魅力四射的中国制度，必将为人类制度文明宝库增添璀璨光彩。

第三节 坚持和完善中国特色社会主义制度 推进国家治理体系和治理能力现代化的具体路径

当今世界正经历百年未有之大变局，我国正处于实现中华民族伟大复兴关键时期。顺应时代潮流，适应我国社会主要矛盾变化，统揽伟大斗争、伟大工程、伟大事业、伟大梦想，不断满足人民对美好生活新期待，战胜前进道路上的各种风险挑战，必须在坚持和完善中国特色社会主义制度、推进国家治理体系和治理能力现代化上下更大功夫，把我国制度优势更好转化为国家治理效能，为实现“两个一百年”奋斗目标、实现中华民族伟大复兴的中国梦提供有力保证。

一、坚持和完善党的领导制度体系

党政军民学，东西南北中，党是领导一切的。中国共产党领导是中国特色社会主义最本质的特征，是中国特色社会主义制度的最大优势。党的十九届四中全会明确提出：党的领导制度是我国的根本领导制度。首次把党的领导制度放在国家治理体系和治理能力现代化的首要位置，突出了党的领导制度体系的统领地位，抓住了国家治理的关键和要害，明确了 6 个方面的制度安排：建立不忘初心、牢记使命的制度，完善坚定维护党中央权威和集中统一领导的各项制度，健全党的全面领导制度，健全为人民执政、靠人民执政各项制度，健全提高党的执政能力和领导水平制度，完善全面从严治党制度。只有全面贯彻落实好这些制度要求，党的领导这个本质特征才能体现好，这个最大优势才能发挥好。这是对新时代我国国家制度和治理体系建设提出的根本政治要求，是确保中国特色社会主义事业始终沿着正确方向前进的根本制度保证。

二、坚持和完善人民当家作主制度体系

新中国的成立，使中国人民站起来了，从政治上成为国家和社会的主人。党把马克思主义政治学说同中国具体实际相结合，创造和形成了一整套多层次、全方位的制度安排，最真实、最广泛、最有效地实现了人民当家作主的政治目标和崇高追求。就 2020 年的全国两会来说，这次全国两会的召开时间，受新冠肺炎疫情的影响，打破了 23 年来的惯例，推迟了两个多月才召开。一共 7 天的会期，会议日程安排非常紧凑，代表委员们坚持高标准履职尽责，认真审议讨论政府工作报告和“两高”工作报告，围绕统筹推进常态化疫情防控和经济社会发展、编制“十四五”规划、决战脱贫攻坚目标任务等方面积极建言献策，充分体现了人民代表大会制度、中国共产党领导的多党合作和政治协商制度在国家治理体系中的重要作用。中国的民主政治制度走过了光辉的历程，也必将在新的历史起点上绽放更加绚烂的民主之花。

三、坚持和完善中国特色社会主义法治体系

法治是人类制度文明的发展方向，是现代国家治理的基本方式。70 多年来，从颁布《中华人民共和国婚姻法》到形成 2 万多部法律法规，从强调严格执法到建设法治政府，从设立最高人民法院和最高人民检察署到建立公正高效权威的司法制度，从新中国成立初期的普法运动到建设法治社会……中国特色社会主义法治体系恢宏图景不断绘就，法治中国建设伴随着时代号角阔步前行。

2020 年 5 月 28 日，万众期待的《中华人民共和国民法典》表决通过，自 2021 年 1 月 1 日起正式实施。这部新中国成立以来首部以“法典”命名的法律，编撰过程历经几代人，包括总则编、物权编、合同编、人格权编、婚姻家庭编、继承编和侵权责任编 7 编正文，以及附则，共 1 260 条，涉及每个人从孕育到死亡的所有方面权益，被称为“社会生活百科全书”。可以说，民法典的诞生，就像把一颗颗散落的珍珠串成一条美丽的项链，是新时代我国社会主义法治建设的重大成果，在法治中国征程上具有里程碑的意义。中国特色社会主义法治体系，承载着亿万人民对公平正义的美好追求，在法治强国之路上不断谱写新篇章。

四、坚持和完善中国特色社会主义行政体制

在当代中国，政府作为国家治理的枢纽，是国家权力机关的执行机关，承担着推动

经济社会发展、管理社会事务、服务人民群众的重要职责。1949 年 10 月，新中国中央人民政府政务院成立时，设有 35 个机构。为适应社会主义建设的需要，至改革开放前共进行了 6 次政府机构改革。改革开放 40 多年来，随着社会主义市场经济和对外开放的深入发展，我国又先后进行了 8 次政府机构改革，到 2018 年国务院组成部门调整到 26 个、其他工作部门 14 个。可以说，行政体制改革的步伐与事业的发展进步同频共振，政府的职责使命与国家的繁荣富强息息相关。党的十九届四中全会《中共中央关于坚持和完善中国特色社会主义制度 推进国家治理体系和治理能力现代化若干重大问题的决定》立足更好执行党和国家决策部署，对坚持和完善中国特色社会主义行政体制提出了明确要求，为建设人民满意的服务型政府提供了坚实的制度保障。

五、坚持和完善社会主义基本经济制度，推动经济高质量发展

所谓基本经济制度，就是反映一个国家生产关系的基本制度规定，在整个经济制度体系中具有基础性地位。党的十九届四中全会在深入总结我国社会主义经济建设经验的基础上，把“按劳分配为主体、多种分配方式并存”“社会主义市场经济体制”同“公有制为主体、多种所有制经济共同发展”一道确立为社会主义基本经济制度。这一重大理论创新，反映了我们党对社会主义经济建设规律的认识达到一个新高度，是把马克思主义基本原理同我国社会主义初级阶段基本国情和发展实际相结合的伟大创造，是对马克思主义政治经济学的原创性贡献。这 3 项基本经济制度相互联系、相互支持、相互促进，具有长期性和稳定性，起着规范方向的作用，对经济制度属性和经济发展方式具有决定性影响。它们犹如 3 个支点，共同支撑起社会主义经济的主体框架。推进新时代经济改革发展，必须坚持和完善社会主义基本经济制度，为建设现代化经济体系提供制度遵循。

六、坚持和完善繁荣发展社会主义先进文化的制度，巩固全体人民团结奋斗的共同思想基础

文化是一个国家、一个民族的灵魂。文化的繁荣兴盛离不开制度的创新和完善。党的十九大以来，文化领域一系列制度相继建立健全。从颁布《中国共产党宣传工作条例》，到印发《新时代公民道德建设实施纲要》《新时代爱国主义教育实施纲要》，再到党的十九届四中全会对文化制度作出新的部署，构建起“四梁八柱”的制度体系，为推动社会主义先进文化守正创新、建设社会主义文化强国奠定了更加坚实的制度基础。在抗击新冠肺炎疫情中，文化战线发挥了重要作用，深入宣传中央重大决策部署，准确发布疫情信息，生动报道感人事迹，广泛普及防护知识，及时回应社会关切，讲好中国抗

疫故事，为打赢疫情防控阻击战营造了良好的舆论环境。从春晚新增抗疫节目到元宵节抗疫专场，从歌曲《坚信爱会赢》到《武汉伢》，从特别节目《中华医药·抗击疫情》到纪录片《在武汉》，从短视频《各地美食为热干面加油》到《高校校花为武大樱花送祝福》……一个个感人至深的节目、一首首触动心灵的歌曲、一部部鼓舞人心的片子，给人以无穷的信心和力量。抗击新冠肺炎疫情期间，文艺、社科理论、新闻出版、对外宣传等战线积极行动，用笔尖书写、用镜头记录、用话筒传递，凝聚起万众一心、共克时艰的强大精神力量，发出了新时代社会主义先进文化的最强音。

七、坚持和完善统筹城乡的民生保障制度，满足人民日益增长的美好生活需要

民生乃幸福之基、和谐之本。让老百姓过上好日子，是我们党矢志不渝的奋斗目标，是社会主义制度区别于一切旧制度的重要特征。党的十九届四中全会顺应人民对美好生活的新向往，提出坚持和完善统筹城乡的民生保障制度，为在更高水平上增强人民群众的获得感和幸福感提供重要保证。

"小康"是中华民族几千年来孜孜以求的社会理想，表达了人们对美好生活的向往和憧憬。我们党用"小康"来诠释"中国式现代化"，领导人民实现了从贫困落后到繁荣富强的时代跨越、当历史的指针划向 21 世纪第 20 个年头，中国全面建成惠及 14 亿多人的小康社会，第一个百年奋斗目标即将成功实现。我们党和政府所做的一切，都是为了让人民过上富裕幸福的生活。中国立足自身国情，秉持以人民为中心的发展思想，充分吸取国外社会保障制度的经验教训，抓住人民最关心最直接最现实的利益问题，一件接着一件办，最大限度增进民生福祉。

八、坚持和完善共建共治共享的社会治理制度，保持社会稳定、维护国家安全

社会治理的成效，关乎人民安居乐业，关乎社会安定有序。共建共治共享的社会治理制度，是我们党在长期探索中形成的，是被实践证明符合中国国情、符合人民意愿、符合社会治理规律的科学制度，是党的十九届四中全会提出要着力坚持和完善的重要制度之一。只有深刻领会贯彻这一制度的基本要义和重点任务，才能形成社会治理的新思路、新格局，建设人人有责、人人尽责、人人享有的社会治理共同体，建设更高水平的平安中国。社区作为城乡的基本单元，是社会治理的"神经末梢"。在抗击新冠肺炎疫情的战役中，社区是疫情防控第一线，是外防输入、内防扩散的前沿阵地。如果说医院救治是与病毒面对面的激烈厮杀，那么社区防控就是阻断病毒传播的坚韧鏖战。全国

400 多万名社区工作者奋战在 65 万个城乡社区防控一线，构筑起一道道联防联控、群防群控和科学防控的“钢铁防线”，为全社会抵御病毒建立起强大的“免疫系统”。这次社区疫情防控的实践充分说明，社会治理工作最重要的任务在基层，最坚实的力量支撑也在基层，基层社会治理越有力、越有效，整个社会治理的基础就越牢固、越坚实。

九、坚持和完善生态文化制度体系，促进人与自然和谐共生

生态文明建设乃千年大计，关系中华民族永续发展。党的十八大以来，习近平总书记深刻回答了“为什么建设生态文明、建设什么样的生态文明、怎样建设生态文明”的重大问题，提出了一系列标志性、创新性、战略性的重大思想观点，形成了习近平生态文明思想。党的十九届四中全会以习近平生态文明思想为指导，提出坚持和完善生态文明制度体系的重大命题，推出一系列重大举措，为实现人与自然和谐共生、建设美丽中国筑牢绿色屏障。中国的发展要坚持生态优先、绿色发展，建立健全绿色低碳循环发展的经济体系，从技术、经济、法治、教育等方面综合施策，倡导简约适度、绿色低碳的生活方式，从源头上推动实现绿色转型，降低资源消耗、减少污染排放、防止生态破坏。

十、坚持和完善党对人民军队的绝对领导制度，确保人民军队忠实履行新时代使命任务

血与火的斗争，熔铸建军之本；生与死的考验，磨砺强军之魂。人民军队是党亲手缔造的，党指挥枪是人民军队从小到大、从弱到强、从胜利走向胜利的成功秘诀。党的十九届四中全会把党对人民军队的绝对领导制度，作为中国特色社会主义的根本制度确定下来，具有“压舱石”的重大意义。这一制度，从根本上确保人民军队忠实履行新时代使命任务，确保党的长期执政、国家长治久安和事业兴旺发达。人民军队作为党缔造和领导的军队，是执行党的政治任务的武装集团，从不讳言自己的政治属性。我们党和军队除了国家、人民利益之外，没有任何自己特殊的利益。党对人民军队的绝对领导制度，与党的领导和经济、政治、文化、社会、生态文明等各方面制度，共同构成中国特色社会主义制度，成为其中不可或缺的坚强支柱。

十一、坚持和完善“一国两制”制度体系，推进祖国和平统一

“一国两制”是党领导人民实现祖国和平统一的一项重要制度，是中国特色社会主义的一个伟大创举。1997 年 7 月 1 日、1999 年 12 月 20 日，饱经沧桑的香港、澳门先

后回到祖国怀抱，洗雪了中华民族的百年耻辱，开启了历史的新纪元。20多年过去了，背倚祖国内地的坚强后盾，港澳经济社会实现了长足发展。港澳回归后举世公认的发展成就，以无可辩驳的事实证明了“一国两制”伟大构想的科学性、可行性和实践性。两岸同胞血浓于水、手足情深。以和平的方式实现统一，最符合包括台湾同胞在内的中华民族的整体利益。“一国两制”制度的提出，本来就是为了照顾台湾的现实情况，维护台湾同胞利益福祉，具有最大的宽容度和适应性，为海峡两岸求同存异、和平统一提供了最佳路径。

十二、坚持和完善独立自主的和平外交政策，推动构建人类命运共同体

当今世界正处于大发展、大变革、大调整时期，和平与发展仍然是时代主题，但世界面临的不稳定性、不确定性突出，兵戎相见时有发生，金融风暴余波未了，恐怖袭击此起彼伏，难民问题愈演愈烈，“灰犀牛”风险危机四伏，“黑天鹅”事件防不胜防，尤其是此次新冠肺炎疫情全球大流行严重威胁人类健康，世界仍然很不太平。习近平总书记站在全人类的高度，提出了推动构建人类命运共同体的重大倡议，对世界走向作出了响亮的回答。这一中国特色大国外交的鲜明标识，不仅体现了中国始终不渝走和平发展道路的坚定决心，也彰显了中国守护人类共同家园的博大情怀。面对人类当前的诸多不和谐因素，作为地区和世界和平的捍卫者、建设者和贡献者，中国将继续高举和平发展、合作共赢旗帜，全面发展同各国友好合作，推动构建总体稳定、均衡发展的大国关系框架，打造区域命运共同体，加强同广大发展中国家团结合作，努力走出一条国与国交往的新路。

十三、坚持和完善党和国家监督体系，强化对权力运行的制约和监督

党的十八大以来，以习近平同志为核心的党中央，以彻底的自我革命精神，坚定不移推进全面从严治党，把制约和监督权力作为保持党的肌体健康的重要保障，以党内监督带动促进其他监督、从将所有行使公权力的公职人员纳入国家监察范围到逐步形成“四个全覆盖（纪律监督全覆盖、监察监督全覆盖、派驻监督全覆盖、巡视监督全覆盖）”格局，从大力推动“有形覆盖”到走向“有效覆盖”，构建起党统一领导、全面覆盖、权威高效的监督体系，走出了一条中国特色的监督之路。经过持续不断的努力，健全党和国家监督体系，已由前期的夯基垒台、立柱架梁，中期的全面推进、积厚成势，进入系统集成、协同高效的新阶段。当前和今后一个时期，健全党和国家监督制度的主

要任务，就是在重点抓好党内监督和纪委监委专责监督的基础上，推动各类监督有机贯通、相互协调，进一步增强监督的严肃性、协同性、有效性。在反腐败斗争取得压倒性胜利并巩固发展的新形势下，只有坚持标本兼治、锲而不舍，积跬步至千里，积小胜为大胜，才会早日迎来风清气正干事创业的清明景象。

第四节 坚持和完善中国特色社会主义制度 推进国家治理体系和治理能力现代化的创新发展

新中国成立 70 余年来，我国社会政治、经济、文化和社会制度都不断发展、完善、成熟，中国特色社会主义站在了新的起跑线上。当今世界正经历百年未有之大变局，不同社会制度、发展模式的竞争较量更为尖锐复杂；中华民族伟大复兴到了关键阶段，建设社会主义现代化强国的任务更为艰巨繁重。未来 30 年，只有继续高举中国特色社会主义伟大旗帜，不断推进国家治理体系和治理能力现代化，才能为战胜风险挑战、完成历史任务提供制度支撑，开辟“中国之治”的新境界。

一、毫不动摇坚持和巩固中国特色社会主义制度

一个国家实行什么样的社会制度，关键要看这个社会制度是否符合国情、是否有效管用、是否得到人民拥护。新中国 70 多年辉煌历程雄辩地证明：只有社会主义才能救中国，只有中国特色社会主义才能发展中国。探索和形成一个好的制度不容易，关键是毫不动摇地坚持和巩固。

（一）始终不渝坚定正确方向

方向是旗帜和灵魂，决定着国家的前途命运。70 多年来，我们在推进制度建设的过程中，始终沿着正确方向前进，坚持社会主义基本制度不动摇，坚持党的领导不动摇，坚持马克思主义指导地位不动摇，确保社会主义事业不偏向、不变色。在我国国家制度和治理体系中，很多制度都冠以“社会主义”的前缀，如社会主义民主政治、中国特色社会主义法治体系、社会主义市场经济、社会主义先进文化等。“社会主义”并不是可有可无的，而是规定了这些制度的根本方向和性质。在前进道路上，制度无论怎么改革，也不能偏离社会主义方向，绝不能在根本问题上犯颠覆性错误。

（二）原原本本遵照制度体系

中国特色社会主义制度就像一棵参天大树，是严密完整的科学制度体系。其中，起枝干作用的是中国特色社会主义根本制度、基本制度、重要制度，其构建起国家制度和治理体系的总体框架。这 3 类制度，从不同层次，围绕内政外交国防、治党治国治军，对党和国家各方面事业作出制度安排，是中国特色社会主义制度的“总纲”和“总遵循”。各级党委政府无论是编制发展规划、推进法治建设、制定政策措施，还是部署各项工作，都要遵照这些制度。想问题、作决策、抓落实，都要以这些制度为准星，自觉对标对表，不能有任何偏差。

（三）坚若磐石保持强大定力

社会主义制度一诞生，就处在与资本主义制度的斗争中。社会主义中国从成立之日起，就在资本主义国家的“围剿”和打压之下。那么多年过去了，无论是被战略包围还是被核武讹诈，无论是被经济封锁还是被贸易恫吓，我们不仅没倒下，反而一步一步发展壮大。可以预见，未来两种制度的竞争将会更加深刻剧烈。在这种情况下，必须保持强大的战略定力，保持顽强的信心信念，笃定社会主义制度不动摇，让这条道路越走越宽广。

二、与时俱进完善和发展中国特色社会主义制度和国家治理体系

重大危急时刻，才是检验制度好坏的试金石。新冠肺炎疫情，是对我国治理体系和治理能力的一次大考。这次抗击疫情斗争，既彰显了我国显著的制度优势，也暴露出许多弱项和不足。例如，国家应急管理体系还需进一步健全，国家储备体系效能有待优化，城市公共环境治理还存在短板、死角等。认真总结这次疫情的经验教训，就必须系统梳理相关领域存在的问题，抓紧补短板、堵漏洞、强弱项，及时作出制度安排，进一步提升国家治理的能力和水平。中国特色社会主义制度形成和发展时间还不长，特别是进入新时代，社会主要矛盾已经发生转化，国家治理面临许多新任务、新要求，必然要求中国特色社会主义制度和国家治理体系更加完善、不断发展。

（一）修订完善，堵上制度漏洞

中国特色社会主义事业日益发展壮大，涉及的领域和方面不断拓展，但有的新领域相关制度还没有完全建立起来，存在制度空缺。必须围绕这些新领域，加快制定和完善各项相关制度，切实补上制度短板。党的十九届四中全会提出的目标和任务，很多都是空白点和薄弱点，具有鲜明的问题导向，必须以它们为重点，着力固根基、扬优势、强

弱项，使我国制度体系更加系统完备。

（二）换代升级，强化制度性能

制度建设不是一蹴而就、一劳永逸的，必须小步快跑、迅速迭代，不断推出性能更优的新版本。这是由党和国家事业不断发展进步所决定的，也是由社会生活快速变化所要求的。2020 年 1 月 1 日起正式实施的《中华人民共和国土地管理法》《国家基本医疗保险、工伤保险和生育保险药品目录》等法律法规，都是根据形势变化新修订完成的，将在实践中发挥更大的作用。

（三）与时俱进，保持制度时效

随着时代变迁和时间推移，一些制度严重滞后于形势发展，需要根据具体情形，像卸载手机软件一样加以废止。有的是在特定历史时期制定的，现在时过境迁，早已失效，沦为“僵尸”制度；有的明显与宪法或相关法律相抵触，不利于国家治理体系现代化，成为社会发展进步的“绊脚石”。

三、不折不扣地遵守和执行中国特色社会主义制度

党的十九届四中全会对党和国家各领域、各方面的制度进行了系统梳理和全面部署，是推进新时代中国特色社会主义制度建设的政治宣言书。把全会精神贯彻落实到经济社会发展全过程各方面，是全党全国首要的政治任务，推动中国特色社会主义制度更加成熟更加定型，把我国的制度优势更好地转化为国家治理优势。

（一）强化制度意识，敬畏制度权威

长期以来，我国是一个人情社会，人们的法治意识、制度意识不强，逢事喜欢讲个熟门熟道，制度规定面前动辄搞变通。例如，有的人对制度缺乏敬畏，根本不按制度行事，甚至随意更改制度；有的人千方百计钻制度空子、打擦边球；有的人不敢也不愿遵守制度，甚至极力逃避制度的监管等。全体党员和入党积极分子要始终对制度怀有敬畏之心，带头维护制度权威，做制度执行的表率，推动形成全体人民共同尊崇制度、执行制度、维护制度的良好氛围。

（二）强化制度运行，发挥制度力量

制度的生命力在于执行。不执行，再好的制度也是摆设。制度执行，既需要有内在的自觉意识，也需要有外部的强制性约束。必须构建领导有力、执行坚决、监督全面的体制机制，加大问责力度，确保党和国家所有制度都能得到有效执行，确保所有单位和个人都严格执行制度，使制度时时生威、处处有效。

（三）强化制度作用，展示制度成效

在新冠肺炎疫情抗击中，无数医护人员舍生忘死、日夜奋战，广大扶贫干部坚守一线、决战决胜，千万快递小哥顶风冒雨、服务万家……不同的面孔、一样的使命，构成了今天中国实干兴邦的奋斗姿态。只要 14 亿多中国人只争朝夕、不负韶华，一往无前地顽强拼搏、砥砺奋进，就能将制度优势转化为强大的治理效能，通达“中国之治”的新天地。

坚持和完善中国特色社会主义制度、推进国家治理体系和治理能力现代化，是关系党和国家事业兴旺发达、国家长治久安、人民幸福安康的重大问题。我们要增强政治责任感和历史使命感，坚定信心，保持定力，锐意进取，开拓创新，完成好十九届四中全会确定的各项任务，为实现“两个一百年”奋斗目标、实现中华民族伟大复兴的中国梦提供有力保证。

拓展阅读

全国人民代表大会关于建立健全香港特别行政区维护国家安全的法律制度和执行机制的决定

（2020 年 5 月 28 日第十三届全国人民代表大会第三次会议通过）

第十三届全国人民代表大会第三次会议审议了全国人民代表大会常务委员会关于提请审议《全国人民代表大会关于建立健全香港特别行政区维护国家安全的法律制度和执行机制的决定（草案）》的议案。会议认为，近年来，香港特别行政区国家安全风险凸显，“港独”、分裂国家、暴力恐怖活动等各类违法活动严重危害国家主权、统一和领土完整，一些外国和境外势力公然干预香港事务，利用香港从事危害我国国家安全的活动。为了维护国家主权、安全、发展利益，坚持和完善“一国两制”制度体系，维护香港长期繁荣稳定，保障香港居民合法权益，根据《中华人民共和国宪法》第三十一条和第六十二条第二项、第十四项、第十六项的规定，以及《中华人民共和国香港特别行政区基本法》的有关规定，全国人民代表大会作出如下决定：

一、国家坚定不移并全面准确贯彻“一国两制”、“港人治港”、高度自治的方针，坚持依法治港，维护宪法和香港特别行政区基本法确定的香港特别行政区宪制秩序，采取必要措施建立健全香港特别行政区维护国家安全的法律制度和执行机制，依法防范、制止和惩治危害国家安全的行为和活动。

二、国家坚决反对任何外国和境外势力以任何方式干预香港特别行政区事务，采取必要措施予以反制，依法防范、制止和惩治外国和境外势力利用香港进行分裂、颠覆、渗透、破坏活动。

三、维护国家主权、统一和领土完整是香港特别行政区的宪制责任。香港特别行政区应当尽早完成香港特别行政区基本法规定的维护国家安全立法。香港特别行政区行政机关、立法机关、司法机关应当依据有关法律规定有效防范、制止和惩治危害国家安全的行为和活动。

四、香港特别行政区应当建立健全维护国家安全的机构和执行机制，强化维护国家安全执法力量，加强维护国家安全执法工作。中央人民政府维护国家安全的有关机关根据需要在香港特别行政区设立机构，依法履行维护国家安全相关职责。

五、香港特别行政区行政长官应当就香港特别行政区履行维护国家安全职责、开展国家安全教育、依法禁止危害国家安全的行为和活动等情况，定期向中央人民政府提交报告。

六、授权全国人民代表大会常务委员会就建立健全香港特别行政区维护国家安全的法律制度和执行机制制定相关法律，切实防范、制止和惩治任何分裂国家、颠覆国家政权、组织实施恐怖活动等严重危害国家安全的行为和活动以及外国和境外势力干预香港特别行政区事务的活动。全国人民代表大会常务委员会决定将上述相关法律列入《中华人民共和国香港特别行政区基本法》附件三，由香港特别行政区在当地公布实施。

七、本决定自公布之日起施行。

资料来源：新华社，2020-05-28.

时政热点

练习题

一、单选题

1. 十九大报告提出，要在（　　）年要实现国家治理体系和治理能力现代化。

A. 2030　　B. 2040　　C. 2050　　D. 2060

2. 邓小平提出社会主义现代化“三步走”战略，中国 2000 年到 2050 年的目标是（　　）。

A. 建设社会主义现代化强国　　B. 成为社会主义国家

C. 实现温饱　　D. 达到小康水平

3. 全面深化改革领导小组成立于（　　）年。

A. 2013　　B. 2014　　C. 2015　　D. 2016

4. 2013 年 11 月，党的十八届（　　）中全会通过了《中共中央关于全面深化改革若干重大问题的决定》。

A. 二　　B. 三　　C. 四　　D. 五

5. 党的十九届（　　）中全会作出了《中共中央关于坚持和完善中国特色社会主义制度 推进国家治理体系和治理能力现代化若干重大问题的决定》。

A. 二　　B. 三　　C. 四　　D. 五

6. 党的十九届（　　）中全会立足中国特色社会主义事业发展全局，从 13 个方面系统总结了中国制度的显著优势。

A. 二　　B. 三　　C. 四　　D. 五

7. 我国国家制度和国家治理体系具有多方面的显著优势，下列选项中，不是我国国家制度和国家治理体系显著优势的是（　　）。

A. 坚持党的集中统一领导，坚持党的科学理论，保持政治稳定，确保国家始终沿着社会主义方向前进

B. 坚持人民当家作主，发展人民民主，密切联系群众，紧紧依靠人民推动国家发展

C. 坚持全面依法治国，建设社会主义法治国家，切实保障社会公平正义和人民权利

D. 坚持公有制与私有制并存、多种所有制经济共同发展，把市场经济放在更加突出的位置，不断发展社会生产力

8. 以下不属于"四个自信"的是（　　）。

A. 制度自信　　B. 道路自信

C. 理论自信　　D. 法治自信

9. 生态文明理念是在党的哪一次会议上提出来的？（　　）

A. 十六大　　B. 十七大　　C. 十八大　　D. 十九大

10. "精简机构是一场革命"是（　　）同志提出的。

A. 邓小平　　B. 江泽民　　C. 毛泽东　　D. 周恩来

11. 要依法管理各类组织机构，包括依法从严治党、依法治国、依法行政、依法管理军队、依法管理社会事务，是指（　　）。

A. 改革范围的全面性　　B. 改革深度的革命性

C. 改革成果的法定化　　D. 改革设计的科学性

12. 党的十九届三中全会研究深化党和国家机构改革问题并作出决定，在本次机构改革之前，大致有（　　）次党政机构的改革。

A. 4　　B. 5　　C. 6　　D. 7

13. 习近平总书记在党的十九大报告中就深化机构改革作出重要部署，党的十九届三中全会研究深化党和国家机构改革问题并作出决定，本次机构改革范围的突出特点是（　　）。

A. 全面性　　B. 特殊性　　C. 普遍性　　D. 一致性

14. 最高人民法院属于党和国家机构职能体系中的（　　）。

A. 党的领导体系　　B. 国家治理体系

C. 政府治理体系　　D. 群团工作体系

15.（　　）年，召开了第一届全国人民代表大会，形成了人民代表大会制度。

A. 1929　　B. 1949　　C. 1954　　D. 1956

16. 习近平总书记2014年在（　　）回答电视台记者访问的时候提到改革进入深水区。

A. 俄罗斯　　B. 韩国　　C. 英国　　D. 美国

17. 党的十八届四中全会提出，全面推进依法治国五大体系之一是（　　）的法律规范体系。

A. 高效　　B. 严密　　C. 完备　　D. 有力

18. 习近平总书记指出，宪法的伟力在于人民出自真诚的（　　）。

A. 宣传　　B. 信仰　　C. 贯彻　　D. 拥护

19. 习主席指出：“（　　），是马克思主义的根本观点，是中国共产党人认识世界、改造世界的根本要求，是我们党的基本思想方法、工作方法、领导方法。”

A. 解放思想　　B. 实事求是

C. 与时俱进　　D. 改革创新

20. 建设中国特色社会主义的政治的基本目标是（　　）。

A. 在中国共产党领导下，在人民当家作主的基础上，依法治国，发展社会主义民主政治

B. 坚持和完善人民代表大会制度、共产党领导的多党合作和政治协商制度以及民族区域自治制度

C. 发展民主，健全法制，建设社会主义法治国家

D. 坚持和完善工人阶级领导的，以工农联盟为基础的人民民主专政

二、判断题

1. 推进国家治理体系和治理能力现代化，就是要加强党和国家机构的改革，深化党和国家机构的改革，以此来提高国家治理体系的能力和水平，推进国家治理体系的现代化。（　　）

2. 党和国家机构必须在发展中不断改革和解决问题。（　　）

3. 1949 年，在中国共产党的领导下，我国建立了政治协商制度。（　　）

4. 十三届全国人大专门成立了社会建设委员会。（　　）

5. 区政府下设的街道，要履行公共服务、社会管理、公共管理的职能，更要参与经济活动。（　　）

6. 党的十八届三中全会提出“全面深化改革”。（　　）

7. 社会主义现代化三步走战略，第三步比前两步容易。（　　）

8. 李克强总理指出：对改革进程中已经出现和可能出现的问题，困难要一个一个克服，问题要一个一个解决，既敢于出招又善于应招，做到“蹄疾而步稳”。（　　）

9. “五位一体”中的“五位”指的是五个方面都是各自独立的系统。（　　）

10. “三步走”的规定与实现“两个一百年”目标的中华民族伟大复兴的三个阶段相对应和一致。（　　）

11. 与旧中国的四分五裂、一盘散沙相比，现在我国已经形成了“全国一盘棋、上

下齐努力”的大好局面。（　　）

12. 对实现“中国之治”而言，十三个显著优势是客观存在的。（　　）

13. 党的十九届四中全会《决定》中明确提出，要满足人民群众多层次、多样化的需求。（　　）

14. 设立移民管理局的目的就是进一步推动开放，吸引吸收国际人才，实现我们大国崛起和国家的现代化目标。（　　）

15. 我国推进法治建设过程中存在的不足之一是，我国法治体系还不能满足改革开放和现代化建设的需要。（　　）

16.《中华人民共和国民法典》于 2021 年 1 月 1 日起正式实施。这部新中国成立以来首部以“法典”命名的法律，涉及每个人从孕育到死亡的所有方面权益，被称为“社会生活百科全书”。（　　）

17. 新中国 70 多年辉煌历程雄辩地证明：只有社会主义才能救中国，只有中国特色社会主义才能发展中国。（　　）

18. 教育是国之大计、党之大计。要从党和国家事业发展全局的高度，坚守为党育人、为国育才，把立德树人融入思想道德教育、文化知识教育、社会实践教育各环节，贯穿基础教育、职业教育、高等教育各领域，体现到学科体系、教学体系、教材体系、管理体系建设各方面，培根铸魂、启智润心。（　　）

19. 中国特色社会主义制度是一个严密完整的科学制度体系，起四梁八柱作用的是根本制度、基本制度、重要制度，其中具有统领地位的是党的领导制度。（　　）

20. 中国特色社会主义制度和国家治理体系是以马克思主义为指导、植根中国大地、具有深厚中华文化根基、深得人民拥护的制度和治理体系，是党和人民长期奋斗、接力探索、历尽千辛万苦、付出巨大代价取得的根本成就。（　　）

三、思考题

1. 中国特色社会主义制度为什么具有显著优势？

2. 请结合身边实际，谈谈国家治理体系和治理能力现代化的现实表现有哪些。

第四章

贯彻实施中国民法典 开启中国法治新时代

★★★★★

2020 年 5 月 28 日，举世瞩目的《中华人民共和国民法典》正式颁布。作为新中国成立以来第一部以“法典”命名的法律，《中华人民共和国民法典》是新时代我国社会主义法治建设的重大成果，集中反映了以人民为中心的法治理念。民法典“以道德理念锤炼良法，以美德义行催生善治”，以刚性约束力的法律规定传达法的道德理念，是培育社会公德、职业道德、家庭美德、个人品德的全民教科书。随着我国步入“民法典时代”，这部“社会生活的百科全书”走进我们的生活，在经济社会方方面面发挥基础性和全局性作用。

第一节 民法典成长史——66年编纂历程

2020年5月28日下午，十三届全国人大常委会第三次会议表决通过《中华人民共和国民法典》（以下简称民法典）。这是新中国成立以来第一部以“法典”命名的法律，是新时代我国社会主义法治建设的重大成果。民法典是民事领域的基础性、综合性法律及民事权利保障书，覆盖人民生活衣食住行、生老病死、生产经营的方方面面，被誉为“社会生活的百科全书”。民法典共7编，依次为总则编、物权编、合同编、人格权编、婚姻家庭编、继承编、侵权责任编，以及附则，共1 260条。沉甸甸十余万字，凝聚着几代人的期盼，可以说，民法典的编纂是我国民事立法史上的一座里程碑，是创新发展中国特色社会主义法治体系以及深入推进国家治理体系和治理能力现代化进程中的一件大事，对世界民事立法和人类法治文明进步都具有重要意义。编纂民法典，是一个国家法律传统和法治信仰的生动写照，映射出一个民族的不懈奋进。回望我国民法典的艰辛发展历程，从1954年首次起草民法典算起到迈入“民法典时代”，我国的民法典编纂之路整整走了66年。

一、从民事单行法到民法体系

编纂一部真正属于中国人民的民法典，是新中国几代人的夙愿。我国曾于1954年、1962年、1979年和2001年先后4次启动民法制定工作。第一次和第二次，由于经济、政治、社会和学术等条件的约束等原因而未能取得实际成果，但是一代又一代民法学者不畏惧艰难，用汗水和智慧一步步地推动我国的民法典编撰工作向前发展。

1979年民法制定第三次启动，但由于刚刚进入改革开放新时期，编纂民法典条件还不具备，因此，按照“成熟一个通过一个”的工作思路，确定先制定民事单行法。1986年通过了《中华人民共和国民法通则》，它规定了各个民事领域的一般规则，可谓“微缩版”民法典，是我国民事立法发展史上的一个里程碑，其所确立的体系与制度为民法典体系的构建奠定了坚实基础。

2001年，九届全国人大常委会组织起草了《中华人民共和国民法（草案）》，并于2002年进行了一次审议，经讨论，仍确定继续采取分别制定单行法的办法。改革开放以来，我国民事商事法制建设步伐不断加快，先后制定或修订了中外合资经营企业法、婚姻法、经济合同法、商标法、专利法、涉外经济合同法、继承法、民法通则、土地管理法、企业破产法、外资企业法、技术合同法、中外合作经营企业法、著作权法、收养法、公司法、担保法、保险法、票据法、拍卖法、合伙企业法、证券法、合同法、农村土地承包法、物权法、侵权责任法等一大批民事商事法律。由民法通则与作为民事单行法的物权法、合同法、侵权责任法等法律及最高人民法院颁布的司法解释，共同构成我国现行的民法体系，为编纂民法典奠定了基础，积累了经验。

二、启动编纂民法典

党的十八大以来，以习近平同志为核心的党中央带领亿万人民砥砺奋进，推动党和国家事业发生了历史性变革，取得了历史性成就。经济发展行稳致远，全面依法治国纳入“四个全面”战略布局，民事法律规范体系逐渐完备，民事司法实践积累了丰富经验，民法理论研究也达到较高水平，为编纂民法典奠定了较好的制度基础、实践基础和理论基础。人民群众和社会各方面对编纂民法典的呼声也比较高。经济社会发展、人民安居乐业、法治深入人心，民法典已具备成功编纂的条件。在这一背景下，顺应实践发展要求和人民群众期待，党的十八届四中全会作出编纂民法典的重大决定。2015 年 3 月，民法典编纂正式启动，由全国人大常委会法工委牵头五家单位共同参与民法典编纂工作。

三、民法典编纂“两步走”

民法典的编纂并非一蹴而就，是一个渐次推进、臻于至善的过程。2015 年 3 月，全国人大常委会法工委启动民法典编纂工作，明确了“两步走”的编纂工作计划：第一步，出台民法总则，作为民法典的总则编；第二步，编纂民法典各分编，然后将民法总则和人大常委会审议修改完善的各个分编合并为完整的民法典草案，由全国人大常委会提请全国人民代表大会审议。

2017 年 3 月，十二届全国人大常委会第五次会议通过了民法总则，民法典编纂工作迈出第一步。2018 年 8 月，十三届全国人大常委会第五次会议对民法典各分编草案进行了初次审议，民法典编纂迈出第二步。此后，全国人大常委会对各分编草案进行了拆分审议，各分编草案均已完成两次审议，其中，人格权编、婚姻家庭编、侵权责任编三个分编草案完成三次审议。之后征求社会公众意见，听取有关部门、专家意见，到一些地方调研，在此基础上，进一步修改完善，重新编排。

经过五年的持续努力，民法典编纂相继完成了民法总则、民法分则各编的内容。2019年12月23日，“完整版”中国民法典草案首次提请十三届全国人大常委会第十五次会议审议。依次为总则编、物权编、合同编、人格权编、婚姻家庭编、继承编、侵权责任编7编以及附则，共84章，1 260个条文，总计10万余字。这也是新中国成立以来条文字数最多的一部法律草案。2020年5月22日，《中华人民共和国民法典（草案）》正式提请十三届全国人大常委会第三次会议审议。

2020年全国两会期间，代表委员们对民法典草案进行了认真审议和热烈讨论。根据各方面意见，草案又作了100余处修改，其中实质性修改40余处，比如禁止物业公司用断水、断电等方式催交物业费，针对地面塌陷伤人问题作出规定，明确公安等机关对高空抛物坠物的调查责任。

2020年5月28日下午，十三届全国人大常委会第三次会议表决通过《中华人民共和国民法典》。

第二节 从“法”到“典”，民法典开辟中国法治新天地

2020年5月28日，经十三届全国人大常委会第三次会议表决，新中国首部民法典正式出炉，中国的民法体系经历从“法律”到“法典”的历史转换，我们进入民法典时代。

自始至终，民法典编纂工作都是在党中央的领导下进行的。2016年6月、2018年8月、2019年12月，习近平总书记三次主持中央政治局常委会会议，听取并原则同意全国人大常委会党组就民法典编纂工作所作的请示汇报，对民法典编纂工作作出重要指示，为民法典编纂工作提供了重要指导和基本遵循。全程参与本次民法典编纂的全国人大代表、中国社会科学院学部委员孙宪忠透露，不少立法中的关键问题和重大争议，都是党中央在科学研判的基础上拍板解决的。

编纂民法典是增进人民福祉、维护最广大人民根本利益的必然要求。现代法治的核心在于“规范公权力，保障私利”，保障私利的任务就是由民法典来完成。编纂民法典是坚持和完善中国特色社会主义制度的现实需要，是推进全面依法治国、推进国家治理体系和治理能力现代化的重大举措。通过编纂民法典，健全民事法律秩序，就是要加强对民事主体合法权益的保护，更好地维护人民群众的切身利益，同时也是要构建民事领

域的治理规则，提高国家治理能力。全国人大常委会副委员长王晨在作关于《中华人民共和国民法典（草案）》的说明时说："编纂民法典，就是通过对我国现行的民事法律制度规范进行系统整合、编订纂修，形成一部适应新时代中国特色社会主义发展要求，符合我国国情和实际，体例科学、结构严谨、规范合理、内容完整并协调一致的法典。"杨松代表表示："编纂民法典是一个国家、民族走向繁荣强盛的象征和标志，将使我国全面依法治国能力和水平实现本质性进步。"

一、民法典何以为"典"

从法到典，全面依法治国征程上又树起一座里程碑，对推进国家治理体系和治理能力现代化起到重要作用。这部法律没有被定名为《中华人民共和国民法》而是定名为《中华人民共和国民法典》，其他法律，如《中华人民共和国宪法》《中华人民共和国刑法》以及其他各种法律，都没有如此命名。法典和法的命名，仅一字之差，却区别显著。"法典，经过整理的比较完备、系统的某一类法律的总称。"这是《现代汉语词典》对"法典"的定义，这一表述揭示了"一字之差"背后的巨大不同。

这部法律为什么会被定名为"中华人民共和国民法典"？它具有法典的三大显著特征：一是该立法在国家法律体系中有着十分重要的地位；二是立法体系庞大，法律制度规模大，法律条文在当时的社会是最多的；三是立法者要突出该法的体系性，强调立法的逻辑和规律。这部民法典就符合这三个方面的特征，最后被定名为"法典"。

（一）以民法典定名是对民法作为国家治理基本遵循和依靠的充分肯定

从立法的重要性来看，民法典具有典范性、基础性，在社会主义法律体系中十分重要。民法以法律方式规定经济生活和社会生活的基本性质、基本关系，从而为中国特色社会主义现代化建设提供系统的秩序基础和法律保障。民法典是市场经济的基本法、民事主体的基本行为准则，法官裁判民商事案件的基本依据。民法典调整平等主体之间的人身关系和财产关系，涉及社会成员从出生到离世的方方面面内容，也涉及他们从事社会活动的时时刻刻，是民事权利的保障书。几乎所有的民事活动，大到公司设立、物权保护、离婚、合同签订，小到霸座、缴纳物业费，都能在民法典中找到依据。所以，民法典在我国法律体系中的地位，仅次于宪法。另外，基本权利是我国宪法承认和保护的核心，而人民群众的人身权利和财产权利，主要表现为民事权利。在一个法治社会里，对于民事行为的规范，属于社会的常规性、普遍性、基础性、全局性活动，而民法就是开展这些活动的法律遵循和依靠。从这个角度看，民法在我国法律体系中的地位，称得上是"国家重典"。

（二）以“法典”定名，凸显规范和制度体量上的全面性和重要性

民法的法律规范和制度体系十分庞大，远远超过其他任何法律，使用“法典”来定名，说明其立法体量的显著差异。世界上著名的民法典，比如法国民法典、德国民法典，其条文都超过 2 200 条。我国民法典法律条文包括 7 编、1 260 条，近 80 章，仅仅汉语字数就超过 10 万。这个体量，可谓非同小可，像一本书一样。民法调整的社会关系具有基础性、全局性和普遍性，它自古以来就包含在数量上远远超过其他法律的规范和制度。我国民法典编纂体例分成总则和分则，总则规定的是一般性规定，分则规定的是各个民事法律关系当中的具体规定。目前的体量并不是全部民法规范和制度的立法，而仅只是民法一般法或者基本法的立法，除此之外，还有商事立法、知识产权立法和社会权利立法等民法特别法。此次编纂完成的民法典，其体量也远远超过其他法律，将其称为“法典”，凸显了它在规范和制度体量上的全面性和重要性。

（三）以“法典”定名，强调民法规范、制度的体系科学性和逻辑性

民法典的体系性尤其强调涉及民事权利的立法必须遵从逻辑并具备完善的形式，并以规范的体系和科学严谨的表达形成了民事权利保障的体系效益。首先，依据体系性科学，我国民法典编纂还采取了总则和分则相互区分的模式，构建了完整的民事权利体系。作为开篇，民法典总则编提纲挈领地将民事法律制度中具有普遍适用性与引领性的内容纳入其中，统领其他各分编内容。民法典总则编规定了民事权利保护的一般规则；物权编、合同编构建了产权保障体系；人格权编、婚姻家庭编、继承编等确认了个人的各项人格权利和身份权利，与财产权规则相结合，共同构成民事权利保护的完整体系；侵权责任编对侵害民事权利的侵权责任作出了规定。这就意味着，民法典对人民群众的各方面民事权利起到规范和保护作用。其次，民法典有效处理各单行法律之间不协调甚至冲突的问题，将分散的民事法律规范组合成科学的、整体的体系架构。我国民事法律长期单行立法使得各单行法之间难免会有不协调、不一致的地方，法官在司法裁判中也面临找法困难的情况。例如，在民商事实践中，合同双方当事人为确保合同的顺利履行，往往会在合同中约定违约行为需要承担的违约责任，如违约金。但在实际发生违约行为，守约方根据合同约定要求违约方承担违约责任时，违约方大多会以违约金过高、守约方没有实际损失等为由抗辩，进而请求人民法院调低违约金。因立法层面的概括、抽象性，现行相关法律法规《合同法》和《最高人民法院关于合同法司法解释（二）》规定本身存在弹性空间，并未就人民法院审查违约金的具体方式做细化规定，实践中人民法院对于违约金是否调整以及调整的尺度享有较高的自由裁量权，亦导致了一部分类似案例不同裁判的情况。民法典的编纂从立法的层面实现了民事法律规范的整合，各编的编排是在体系化指引下，按照同一性的逻辑思维排除规范间的矛盾和冲突，极大地限

制了执法者和司法者对权利规范自由裁量的空间。有了民法典，法官就直接从民法典里而且必须从民法典里去查找裁判依据，维护司法裁判的统一性和权威性。

法典化不在于汇集、汇编、提高或改进现存的法律，而是借助于新的系统性和创造性法律建构一种更好的社会制度。民法典编纂也不是对现行法的简单汇编“麻袋装土豆”，而是在总结现行立法和司法经验的基础上，结合我国改革开放实践对不适应现实情况的规定进行修改完善，针对经济社会生活中出现的新情况、新问题，进行必要的制度完善、设计和创新。例如，对于夫妻共同债务这个问题，以前的规定是只要在婚姻期内，一方欠下的债务都需要由双方共同偿还。但现在作出了很大的调整：必须是夫妻的共同债务才需要由双方共同偿还，对于共同债务的定义发生了变化，只有共同签字、知晓的债务才可以算得上是共同债务。西南政法大学教授谭启平提道：“可以说这一条法律的变化，是我们从诸多的相关案件中归纳整理出来的，对于现在乃至以后的夫妻债务问题都能有一个很好的解决方案。”

民法典编纂过程中科学立法居于立法原则的首位。所有的民事活动中都会有民事主体、民事权利，都会涉及民事责任。如果民法立法按照具体的民事活动情况来编写的话，那么，每一个民事活动的法律制度中都要详细地规定主体、民事权利和民事责任应该怎样，这样立法就必然大量重复。民法典编纂的体系性科学借鉴了数学上“提取公因式”的做法，把民事活动中具有共同性的规则“提取”出来，作为一般规则规定在民法典之中。然后，民法典又把具体民事权利按照人身权利和财产权利的区分来划分为多个分则，在这些分则之中展现各种权利及其相对具体的要求。这样的法典编纂方法，不仅仅极大节约了立法成本，而且也为我们学习研究和贯彻实施民法，提供了方法论上的指引。这种法典编纂方式不但是体现法律关系逻辑和民事权利区分科学的最佳方式，而且是学习研究、贯彻实施民法的最佳方式。

总而言之，民法之所以被冠以“典”，源于民法规范体系科学性和逻辑性，源于内在价值体系、价值理念统一，源于民法规范对现实社会生活的各个领域、各个角落的无缝隙覆盖。民法典被定名为“典”，可谓实至名归。我们学习研究和贯彻实施民法典，也应对民法典的体系性科学予以充分尊重，唯有如此，才能保障民法典立法目的的实现，并以此更新、完善民法理论知识，提升民法分析和裁判的专业水平，更好地指导和规范民事活动。

二、从“法”到“典”，民法典对中国的意义

《中华人民共和国民法典》自 2021 年 1 月 1 日起正式实施。民法典的颁布，受到社会各界广泛关注，将深刻改变人民群众的生活，也将推动中国特色社会主义法治建设进

入新时期。从世界角度看，法典在“安邦定国”中发挥的作用不言而喻。大家所熟知的《法国民法典》，又称《拿破仑法典》，它伴随法国经济、政治、国情等多方面的变化，历经多次修改，至今仍是法国现行的法律。《法国民法典》在维护国家稳定、助推社会进步的方面影响深远，成为欧美各国资产阶级的立法规范，推动了资本主义的发展。正如拿破仑自己所说，他真正的光荣并不是打了40多次胜仗，而是颁布了民法典。

民法典颁布的意义是什么？不少法学人士认为，它完成了一次中国国家精神和民族精神的立法表达。民法典最鲜明的特色之一就是“民族性”。中国民法典的民族性体现在，坚持依法治国、以德治国结合的民族智慧，将“社会主义核心价值观”融入法治建设的民族精神特征。此外，“优良家风”“夫妻互相关爱”等入典，更从文化方面延续中华民族延绵千年的人文基因。

而对于普通民众而言，民法典反映的是人民的利益诉求，保障的是人民的民生权利。见义勇为，是否需要为损害结果担责？个人信息的范围包括哪些？小区共有场所收入能归业主所有吗？夫妻共同债务如何界定？打印、录像能够作为遗嘱吗？民法典将“文字、图像”纳入性骚扰的认定范围，完善了防范职场性骚扰的有关规定。针对物业公司采取停止供电、供水、供热、供燃气等方式催交物业费问题，民法典予以明确禁止。为保障人们“舌尖上的安全”，民法典专门规定了有关产品责任等规则；为保障人们住有所居，在物权编中规定了居住权等制度；“禁止高空抛物坠物”写入民法典，维护人们“头顶上的安全”，立足解决人们“痛点”。同时规定，发生从建筑物中抛掷物品或者从建筑物上坠落的物品造成他人损害的，公安等机关应当依法及时调查，查清责任人。此外，民法典回应地面塌陷伤人问题，规定建筑物、构筑物或者其他设施倒塌、塌陷造成他人损害的，由建设单位与施工单位承担连带责任，并对因他人原因导致倒塌、塌陷的侵权责任作出了规定。

民法典充分回应了人民对美好生活的向往，是中国特色社会主义法律体系的重要支柱。李宁代表说，在民法典编纂和审议过程中，对社会关注、矛盾突出的问题反复征求意见，民众参与度很高，有效回应社会关切。生活中难免遇到不愉快的“小事”，比如遭遇“霸座”、个人信息泄露、被“垃圾信息轰炸”……如今，这些生活中看似微小的“闹心”事，都将被民法典以明文规定一一“校正”。从小处说，人们的心情会更舒畅，从大的角度而言，很多潜在矛盾都可以被扼制在萌芽中，生活将更美好，社会将更和谐。

民法典颁布的意义是什么？我们认为，民法典的颁布将规范中国特色社会主义经济生活和社会生活中的各个要素和各种关系，还将推动中国特色社会主义社会健康发展。

第三节 民法典：坚持人民至上，彰显中国特色

《中华人民共和国民法典》系统整合了新中国70多年来长期实践形成的民事法律规范，汲取了中华民族5 000多年的优秀法律文化，借鉴了人类法治文明建设有益成果，是一部体现我国社会主义性质、符合人民利益和愿望、顺应时代发展要求的民法典，是一部体现对生命健康、财产安全、交易便利、生活幸福、人格尊严等各方面权利平等保护的民法典，是一部具有鲜明中国特色、实践特色、时代特色的民法典。这部凝聚了中华民族集体智慧、彰显全面依法治国的时代特色的民法典，不仅标志着一个权利保护的崭新时代的到来，也向世界法治文明的进步贡献了具有中国特色、中国风格、中国气派的民事立法方案和经验。

一、人民至上，在“民”与“法”之间彰显为民情怀

民法典是新中国成立以来第一部以“法典”命名的法律，是新时代我国社会主义法治建设的重大成果，也是第一部以“民”命名的法典。民法典姓“民”，集中反映了以人民为中心的法治理念，追求的是“以人为本”的价值认同，反映的是人民的利益诉求，保障的是人民的切身利益。“民有所呼，法有所应”，充分体现了对人民生命健康、财产安全、生活幸福、人格尊严等各方面权利的平等保护，彰显了我们党以人民为中心、发展社会主义人权事业的治国理念。

（一）民法典开门立法、广纳民意

从2016年6月民法总则草案提请全国人大常委会审议，到2019年12月民法典草案首次合体亮相，民法典草案共10次提请全国人大常委会进行审议，先后10次上网征求意见，累计收到42.5万人提出的102万条意见和建议。这些数据恰恰是民法典集民智、映民意、应关切的充分证明。每次审议修改都聚焦立法中的难点热点问题，广泛听取各方面意见建议，充分保障公民建言献策、表达主张的民主参与权利。在凝聚法学界共识和整个社会普遍共识的程序上，充分体现人民主体价值和实践价值。这是与民心民意达成共识的最好证明，充分体现了“人民至上”的立法精神。

（二）民法典对“人”特别关怀

总则编：注重保护人身权利，明文规定自然人的人身自由与人格尊严受法律保护，

全面列举人身权利，并置于物权、债权、知识产权等其他权利之前，表明民法典重视对人的保护，着重保护人身权利，强调人身自由和人格尊严不容侵犯，恪守以人为本、立法为民的理念。物权编：平等保护公私产权。人格权编：加强保护人格尊严。民法典对民事主体享有的包括生命权、身体权、健康权、姓名权、名称权、肖像权、名誉权、荣誉权、隐私权等具体人格权利类型作出尽可能详尽列举，详细地规定了各项人格权的权利内涵，增强了人格权保护规则的可操作性，构建了较为全面的人格权体系；明确规定了人格权请求权，结合我国司法实践经验，增设了人格权诉前禁令制度，构建了相对完善的人格权保护体系。此外，民法典还就侵害相关人格权益民事责任认定中考量因素作了较为具体的规定。民法典人格权编弥补了域外民法典在人格权保护方面的不足，彰显了现代私法人文主义立场，是独具中国特色的民事立法创举。

（三）民法典为未成年人撑起“保护伞”

民法典充分体现了对未成年人各个阶段权益的保护。“涉及遗产继承、接受赠与等胎儿利益保护的，胎儿视为具有民事权利能力。”民法典在总则编“自然人”章节中，加入新规，将一个人受保护的起始点前移到了胎儿时期。民法典第 1084 条明确了离婚后子女抚养问题，父母离婚后，不满两周岁的子女，以由母亲直接抚养为原则。已满两周岁的子女，由人民法院按照最有利于未成年子女的原则判决。同时，增加了已满八周岁的子女自行决定跟谁的条文，尊重已满八周岁的子女的意愿，更有利于子女在其舒适的环境中健康成长。民法典第 19 条规定，八周岁以上的未成年人为限制民事行为能力人，实施民事法律行为由其法定代理人代理或者经其法定代理人同意、追认；但是，可以独立实施纯获利益的民事法律行为或者与其年龄、智力相适应的民事法律行为。如果十岁的小磊拿父亲的手机偷偷在游戏网站购买“皮肤”“武器”等道具，充值近十万元，父亲发现后能向游戏网站要回这笔钱吗？答案是肯定的。民法典扩大被收养人的范围，删除被收养的未成年人仅限于不满十四周岁的限制，修改为符合条件的未成年人均可被收养。收养人的条件中还规定“无不利于被收养人健康成长的违法犯罪记录”，并增加规定民政部门应当依法进行收养评估。这些修改和新增规定有利于促进更多的孤儿被收养，回归到正常的家庭生活中；同时，对收养人条件加以限制，如果收养人有违法犯罪的前科可能会存在对被收养人不利的情况就会被丧失收养资格。民法典第 191 条规定，未成年人遭受性侵害的损害赔偿请求权的诉讼时效期间，自受害人年满十八周岁之日起计算。这就意味着未成年时遭性侵十八周岁后仍可起诉。一般而言，向人民法院请求保护民事权利的诉讼时效期间为三年。由于性侵害的隐蔽性，有的监护人可能不能及时发现侵害事实或者有的监护人考虑到孩子的声誉选择忍气吞声，民法典这一规定从立法层面加大了对未成年人的保护力度，也可以起到对潜在违法作案者的威慑警示作用。

结合新冠肺炎疫情防控工作，民法典对监护制度作了进一步完善，规定因发生突发事件等紧急情况，监护人暂时无法履行监护职责，被监护人的生活处于无人照料状态的，被监护人住所地的居民委员会、村民委员会或者民政部门应当为被监护人安排必要的临时生活照料措施，完善了疫情等突发状况下对儿童的保护。物权编增加了“居住权”的相关条款，目的是实现对社会弱势群体的保护，比如妇女、儿童、老人，有利于保障儿童的居住权。优良家风有益于未成年人成长，民法典婚姻家庭编以法律的形式强调树立优良家风，宣示了国家高度重视家庭在塑造未成年人高尚品格和良好行为方面的责任和义务。

（四）民法典让个人信息保护有法可依

“房子需要装修吗?”“需要办理贷款服务吗?”相信很多人在生活中都会接到类似的陌生电话，内容从推销房产、介绍贷款，到育儿养老、教育培训，可以说是花样百出，让人不堪其扰。试衣间可能暗藏“第三只眼”，手机被骚扰电话轰炸，照片被人肆意丑化。互联网时代，法律能否更好保护你我权利?民法典“人格权”一编，明确“隐私”的定义，完善对肖像权的保护，加强个人信息保护。民法典规定，未经自然人同意，不得向他人非法提供其个人信息，但是经过加工无法识别特定个人且不能复原的除外。这条规定切实保障了大数据时代人民群众的信息安全。在保护原则上，民法典规定企业对涉及个人信息的数据收集应取得明确同意，同时遵循合法、正当、必要的原则。在保护范围上，不仅传统意义上的个人信息悉数得到保护，而且“不愿为他人知晓”的私密活动和私密信息也被包含在隐私范畴之内，从而使搜索信息、浏览数据等被纳入隐私权的保护范围。在保护措施上，民法典以反向列举的方式规定了处理隐私和个人信息的禁止性行为，包括不得非法收集、使用、加工、传输他人个人信息，不得非法买卖、提供或者公开他人个人信息，不得处理他人的私密信息等，为信息技术涉足人类生活场景划定了合规底线。在利益平衡上，民法典设计了平衡个人信息保护与信息利用的规范，在加强对隐私和个人信息保护的基础上，对那些为公共利益或者在其他合理必要限度内的使用行为提供了支持。

（五）民法典规范物业服务合同

迎来“乔迁之喜”，却遭遇蛮横物业?民法典合同编增设“物业服务合同”专章，明确物业服务企业权利义务与责任，还在物权篇与侵权责任篇中规定了物业服务企业的责任。民法典第 944 条第 3 款规定：物业服务人不得采取停止供电、供水、供热、供燃气等方式催交物业费。该条明确了物业催交物业费的禁止手段，通过法律明文的形式对物业管理行业日常运营作进一步规范。长久以来，业主与物业服务人之间的矛盾都集中表现在物业费缴纳上，物业任性断掉能源和日常服务的供应，以过激手段获取自己的权益，这其实也是忽视业主的应有权益。物业服务合同关系千家万户切身利益，是重要民生问题。民法典合同编对物业服务合同相关内容加以规定，明确业主所享有的权利，为积极预防和妥善解决各类物业服务合同纠纷提供明确法律指引。

享受天伦之乐，却不知孩子几岁能打酱油？民法典总则告诉你，限制民事行为能力人的年龄标准已经从十周岁调整为八周岁。暮年想修改遗嘱，却已无力前往公证处？民法典继承编增加了录像等新的遗嘱形式，公证遗嘱也不再效力优先。回应公众对性骚扰行为的深恶痛绝，明确有关认定标准和单位制止性骚扰的义务。聚焦各界反映强烈的“霸座”“抢方向盘”现象，细化客运合同双方的权利义务。什么条件下能征用个人财产？是抢险救灾疫情防控等紧急需要状态下，平常是不能随便侵犯个人的财产权的，这是对政府行为的一种限制，充分体现了对个人财产权的尊重和保障。

民为邦本，法系根基。这是一部有效反映人民意愿的民法典。破解高空抛物坠物难题，维护小区业主合法权益，明确禁止高利放贷，聚焦百姓关切，强化保护人民权利，有利于满足新时代人民群众日益增长的美好生活需要，提高人民群众获得感、幸福感、安全感，促进人的全面发展，为百姓安居乐业提供法治保障。

二、中国特色，以立法表达社会主义核心价值观

社会主义核心价值观是社会主义核心价值体系的内核，体现社会主义核心价值体系的根本性质和基本特征，是人民群众最大的价值共识。民法典遵循科学立法的原则，以立法目的为指引，将与民法精神、理念相一致的社会主义核心价值观有机融入法典之中；把在社会主义现代化建设和改革开放实践中广泛认同的、较为成熟的、操作性强的道德要求适时上升为民事法律，抽象的核心价值观被具体化、法理化、规范化；将社会主义核心价值观整体融入我国民事立法活动、学术研究和司法实践中，以社会主义核心价值观塑造民法典的精神，在遵守民法规范的同时，让民事主体自觉践行社会主义核心价值观的实践效果。民法典从立法目的到法律原则再到具体条文，浸润了社会主义核心价值观的要求，承载着引导和规范人们践行社会主义核心价值观的重要使命。

民法典总则编第一章“基本规定”第 1 条开宗明义，明确了立法目的：“为了保护民事主体的合法权益，调整民事关系，维护社会和经济秩序，适应中国特色社会主义发展要求，弘扬社会主义核心价值观，根据宪法，制定本法。”弘扬社会主义核心价值观成为民法典立法目的之一，这也是在我国社会主义立法史上的一个创举。在“法典”名义的立法中，这是第一次，体现了坚持依法治国与以德治国相结合的鲜明中国特色。“平等、公正、诚实信用、节约资源、保护生态环境、不得违背公序良俗”也作为基本原则写入民法典，这些都集中体现了社会主义核心价值观。

民法典各分编也贯彻了社会主义核心价值观的要求。合同编第 509 条规定，“当事

人应当按照约定全面履行自己的义务”“当事人应当遵循诚信原则”“应当避免浪费资源、污染环境和破坏生态”。将诚信作为基本原则加以规定，民事主体从事民事活动，应当遵循诚信原则，秉持诚实，恪守承诺。制裁违背诚信原则的行为，违背诚信原则的行为造成对方损失的，应当承担赔偿责任。人格权编第 1009 条规定：“从事与人体基因、人体胚胎等有关的医学和科研活动的，应当遵守法律、行政法规和国家有关规定，不得危害人体健康，不得违背伦理道德，不得损害公共利益。”继承编 1130 条规定：“同一顺序继承人继承遗产的份额，一般应当均等。对生活有特殊困难又缺乏劳动能力的继承人，分配遗产时，应当予以照顾。”遗产分配的总原则，既充分体现了平等的价值观念，又充分体现了社会主义友善的价值观。

（一）民法典重视家庭文明建设

婚姻家庭编对社会主义核心价值观的体现尤为明显，实行婚姻自由、一夫一妻、男女平等的婚姻制度；保护妇女、未成年人和老年人的合法权益；倡导夫妻应当互相忠实，互相尊重，互相关爱；家庭成员应当敬老爱幼，互相帮助，维护平等、和睦、文明的婚姻家庭关系。对禁止结婚的情形作出完善，明确夫妻共同债务范围；设立离婚冷静期，完善离婚损害赔偿制度，保护无过错方权益，对拒不赡养者、恶意制造夫妻共同债务等行为进行了规制。以民法典为纲，将相敬如宾、相濡以沫的优良传统继续发扬传承。民法典托举“家”的温暖，用千万个家庭“小幸福”融汇成国家民族“大和谐”。这些规定把文明、和谐、自由、平等、法治、诚信、友善等社会主义核心价值观转化为婚姻家庭制度的基本法理，从而为婚姻家庭编提供了价值导向和法理依据。

（二）规定离婚冷静期有利于家庭稳定

针对近年来离婚率偏高的现象，民法典设立了离婚冷静期制度，给离婚一个缓冲期和调整期。民法典第 1077 条规定：“自婚姻登记机关收到离婚登记申请之日起三十日内，任何一方不愿意离婚的，可以向婚姻登记机关撤回离婚登记申请。前款规定期限届满后三十日内，双方应当亲自到婚姻登记机关申请发给离婚证；未申请的，视为撤回离婚登记申请。”这意味着，如果通过协议离婚的方式，须先冷静地等待第一个三十日届满，而后在第二个三十日内再跑一趟民政局，最短三十一天可离婚，最长需要六十天。设立“离婚冷静期”是因为我国目前的登记离婚限制较少，在实践中，存在很多的草率离婚、冲动离婚的现象。目前“离婚冷静期”三十天的规定，是一个原则性的规定，双方有激烈的冲突、存在家庭暴力或者虐待的情况等，都不受冷静期的限制。离婚冷静期在制度设计上，给予达成一致的双方一个强制的冷静期，促使双方冷静思考，避免冲动，作出有关婚姻家庭，尤其是未成年子女的更加理性的决定。由此，离婚冷静期制度的价值目的也不仅在于减少冲动离婚，同时涵盖促使夫妻双方对未来子女抚养、生活规划更加理性、冷静考虑的目的，不仅保护基于婚姻而产生的夫妻关系，同时保护由此产生的父母子女、近亲属关系等。

（三）民法典引导建立风清气正的社会风尚

“助人为乐、见义勇为”是中华民族的传统美德。但近年来，面临“该不该扶”“该不该救”的道德困境，更有见义勇为者受伤后无人问津甚至反遭索赔的事件发生。民法典总则编第184条可以说是社会主义核心价值观在具体规则制度层面的生动体现。该条明确，“因自愿实施紧急救助行为造成受助人损害的，救助人不承担民事责任”，充分回应了国人对一段时期以来“好人难当”等不良社会现象的关切，鼓励见义勇为，明确减免救助人责任，不让“英雄流血又流泪”，引导社会成员合理维权，建立风清气正的社会风尚，是弘扬助人为乐、匡扶正义、见义勇为等核心价值的重要制度设计。民法典第185条加强对英雄烈士人格权益保护，有效回应了解构历史、虚化事实、污名化民族情感民族精神等行为，弘扬爱国主义精神，明确“侵害英雄烈士等的姓名、肖像、名誉、荣誉，损害社会公共利益的，应当承担民事责任”。该法条对于英雄烈士人格权益的保护，维护的是以民族记忆、民族精神以及社会主义核心价值观所共同凝聚的社会公共利益。和平年代同样需要英雄情怀。民法典对侵害英雄烈士等的姓名、肖像、名誉、荣誉等利益的保护，有利于弘扬社会正能量。

这是一部具有鲜明中国特色的民法典，厚重的民法典，1 200多个条文之首，“社会主义核心价值观”庄重醒目，清晰地将社会主义核心价值观注入我国民事法律制度的价值内核之中。强调家庭应当建立优良家风，重视家庭文明建设；将见义勇为的行为通过法律形式予以鼓励和保护；弘扬社会主义核心价值观；完善代位继承制度，减少遗产纠纷。民法典通过各项法条教育人们诚实守信、相互信赖、彼此尊重，不欺行霸市、不蔑视弱者；教育人们在谋求个人利益时不算计、不损害他人利益、国家利益和社会公共利益；在追求个人自由时尊重他人的自由；在谋求平等、公正待遇时不牺牲他人的平等与公正；引导人们向德向善，孝敬老人、爱护幼小。总之，民法典“以道德理念锤炼良法，以美德义行催生善治”，以刚性约束力的法律规定传达法的道德理念，是培育社会公德、职业道德、家庭美德、个人品德的全民教科书，直接影响人们对社会主义核心价值观的认知认同和自觉践行，彰显法安天下、德润人心。

三、与时俱进，把脉时代需求、贡献中国智慧

世易时移，法随时变。这部凝聚着中华民族古今智慧、洋溢着中国特色和时代气息的民法典，创造性迭出，其在抽象理念、宏观结构、立法技术、微观制度设计等诸多方面具有鲜明特色。协调经济发展与环境保护的关系，破解人工智能发展带来的矛盾冲

突，强化互联网时代个人信息保护。民法典与时俱进，为解决 21 世纪人类面临的共同问题，为人类法治文明的发展与进步提供了中国经验、贡献出中国智慧。

（一）体例上突破创新，人格权独立成编

我国民法典编纂参照的是德国民法典的模式，但又不同于德国民法典，也不同于法国民法典，而是有自己的特色。法国民法典是三编制，德国民法典是五编制。我国民法典是七编制，最大不同是增加了人格权编和侵权责任编。人格权独立成编，不仅弥补了传统大陆法系“重物轻人”的体系缺陷，为人格权法未来的发展提供了足够的空间，更重要的是，它从根本上满足了新时代人民群众日益增长的美好生活的需要，强化了对人格尊严的维护，充分体现了我们党增进人民福祉、维护最广大人民根本利益的不变初心；也回应了人格权保护在网络信息时代所面临的各种挑战，解决了实践中的诸多新情况、新问题。

（二）生态文明建设融入民法实践

现实生活中行为人破坏生态环境，导致水、空气、土壤等公共自然资源质量恶化，公民健康权利受到侵犯，环境和健康问题日益成为重要的民生问题。民法典回应工业文明带来的生态破坏、环境危机、资源紧张，适应可持续发展要求，通过一般规定加具体规则的方式，新增生态治理与环境保护的许多重要民事法律条款，将生态文明建设融入民法实践。民法典第 9 条规定，民事主体从事民事活动，应当有利于节约资源、保护生态环境。增加规定生态环境损害的惩罚性赔偿制度，并明确规定了生态环境损害的修复和赔偿规则。将公民“健康权”纳入民事权利范畴，维护公民平等享有的生态权益，为公民在生产生活中的行为做出了法理规范和价值引导，有利于绿色发展理念和绿色生活方式在人民群众日常生产生活中的培育和贯彻落实，为在全社会传播生态文明思想，加快生态文明建设法治化进程奠定了法治基础。民法典呼应人民群众对良好生态环境的期待，既是顺应民众生态权益诉求的必然需要，也是彰显民法修订完善中与时俱进的充分体现。

（三）虚拟财产保护写进民法典

在互联网时代，涉及虚拟财产的纷争屡见不鲜，贮藏在手机里的虚拟财产有时甚至比现实货币更为珍贵。手游账号、抖音粉丝、微信公众号……这些网络中的事物并不单纯只是一串数据编码的组合，更能产生实际的价值。包罗万象的虚拟财产中同样凝结着心血和智慧，对所有者而言意义非凡。随着民法典的颁布实施，以及民商事法律对虚拟财产的规定不断细化，符合法律规定的网络虚拟财产，就能和普通的财物一样，成为买卖、赠与或者继承的对象。民法典总则编中，把公民在网络上的权利纳入授权性法律规

范，其中第127条规定："法律对数据、网络虚拟财产的保护有规定的，依照其规定。"这意味着民法典将数据、网络虚拟财产均纳入法律保护范畴，继民法总则后，再次对数据、虚拟财产进行了肯定，表明这些都是可以受到保护的权利，是可以进行交易的权利。民法典中对网络虚拟财产的保护规定主要有未成年网络消费和虚拟财产继承两个方面的内容。对于未成年人网络消费，规定可以认定为无效，并能够由其监护人或者法定代理人要求返还；而对于虚拟财产继承，只要是自然人合法取得的，就可以作为遗产继承。这些规定是全世界数字时代立法的探索，是我国民法典时代性的重要体现。

（四）立足新时代，迎接AI挑战

科技是人类进步的阶梯，而科技反噬则是人类生存最大的威胁。AI成为当今最为硬核的科技元素。新一轮人工智能热潮席卷全球，在赋能产业发展、便利人民生活的同时，也引发了新时代的科技挑战。中国民法典立足新时代，迎接AI挑战。民法典中的AI元素是中国民法典勇于担当、与时俱进的荣誉勋章。民法典盘点明确了数据、网络虚拟财产受法律保护。在区分隐私权与个人信息的基础上，构建了完备的隐私信息保护体系，同时明令禁止"深度伪造"，侵害他人肖像、声音的行为，全面维护人的尊严，进一步细化了网络侵权的法律规制，为人工智能时代的网民划定了行为边界。中国民法典为科技主体注入了伦理基因，为科技行为设置了伦理底线，防止科技反噬与异化。

（五）完善法律法规，防止职场性骚扰

现实生活中，许多女性受到过不同形式的性骚扰，且这些行为往往得不到有效制止与制裁。性骚扰发生后，大多数受害者经过反复权衡利弊，通常会选择沉默。深受其害的不仅是女性。现如今，男性遭到性骚扰行为的情况也同样存在，并呈上升趋势。一方面，由于此前关于性骚扰罪的相关法律法规尚不完善，性骚扰表现形式尚无统一界定，使得人们对于性骚扰的危害性认知不足，并令加害者在其边缘疯狂试探。另一方面，受害者也难以从社会层面和法律层面获得实质性的支持与救济。民法典第1010条规定，违背他人意愿，以言语、文字、图像、肢体行为等方式对他人实施性骚扰的，受害人有权依法请求行为人承担民事责任。机关、企业、学校等单位应当采取合理的预防、受理投诉、调查处置等措施，防止和制止利用职权、从属关系等实施性骚扰。明确单位防止职场性骚扰的责任和义务也成了民法典的亮点之一，从根源上为职工创造了更安全的工作环境。

结合新冠肺炎疫情防控工作的经验和法治需求做出相应的规范调整，也是本次民法典的一大亮点。总则编部分结合此次疫情防控工作，对监护制度作了进一步完善，规定因发生突发事件等紧急情况，监护人暂时无法履行监护职责，被监护人的生活处于无人照料状态的，被监护人住所地的居民委员会、村民委员会或者民政部门应当为被监护人

安排必要的临时生活照料措施；物权编部分在征用组织、个人的不动产或动产的事由中增加了“因疫情防控等紧急需要”的规定，组织、个人的不动产或者动产被征用或者征用后损毁灭失的，应当给予补偿。这充分体现了对个人财产权的尊重和保障。增加了紧急情况下使用维修资金的特别程序的规定，同时明确了物业服务企业或其他管理人在应对城市重大突发公共事件中应当履行的积极配合义务；合同编部分结合新冠肺炎疫情防控工作，完善国家订货合同制度，规定“国家根据抢险救灾、疫情防控或者其他需要下达国家订货任务、指令性任务的，有关民事主体之间应当依照有关法律、行政法规规定的权利和义务订立合同”，上述条款的修改与完善都凸显了民法典与时俱进的时代性以及始终秉承“以人为本”的法治思想。

民法典在吸收世界民法文明成果的同时，充分尊重新中国 70 余年的立法司法经验，将民事法律规范以体系化的外观形式呈现。中国民法典是一部体现时代特征、具有中国特色、反映人民意愿、科学严谨规范的民法典。民法典顺应时代潮流又保留了开放性以应对瞬息万变的社会，适应了现代社会发展的需要。随着民法典的实施，在全社会权利观念和契约意识的不断增强下，在立法、执法、司法部门的严格准确适用及其创造性的法治实践中，我们每个人的生活正在因民法典而改变。

拓展阅读

《民法典》北京首案"自甘冒险"条款给出答案

2020年4月28日9时，74岁的北京男子宋先生和周先生与其他4人在北京朝阳区红领巾公园进行羽毛球3V3比赛，宋先生被周先生击出的羽毛球击中，导致右眼受伤，后宋先生将周先生诉至法院，要求赔偿医疗费、护理费等费用。2021年1月4日，此案在北京市朝阳区人民法院公开审理并当庭宣判，法院一审判决宋先生从事羽毛球运动应认定为2021年1月1日起正式实施的《中华人民共和国民法典》中规定的"自甘冒险"，周先生对宋先生受伤的结果不存在故意或重大过失，不应担责，驳回其全部诉求。据悉，这也是北京适用《中华人民共和国民法典》"自甘冒险"条款的第一案。

运动伤害与体育运动相伴相生，"损害由谁承担"是大家共同的疑问。随着全民健身、健康中国上升为国家战略，在群众体育赛事火热开展的今天，这个问题处理不好，势必影响群众参加体育赛事的积极性，也不利于社会各界对于体育活动的支持和开放。2021年1月1日开始正式实施的《中华人民共和国民法典》增加了"自甘冒险"条款，体现了尊重个体自由、合理分配风险责任的理念，有利于促进全民理性、健康、文明、积极地参加文体活动，对公民的社会生活将产生深刻影响。

针对本案，法院经审理认为，根据《中华人民共和国民法典》第1176条规定，"自愿参加具有一定风险的文体活动，因其他参加者的行为受到损害的，受害人不得请求其他参加者承担侵权责任；但是，其他参加者对损害的发生有故意或者重大过失的除外。"此案中的羽毛球运动是典型的对抗性体育竞赛，宋先生作为多年参与羽毛球运动的爱好者，对于自身和其他参赛者的能力以及此项运动的危险和可能造成的损害，应当有所认知和预见，应认定为自甘冒险的行为。

法院认为，在此情况下，只有周先生对宋先生受伤的损害后果存在故意或重大过失时，才须承担侵权损害赔偿责任，否则无须担责。"重大过失"是指行为人未尽到普通人的基本注意义务，在竞技体育中，注意义务应限定在较一般注意义务更为宽松的体育道德和规则范围内。而此案中，周先生在宋先生将羽毛球回挑到其所在场地后迅速移动并杀球进攻，并无过多考虑、判断的时间，周先生不存在明显违反比赛规则的情形，不应认定其存在重大过失。北京京师律师事务所民商事领域律师表示，过去实施的《侵权责任法》中，"自甘冒险"尚未列入减轻责任或免除责任的法定理由，出现体育活动中受到损害的情况，法院裁判依据过错责任原则或公平原则让体育活动参加者承担一定经济责任，导致了同案不同判的出现。《中华人民共和国民法典》新增的“自甘冒险”条款明确了只有在故意或者重大过失的情况下参与者才需要承担责任，这是法律不断地在完善，是民法体系化的一个直观体现。这一条款的确立，对于司法裁判尺度的统一，以及文体活动的健康有序发展都具有积极意义。

律师表示：“现在群众体育赛事和活动越来越多，很多人还喜欢参加户外体育活动，文体设施、场地也在不断增加完善，有了‘自甘冒险’的明文规定，可以很大程度地打消运动者的顾虑，也可以保护体育活动举办方或者参与方免受讼累，使其在尽到安全保障义务前提下放心组织活动。同时风险自担也提醒运动者在参加体育活动时要注意自身安全，促进全民理性、积极地参加体育活动。”

资料来源：刘昕彤．运动损害由谁承担？中国体育报，2021-01-06.

时政热点

练习题

一、单选题

1. （　　）是新中国成立以来第一部以“法典”命名的法律，是新时代我国社会主义法治建设的重大成果。

A.《中华人民共和国刑法典》　　B.《中华人民共和国行政法典》

C.《中华人民共和国民法典》　　D.《中华人民共和国商法典》

2. 2020年5月28日，十三届全国人大三次会议表决通过了《中华人民共和国民法典》。自（　　）起施行。

A. 2021年1月1日　　B. 2020年10月1日

C. 2020年12月4日　　D. 2021年6月1日

3. 2020年5月28日，十三届全国人大三次会议表决通过了《中华人民共和国民法典》，自2021年1月1日起施行。这是我国第一部以“法典”命名的法律，全文共（　　）。

A. 7编1 260条　　B. 8编1 260条

C. 7编1 620条　　D. 8编1 260条

4. 2020年5月28日，十三届全国人大三次会议表决通过了《中华人民共和国民法典》。全文共7编，分别为（　　）。

A. 总则编、物权编、合同编、人格权编、婚姻家庭编、继承编、侵权责任编

B. 总则编、物权编、合同编、人格权编、婚姻家庭继承编、侵权责任编、附则编

C. 总则编、物权编、知识产权编、人格权编、婚姻家庭编、继承编、侵权责任编

D. 债权编、物权编、合同编、人格权编、婚姻家庭编、继承编、侵权责任编

5. 根据《民法典》新增的离婚冷静期的规定，自婚姻登记机关收到离婚登记申请之日起____日内，任何一方不愿意离婚的，可以向婚姻登记机关撤回离婚登记申请。前款规定期限届满后____日内，双方应当亲自到婚姻登记机关申请发给离婚证；未申请的，视为撤回离婚登记申请。（　　）

A. 30 30　　B. 30 60　　C. 60 30　　D. 60 60

6. 民法典姓“民”，集中反映了以人民为中心的法治理念，反映的是____的利益诉求，保障的是____的切身利益。（　　）

A. 人民 人民　　B. 国家 国家

C. 民族 民族　　D. 人民 国家

7.《民法典》第19条规定，（　　）周岁以上的未成年人为限制民事行为能力人，实施民事法律行为由其法定代理人代理或者经其法定代理人同意、追认；但是，可以独立实施纯获利益的民事法律行为或者与其年龄、智力相适应的民事法律行为。

A. 6　　B. 8　　C. 10　　D. 12

8. 民法典具有中国特色，将（　　）融入我国民事立法活动。

A. 公平公正　　B. 社会主义核心价值

C. 人格权　　D. 自愿原则

9. 因自愿实施紧急救助行为造成受助人损害的，救助人（　　）民事责任。

A. 承担　　B. 不止承担

C. 不承担　　D. 自愿承担

10.（　　）全国人大常委会法工委启动民法典编纂工作。

A. 2016年3月　　B. 2015年5月

C. 2015年3月　　D. 2016年5月

11.（　　）民法总则与民法典各分编草案合体而来的完整版民法典草案首次展现在世人眼前。

A. 2016年3月　　B. 2015年5月

C. 2019年12月　　D. 2019年5月

12. 党的（　　）全会做出关于全面推进依法治国若干重大问题的决定，其中对编纂《民法典》作出部署。

A. 十八届一中　　B. 十八届二中

C. 十八届三中　　D. 十八届四中

13.（　　）独立成编被认为是民法典的突出亮点和重大创新，将我国法律对人身自由、人格尊严的保护提升到新高度。

A. 肖像权　　B. 姓名权　　C. 人格权　　D. 继承权

14. 习近平总书记（　　）次主持中央政治局常委会会议，听取并原则同意全国人大常委会党组就民法典编纂工作所作的请示汇报，对民法典编纂工作作出重要指示，为民法典编纂工作提供了重要指导和基本遵循。

A. 一　　B. 二　　C. 三　　D. 四

15. 未成年人遭受性侵害的损害赔偿请求权的诉讼时效期间，自（　　）起计算。

A. 受害人受害时　　B. 受害人年满 18 周岁之日

C. 受害人年满 16 周岁之日　　D. 受害人起诉时

16. 离婚后，不满（　　）的子女，以由母亲直接抚养为原则。

A. 一周岁　　B. 两周岁　　C. 三周岁　　D. 四周岁

17. 只有（　　）的债务才可以算得上是夫妻共同债务。

A. 一方欠下的债务　　B. 共同签字、知晓

C. 一方签字　　D. 一方赌债

18. 手机一直响，都是垃圾电话和短信，侵犯了公民的（　　）。

A. 人格权　　B. 隐私权　　C. 通信权　　D. 政治权

19. 向人民法院请求保护民事权利的诉讼时效期间为（　　）。法律另有规定的，依照其规定。

A. 一年　　B. 二年　　C. 三年　　D. 四年

20. 民法典规定，不得非法收集、使用、加工、传输他人个人信息，不得（　　），不得处理他人的私密信息等。

A. 非法买卖

B. 非法提供

C. 非法公开他人个人信息

D. 非法买卖、提供或者公开他人个人信息

二、判断题

1. 民法典增加了离婚冷静期制度。（　　）

2. 民法典增加了规定居住权这一新型用益物权。（　　）

3. 民法典增加了录像等新的遗嘱形式。（　　）

4. 编纂民法典，不是制定全新的民事法律，而是对现行的民事法律规范进行编订。（　　）

5. 编纂民法典采取两步走的工作思路。（　　）

6. 老王乘坐高铁时霸占他人座位，还说我想坐哪儿就坐哪儿，你们能赶我下车吗？对于老王这种行为，法律没有明确规定。（　　）

7. 小明见到一个女孩被一群人围住殴打，于是见义勇为上前搭救，过程当中不慎造成女孩受伤，小明不需要承担民事责任。（　　）

8. 11岁的小强用妈妈的手机玩游戏，充值了一万元买装备，妈妈知道后很生气，她可以要求游戏平台返还这笔钱。（　　）

9. 民法典的颁布将推动中国特色社会主义社会健康发展。（　　）

10. 李老头找了两位见证人，在现场录了一段视频作为遗嘱，分配自己的财产，见证人也在视频中出了镜，这种形式的遗嘱是有效的。（　　）

11. 黄先生不幸去世，他的太太还在怀孕期，胎儿还未出生，胎儿没有继承黄先生遗产的权利。（　　）

12. 民法典对侵害英雄烈士等的姓名、肖像、名誉、荣誉等利益的保护，有利于弘扬社会正能量。（　　）

13. 业主如果不交物业费。物业可以停止供电、供水、供热、供燃气。（　　）

14.《中华人民共和国民法典》是一部体现时代特征、具有中国特色、反映人民意愿、科学严谨规范的民法典。（　　）

15. 民法典将数据、网络虚拟财产均纳入了法律保护范畴。（　　）

16. 违背他人意愿，以言语、文字、图像、肢体行为等方式对他人实施性骚扰的，受害人有权依法请求行为人承担民事责任。（　　）

17. 民事主体从事民事活动，应当有利于节约资源、保护生态环境。（　　）

18. 建筑物、构筑物或者其他设施倒塌、塌陷造成他人损害的，由建设单位与施工单位承担连带责任。（　　）

19. 民法典规定企业对涉及个人信息的数据收集应取得明确同意，同时遵循合法、正当、必要的原则。（　　）

20. 同一顺序继承人继承遗产的份额，一般应当均等。生活有特殊困难又缺乏劳动能力的继承人，分配遗产时，也不例外。（　　）

三、思考题

1.《中华人民共和国民法典》具有哪些鲜明的中国特色？

2. 为什么说“从摇篮到坟墓”，《中华人民共和国民法典》“罩着”我们一生？

第五章
决胜脱贫攻坚战 共享全面小康成果

★★★★★

贫困是人类社会的顽疾。反贫困始终是古今中外治国安邦的一件大事。一部中国史，就是一部中华民族同贫困作斗争的历史。从屈原“长太息以掩涕兮，哀民生之多艰”的感慨，到杜甫“安得广厦千万间，大庇天下寒士俱欢颜”的憧憬，再到孙中山“家给人足，四海之内无一夫不获其所”的夙愿，都反映了中华民族对摆脱贫困、丰衣足食的深深渴望。我们党从一开始就是为改变穷苦人民的命运而带领他们进行革命的，当年打土豪、分田地，开展农民运动都是为了穷苦百姓。为老百姓谋幸福，是我们党的初心。新中国成立以来，我们党带领人民持续向贫困宣战，这是我们党的重要使命。经过改革开放40多年的努力，我们使8亿多农村贫困人口成功脱贫，成为世界上减贫人口最多的国家，为实现全面小康打下坚实基础。

第一节 新时代脱贫攻坚意义重大

“5、4、3、2、1、0!”

2020年12月31日子夜，北京。

国务院扶贫办大楼前悬挂的“脱贫攻坚倒计时”电子牌前，人们齐声倒计时，随着数字归零，现场掌声一片，不少人湿了眼眶。

“2020年，全面建成小康社会取得伟大历史性成就，决战脱贫攻坚取得决定性胜利。”

习近平主席发表的新年贺词向全世界郑重宣告。

这是永载史册的伟大功绩——8年攻坚，现行标准下农村贫困人口全部脱贫，贫困县全部摘帽，近1亿贫困人口实现脱贫。

这是波澜壮阔的豪迈征程——奋斗百年，中国共产党人咬定青山，初心不忘，坚韧不拔，接续奋斗，全面小康路上一个也不能少。

一、打赢脱贫攻坚战是全面建设小康社会的必然要求

习近平总书记强调，全面建成小康社会强调的不仅是“小康”，更重要的也更难做到的是“全面”。“全面”既包含城市地区经济社会快速发展，也包括广大乡村地区摆脱贫困，实现长期、稳定、可持续发展。改革开放以来，我国大多数城市地区率先抓住机遇，实现经济社会快速发展，有条件、有能力进一步实现全面小康社会；而实现全面小康社会最艰巨最繁重的任务则是在农村地区，特别是贫困地区。这些贫困地区，既有生存条件比较恶劣的边疆地区，也有交通基础设施落后的革命老区，还有资源匮乏、信息闭塞的少数民族地区。长期以来，这些地区缺乏资源、缺少资金技术，经济基础薄弱，基础设施建设相对落后。长时间的经济贫困导致当地群众思想观念落后，个别地区存在一些“等靠要”的思想。党的十八大以来，以习近平同志为核心的党中央提出精准脱贫，坚持因人因地施策、因贫困原因施策、因贫困类型施策。只有找到需要真正扶持的“贫根”在哪里，才能对症下药、精准灌溉、靶向治疗，才能实现不同类型乡村地区的共同脱贫，才能确保实现全面小康社会的路上每一个乡村、每一户家庭、每一个人都不

掉队。小康不小康、关键看老乡。如期完成脱贫攻坚目标任务，是实现第一个百年目标、全面建成小康社会的标志性指标和底线任务。

二、打赢脱贫攻坚战是我们党做出的庄严承诺

全面建成小康社会，是中国共产党对中国人民的庄严承诺。习近平总书记深刻指出：反贫困是古今中外治国理政的一件大事。消除贫困、改善民生、逐步实现共同富裕，是社会主义的本质要求，是我们党的根本宗旨。到我们党成立 100 年时，如果还没有解决贫困人口脱贫问题，那党的宗旨怎么体现、我们的承诺怎么兑现呢？所以，抓好扶贫工作，打赢脱贫攻坚战，解决好贫困人口生产生活问题，满足贫困人口追求幸福的基本要求，这是我们的目标，也是我们的庄严承诺，是国内外皆知的庄严承诺。我们一定要如期兑现承诺。

为了这个庄严承诺，国家自上而下，层层压实责任，咬定目标、苦干实干；为兑现对人民的郑重承诺，290 多万扶贫干部奔赴脱贫一线，创造了中国摆脱贫困的显著奇迹。

三、打赢脱贫攻坚战是对社会主义制度优势的诠释

我国《宪法》明确规定，社会主义制度是中华人民共和国的根本制度。贫穷不是社会主义。决战决胜脱贫攻坚，是中国共产党对社会主义制度最有力的诠释和最有效的宣介。

（一）体现了共同富裕的本质要求

社会主义的本质是什么？邓小平一针见血地指出，社会主义的本质，是解放生产力，发展生产力，消灭剥削，消除两极分化，最终达到共同富裕。习近平总书记强调指出，消除贫困、改善民生、逐步实现共同富裕，是社会主义的本质要求，是我们党的重要使命。打赢脱贫攻坚战，是朝着共同富裕方向稳步前进必须坚决拔除的“钉子”和攻克的“堡垒”。

（二）体现了公平正义的价值追求

马克思主义认为，社会主义制度是比资本主义制度更公正、更公平、更先进、更科学的社会制度。促进社会公平正义、增进人民福祉，是中国共产党治国理政的重要价值取向。党的十八大明确提出，要在全体人民共同奋斗、经济社会发展的基础上，加紧建设对保障社会公平正义具有重大作用的制度，逐步建立以权利公平、机会公平、规则公

平为主要内容的社会公平保障体系，保证人民平等参与、平等发展权利。打赢脱贫攻坚战，就是要克服新冠肺炎疫情带来的新挑战，啃下硬骨头，确保宣布全面建成小康社会时，贫困地区人民群众一个也不少，同样学有所教、劳有所得、病有所医、老有所养、住有所居。

（三）体现了以人民为中心的发展思想

以人民为中心的发展思想，体现了党全心全意为人民服务的根本宗旨，体现了人民是推动发展的根本力量的唯物史观。习近平总书记要求全党把以人民为中心的发展思想体现在经济社会发展各个环节，做到老百姓关心什么、期盼什么，改革就要抓住什么、推进什么，通过改革给人民群众带来更多获得感；要求党的领导干部以人民忧乐为忧乐、以人民甘苦为甘苦，始终怀着强烈的忧民、爱民、为民、惠民之心，察民情、接地气，倾听群众呼声，反映群众诉求。打赢脱贫攻坚战，就是坚持人民主体地位，顺应人民群众对美好生活的向往，不断实现好、维护好、发展好最广大人民根本利益，做到发展为了人民、发展依靠人民、发展成果由人民共享，让贫困地区人民群众摆脱贫困，朝着全面建成小康社会快步前进。

四、打赢脱贫攻坚战是对中国减贫模式的守正和创新

新中国成立后，亿万人民翻身得解放，土地改革让3亿多农民获得土地，显示了根除长期以来致贫的制度优势。但由于生产低效，广大农村群众生活仍然艰难。改革开放后，中国脱贫攻坚逐年换挡提速，成功走出一条“以守正制度优势为标志、以解放和发展生产力为主线，以创新扶贫模式为手段、以贫困人口全部脱贫为目标”的中国特色减贫道路。

（一）壮大的经济实力为脱贫攻坚奠定了坚实基础

脱贫攻坚，发展是硬道理。改革开放40多年来，中国国内生产总值从不到4 000亿元增长到90万亿元，为打赢脱贫攻坚战奠定了坚实物质基础。1980年，中国政府设立“支援经济不发达地区发展资金”，财政扶贫开发正式起步，至1984年累计支出29.8亿元。1985至1993年，发布《关于帮助贫困地区尽快改变面貌的通知》，开发式扶贫迈上制度化轨道，中央财政累计安排扶贫资金201.27亿元，年均增长16.91%。1994至2000年，实施《国家八七扶贫攻坚计划》，中央财政累计安排财政扶贫资金531.81亿元，年均增长9.81%。2001—2010年，实施《中国农村扶贫开发纲要（2001—2010年）》，中央财政累计安排财政扶贫资金1 440.43亿元，年均增长9.4%。2011—2015年，中央财政累计安排财政专项扶贫资金1 898亿元，年均增长14.5%。

2015—2018 年，进入脱贫攻坚期，中央财政累计安排补助地方财政专项扶贫资金 3 044 亿元，2019 年安排中央专项扶贫资金 1 261 亿元。2020 年 3 月，财政部下达 2020 年中央财政专项扶贫资金 1 396.36 亿元，资金分配重点向“三区三州”和“三区三州”之外贫困人口多、贫困发生率高、脱贫难度大的深度贫困地区以及挂牌督战地区倾斜，同时，加大了对受新冠肺炎疫情影响较重地区、人口较多的易地扶贫搬迁集中安置区和贫困革命老区的支持力度。自 1980 年至 2020 年，中国政府共为扶贫投入财政资金 9 802.67亿元。

（二）独特的体制优势为脱贫攻坚打开了广阔前景

脱贫攻坚，全国一盘棋；全面小康，决胜在合力。在实践中摸索形成的联席推进、结对帮扶、产业带动、互学互助、社会参与的扶贫协作机制，成为脱贫攻坚的独特优势。基本做法是：在完善省际结对关系基础上，着力推动县与县精准对接和县以下结对帮扶探索，动员东部地区各界力量积极参与脱贫攻坚工作；加大产业带动扶贫工作力度，着力增强贫困地区自我发展能力；在产业合作、劳务协作、人才支援、资金支持等方面精准发力，既注重增加就业、拓宽合作领域，又加强对基层干部、致富带头人的培训，通过对症下药、靶向治疗，实现从输血式扶贫到造血式扶贫的深刻转变。实践证明，东西部扶贫协作和对口支援，是推动区域协调发展、协同发展、共同发展的大战略，是加强区域合作、优化产业布局、拓展对内对外开放新空间的大布局，是实现先富帮后富、最终实现共同富裕目标的大举措。

（三）完备的组织体系为脱贫攻坚提供了可靠保证

党的领导是脱贫攻坚最大的政治优势。完备的党组织体系是打赢脱贫攻坚战的可靠保证。坚持省市县乡村五级书记一起抓扶贫，层层签订责任书，严格落实责任制。脱贫攻坚任务重的省区市的党政一把手向中央签订脱贫攻坚责任书，落实政治责任。突出县级指挥部建设，强化县委在脱贫攻坚中摆布好、协调好方方面面工作的领导能力，练就造福一方的本领和才干。着力抓好以村党组织为核心的村级组织配套建设，真正把思想好、作风正、能力强、愿意为群众服务的优秀年轻干部、退伍军人、高校毕业生选派到贫困村工作，切实把基层党组织建设成带领群众脱贫致富的坚强战斗堡垒。向贫困村派出第一书记和驻村工作队，加强一线扶贫工作力量，做到每个贫困村都有驻村工作队、每个贫困户都有帮扶责任人，贫困人口建档立卡工作不落一户、不漏一人，把脱贫攻坚任务落实到“最后一公里”。

五、打赢脱贫攻坚战是对革命老区人民的崇敬和回馈

没有艰苦卓绝的革命斗争，就没有新中国的建立。中国人民没有“站起来”的扬眉

吐气，就没有“富起来”“强起来”的光荣与自豪。在奔向全面建成小康社会和实现中华民族伟大复兴中国梦的征程中，我们没有任何理由忘记那些在革命战争年代保护了革命火种、壮大了革命力量、作出了巨大牺牲的老区人民。

习近平总书记指出：革命老区是党和人民军队的根，我们不能忘记自己是从哪里来的，永远都要从革命历史中汲取智慧和力量。老区和老区人民，为我们党领导的中国革命作出了重大牺牲和贡献。这些牺牲和贡献永远镌刻在中国共产党、中国人民解放军、中华人民共和国的历史丰碑上。我们要永远珍惜、永远铭记老区和老区人民的这些牺牲和贡献，继承和发扬老区和老区人民的光荣传统，为实现“两个一百年”奋斗目标、实现中华民族伟大复兴的中国梦而不懈奋斗。党的十八大以来，习近平总书记多次前往贫困地区调研考察，从河北阜平到湖南花垣，从甘肃东乡到贵州遵义，从江西井冈山到安徽金寨，从宁夏固原到山西吕梁……几乎走遍了全国最贫困的地区，脚步从未停歇。决战决胜脱贫攻坚，就是要解决老区发展滞后、基础设施落后、人民生活水平不高等突出问题，帮助老区贫困人口脱贫致富。

但是，革命老区由于交通闭塞、资源禀赋较差、产业结构单一、基本公共服务能力不足，地质灾害突出频发、生态环境保护任务重，农户家庭经济基础差、受教育程度低等诸多原因，其经济发展相对落后，贫困情况较为突出。长期以来，革命老区的贫困问题，始终牵动着每一代党的领袖的心，成为党中央谋划发展的重大战略问题，也是压在各级党和政府肩头的千钧重负。党的十八大以来，以习近平同志为核心的党中央把精准脱贫列为三大攻坚战之一。习总书记强调：“我们实现第一个百年奋斗目标、全面建成小康社会，没有老区的全面小康，特别是没有老区贫困人口脱贫致富，那是不完整的。”

只要我们立下愚公移山之志，把责任扛在肩上，调动各方力量，形成强大合力，紧紧团结在以习近平同志为核心的党中央周围，锐意进取，精准发力，就一定能够打赢这场脱贫攻坚战，回馈革命老区人民的付出和牺牲。

六、打赢脱贫攻坚战是实现乡村振兴的先决条件

习近平总书记指出，打好脱贫攻坚战是实施乡村振兴战略的优先任务。从脱贫攻坚与乡村振兴的关系来看，脱贫攻坚的直接成效，影响贫困地区下一步如何做好乡村振兴工作；乡村振兴战略的实施，也能够为贫困地区群众实现长期、稳定的脱贫致富提供有效保障。脱贫攻坚的目的是确保广大贫困地区摆脱贫困，借助本土优势，发展乡村特色产业，解决就业、教育、看病等难题，走上乡村可持续发展道路。在此基础上，我们才能进一步做好乡村产业、乡风文明、生态宜居等各项工作，实施好乡村振兴战略。2020 年 4 月，习近平总书记在考察陕西时强调，“脱贫摘帽不是终点，而是新生活、新奋斗

的起点。接下来要做好乡村振兴这篇大文章，推动乡村产业、人才、文化、生态、组织等全面振兴”。能否如期完成脱贫攻坚目标任务，将会深刻影响我国乡村振兴战略的实施进程。因此，如期完成脱贫攻坚目标任务，对于实施乡村振兴战略具有重要的意义和价值。

七、打赢脱贫攻坚战是对世界脱贫贡献了中国模式和中国经验

改革开放 40 多年来特别是党的十八大以来，我国成功走出了一条中国特色扶贫开发道路，形成了中国特色脱贫攻坚制度体系，谱写了人类反贫困历史的崭新篇章，在扶贫脱贫领域取得的成就和经验，为全球减贫事业贡献了中国智慧和中国方案。

（一）脱贫成就为全球贫困治理作出了直接贡献

贫困和反贫困一直是全人类共同关注的重要问题。联合国发布的《2030 年可持续发展议程》把“在全世界消除一切形式的贫困”列为 17 项可持续发展目标之首。

改革开放 40 多年来，我国持续开展以农村扶贫开发为中心的减贫行动，在全国范围内开展有组织、有计划的大规模开发式扶贫。特别是党的十八大以来，我们党把贫困人口脱贫作为全面建成小康社会的底线任务和标志性指标，作出一系列重大部署，以前所未有的力度推进，扶贫开发进入脱贫攻坚新阶段，取得了举世瞩目的成就。从减贫速度上看，中国明显快于全球。目前，脱贫攻坚目标任务已经完成。从减贫数量上看，中国是世界上减贫人口最多的国家。改革开放 40 多年间，中国共减少贫困人口 8.5 亿多人，对全球减贫贡献率超 70%，创造了世界减贫史上的“中国奇迹”。中国在减贫领域所取得的巨大成就直接有力地推动了全球减贫事业的进程，坚定了全世界消除贫困的信心。

（二）精准扶贫为全球贫困治理提供了中国方案

贫困是一种世界现象。为此，西方学者对贫困问题进行了许多具有建设性的思考，以“涓滴理论”为例，认为贫困问题的解决主要依赖于社会经济发展水平的持续提高，即使没有社会政策的干预，经济发展的滴漏效应也会影响社会的贫困阶层，从而使得社会贫困问题随着经济发展而自然得到解决。由于这一理论仅从经济学的视角来思考贫困问题，使贫困人口常常处于被动接受状态，因此难以从根本上消除贫困、遏制返贫。如何脱贫？如何防止返贫？关于这些问题，中国给出了自己的方案。党的十八大以来，以习近平同志为核心的党中央基于反贫困问题的现状和特点，开出了“精准扶贫”的“药方”。精准扶贫方略不仅对中国减贫具有很强的针对性，而且对于国际贫困治理理论的创新，对于推动广大发展中国家加快摆脱贫困，都有重要的参考价值。

（三）“以人民为中心”的制度安排为全球贫困治理贡献了中国经验

古今中外，治国理政都绕不过“反贫困”这件大事，一个国家的经济繁荣具体体现在全体人民的民生改善上。消除贫困、改善民生、逐步实现共同富裕，是社会主义的本质要求，也是中国共产党人初心和使命的必然要求。习近平总书记在决战决胜脱贫攻坚座谈会上指出：“我们在脱贫攻坚领域取得了前所未有的成就，彰显了中国共产党领导和我国社会主义制度的政治优势。”

我们党的初心就是为人民谋幸福，党的十九大报告明确指出，“让贫困人口和贫困地区同全国一道进入全面小康社会是我们党的庄严承诺”。坚持以人民为中心的发展思想，不断保障和改善民生、增进人民福祉，走共同富裕道路，是我国国家制度和国家治理体系的显著优势之一。实践证明，中国共产党的领导是打赢脱贫攻坚战的根本保证，中国特色社会主义制度是打赢脱贫攻坚战的制度优势，系统完备、科学规范、运行有效的制度体系是打赢脱贫攻坚战的制度保障。“以人民为中心”的制度安排，为全球贫困治理贡献了中国经验。

第二节 实施精准扶贫 决战脱贫攻坚

一、精准扶贫的提出

新中国成立后，我国农村贫困治理大致历经了五个阶段。从新中国成立到改革开放前（1949 年至 1977 年）的贫困治理是以社会救济为主的时期；从改革开放初期，也就是 1978 年到 1985 年的贫困治理是以经济体制改革或者制度改革为主的推动扶贫时期；从 1986 年到 1993 年这一阶段是我国贫困治理逐步走向规范化、专门化、制度化时期；从 1994 年到 2012 年我国的贫困治理是以开发式扶贫为主的时期；2013 年至今是精准扶贫、扶贫攻坚，决胜全面建成小康社会的“最后一公里”的关键时期。

党的十八大以后，我国扶贫工作正式进入啃硬骨头的攻坚阶段，越是“最后一公里”越是任务艰巨，也越能考验我们党的执政能力和执政水平。我们党发现这一阶段还存在瞄准贫困户的帮扶机制需要进一步完善，扶贫攻坚工作还存在一定程度的“大水漫灌”不精准现象。为此，习近平总书记在充分调查研究的基础上，2013 年首次提出“精准扶贫”重要思想。精准扶贫要在共同富裕原则的指导下，实事求是、因地制宜。

切忌喊口号，也不要定好高骛远的目标，为新时代农村贫困治理指明了方向。紧接着，中央办公厅和国务院印发《关于创新机制扎实推进农村扶贫开发工作的意见》，明确要求建立精准扶贫工作机制，同时积极推进“五个一批”工程。2015年，中共中央、国务院颁布《关于打赢脱贫攻坚战的决定》，要求切实解决在精准扶贫和脱贫攻坚中思想认识不到位、体制机制不健全、工作措施不落实等突出问题。精准扶贫理念提出后，我国在脱贫攻坚的理论和实践上取得举世瞩目的伟大成就，为世界反贫困提供了中国智慧。

二、精准扶贫的内涵

精准扶贫重在“精准”，它是针对粗放扶贫而言的，其内涵在逐步深化、扩展。习总书记2012年底到河北阜平老区考察时，关于扶贫工作，他讲不要用“手榴弹炸跳蚤”。到了2013年10月，习总书记到湖南湘西考察时，首次提出了“精准扶贫”概念。

习总书记在贵州又讲了六个精准，越往后内涵越丰富，可操作性越强。理解“精准扶贫”要义，就是“对症下药，药到病除”。总结起来，就是：六个精准、五个一批，解决四个问题。

（一）六个精准

可以从扶贫对象精准、项目安排精准、资金使用精准、措施到户精准、因村派人精准、脱贫成效精准六个方面来进行概括。

1. 扶贫对象精准是前提

扶贫对象精准，首先需要国家的工作人员拥有一双慧眼，体现在哪儿呢？首先体现在精准识别扶贫对象，要结合国家扶贫标准线以及当地经济发展的现状，制定科学有效的识别程序，找出贫困群体中真正需要扶持的对象，然后区分贫困深度的差异。当然，除了精准识别扶贫对象外，还要对贫困地区扶贫开发条件以及扶贫开发项目进行识别。

2. 项目安排精准是基础

选择和安排什么样的扶贫项目要因人因地施策，因贫困原因施策，因贫困类型施策，做到真正的对症下药。例如，在经济发展基础较差，但具有一定发展条件的贫困地区，我们可以扶持生产和就业，同时切实为当地经济发展提供动能，激发群众脱贫致富的积极性和造血功能。河南社旗县结合产业优势，确定“蔬菜、中药材、林果（构树）”三大扶贫产业，把打造县级扶贫产业基地作为工作重点，打破地域限制，集全县所有乡镇（街道）力量，在产业基地规划区域内流转土地、招商引资、集中打造，发展成果各乡镇共享。眼下，全县已建成种德蔬菜、仲景艾草、天易农构乡等11个县级扶贫产业基地，实现了扶贫产业的突破性发展。目前，全县扶贫产业面积超过20万亩，带动贫困户 57 423 户次。

3. 资金使用精准是关键

“好钢要用到刀刃上”，具体到扶贫资金投入使用的渠道和效率。第一个层次要解决贫困人口的生存问题，也就是“两不愁，三保障”；第二个层次要解决发展条件的问题，投入基础设施建设，为发展产业增收致富打好基础；第三个层次要解决发展增收问题，投入具体产业，层层递进，实现脱贫目标。

4. 措施到户精准是核心

制定扶贫措施必须深入分析贫困工作中存在的问题，根据贫困村户的实际需求，制定有针对性的差异化帮扶策略。例如，在现实中要精准实施“五个一批”扶贫攻坚行动计划，通过扶持生产和就业发展一批，移民搬迁安置一批，低保政策兜底一批，医疗救助扶持一批，灾后重建帮扶一批，推动贫困群众限期脱贫，精准脱贫。

5. 因村派人精准是保障

俗话说，“要想跑得快，全靠车头带”，贫困人口脱贫致富，关键是要有好的领导班子和领头人。各地各部门都对精准扶贫制定了明确的目标时间表和路线图，关键在于落实，而落实的关键在干部。

从精准扶贫工作的推行过程来看，国家选派干部非常具有针对性。例如，针对扶贫移民村，重点选派的是国土、住建、规划等系统的干部；针对基础设施薄弱的村庄，重点选派的是交通、水利、财政等系统的干部，力求“专人干专事”，最大限度地发挥干部的作用。

6. 脱贫成效精准是目标

脱贫成效是检验精准扶贫实践的唯一标准，因此，脱贫攻坚必须一步一个脚印，稳扎稳打，确保各项扶贫政策措施落到实处，最终取得全面胜利，因为这是人民的期望，更是国家对人民的承诺。

（二）五个一批

五个一批即发展生产脱贫一批、易地搬迁脱贫一批、生态补偿脱贫一批、发展教育脱贫一批、社会保障兜底一批。此外，还有就业扶贫、健康扶贫、资产收益扶贫、基础设施扶贫、公共服务扶贫等，坚持因地因人制宜，缺什么就补什么，能干什么就干什么，扶到点上，扶到根上。具体措施包括：

1. 多渠道实施产业扶贫

大力培育和发展贫困地区特色优势产业，有产业基础的做大，有发展潜力的培育，一大批对贫困户增收带动作用明显的特色产业快速发展。

创新实施扶贫小额信贷政策，为支持贫困户发展生产，提供“5 万元以下、3 年以内、免抵押免担保、基准利率放贷、扶贫资金贴息、县建风险基金”的扶贫小额信贷，破解了贫困户贷款难、贷款贵问题，增强了贫困群众市场意识和信用意识，组织各地建立健全产业扶贫带贫机制。目前，全国 832 个贫困县平均每县有 17 家市级以上龙头企业，12.8 万个贫困村平均每村有 2 个合作社，全国超过 2/3 的贫困户有新型经营主体带动。

培育贫困村创业致富带头人，组织开展带头人培育工作，推广“两个带头人”“1＋11培育模式”等试点经验。全国共遴选贫困村创业致富带头人近 30 万人，培训 17 万人次，领办、创办带贫经营主体超过 12 万个，带动近 215 万贫困人口参与入股、就业，平均每个项目带贫约 18 人。

实施乡村旅游扶贫，我国现有近 1 400 个 5A 和 4A 级旅游风景名胜区，60％以上分布在贫困地区，70％以上的景区周边分布着大量贫困村。在 2.26 万个贫困村推行旅游扶贫，推广“两带四起来”模式，即景区带动贫困村，能人带动贫困户，把老百姓组织动员起来，把利益联结机制建立起来，把穷人带动起来，把文化弘扬起来。

实施光伏扶贫，在试点基础上，在全国 27 个省（区、市）、1 400 多个县建设了 7 万多个村级光伏扶贫电站，产权和收益归村集体所有，通过公益岗位扶贫、小型公益事业扶贫、小微奖励补助扶贫等，引导贫困群众通过劳动增收。实施电商扶贫，累计支持 1 231 个县开展电子商务进农村综合示范工作，帮助贫困群众解决农产品“卖难”问题。

2. 构建综合性就业扶贫措施体系

加强劳务协作，组织贫困劳动力转移就业。全国建档立卡贫困人口中，有近 2 380 万贫困劳动力外出务工。其中，跨省务工近 960 万人，县外省内务工超 420 万人，县内务工近 1 000 万人。指导各地充分利用贫困村集体闲置土地、废弃的学校、外出务工人员闲置房屋庭院等，采取以奖代补或利用财政资金、对口帮扶资金、企业个人捐资的方式，新建、改建扶贫车间，主要从事劳动密集型的来料加工业和手工编织、民族手工艺品生产等，帮助贫困弱劳力、半劳力在家门口就业增收。对贫困家庭子女接受职业教育给予 3 000 元左右补助，组织贫困家庭“两后生”（指初、高中毕业未能继续升学的贫困家庭中的富余劳动力）接受职业教育，掌握就业技能。

3. 科学推进易地搬迁扶贫

一是确定搬迁范围。“十三五”期间，国家对“一方水土养活不了一方人”的地方易地搬迁 1 000 万左右贫困人口，同步搬迁（指不在易地搬迁政策内，但自愿一同搬迁的人口）近 500 万人。二是筹集建设资金。国家按照人均 6 万元标准，通过中央预算内投资、地方政府债务、专项建设基金、低成本长期贷款等方式筹集 6 000 亿元专项资金用于易地搬迁扶贫工作。三是完成建设任务。确定人均 25 平方米住房建设标准，指导各地因地制宜选择搬迁安置方式。目前，全国易地搬迁扶贫建设任务基本完成，西藏“三岩”片区（西藏贡觉县三岩和四川白玉县山岩乡等地）跨市整体搬迁已全面完成，高山搬迁已经开始。四是做好后续帮扶工作。强化产业就业帮扶，完善安置区公共服务设施，加强社区融入工作，确保搬得出、稳得住、逐步能致富。

4. 大力实施教育、健康扶贫

在教育扶贫方面，狠抓控辍保学，全国贫困家庭适龄子女辍学人数减少到5.7万人。全面落实义务教育“两免一补”政策，实施农村义务教育学生营养改善计划，覆盖学校约14万所，受益学生总数3 700多万人。实施义务教育薄弱环节改善与能力提升工作，加强乡镇寄宿制学校和乡村小规模学校建设。深入推进乡村教师支持计划，扩大特岗计划（即公开招聘高校毕业生到“两基”攻坚县农村义务教育阶段学校任教）和银龄讲学计划（即面向社会公开招募一批优秀退休校长、教研员、特级教师、高级教师等到农村义务教育学校讲学）规模，国培计划覆盖304个深度贫困县。实施贫困地区定向招生专项计划，累计招生47.4万人。在健康扶贫方面，落实倾斜性医疗保障政策，城乡居民基本医疗保险基本实现贫困人口全覆盖，贫困人口住院费用报销比例达到90%左右。实施健康扶贫“三个一批”行动计划，大病集中救治一批，慢病签约管理一批，重病兜底保障一批，累计有1 500多万贫困大病患者和慢性病患者得到基本救治和管理服务。开展三级医院和贫困县医院结对帮扶，帮助提高临床服务能力。

5. 有效开展危房改造，着力解决饮水安全问题

对建档立卡贫困户、低保户、五保户和贫困残疾人家庭四类对象进行危房改造，户均补助资金1.4万元，累计对733万建档立卡贫困户危房进行改造。围绕贫困人口有水喝、饮水安全达到当地农村饮水安全评价标准的目标着力解决饮水安全问题。2020年8月21日，水利部相关负责人介绍我国农村饮水安全脱贫攻坚有关情况：自2006年以来，经过各地艰苦努力，全国共提升了2.56亿农村人口供水保障水平，解决了1 710万贫困人口饮水安全问题。按照现行标准，我国贫困人口饮水安全问题得到全面解决。

6. 创新生态扶贫模式

大力推进生态环境治理，设立生态护林员。2016年以来，国家已累计安排中央资金140亿元、地方资金27亿元，在贫困地区选聘近100万名建档立卡贫困人口担任生态护林员。组建造林扶贫合作社，全国共组建2.1万个生态建设扶贫专业合作社，吸纳120万贫困人口参与生态保护工程建设。推进贫困地区退耕还林还草，党的十八大以来，累计退耕还林还草6 000万亩。

7. 有序实施低保兜底

一是提高低保补助标准，全国所有县（市、区）农村低保标准全部达到或超过国家扶贫标准。二是建立数据定期比对机制，定期开展建档立卡和低保对象数据比对，目前共有1 863万贫困人口享受低保或特困人员救助政策。三是保障特困群体基本生活，对未脱贫建档立卡贫困户中靠家庭供养且无法单独立户的重度残疾人、重病患者等完全丧

失劳动能力和部分丧失劳动能力的贫困人口，经个人申请，可参照单人户纳入农村低保范围。

（三）解决四个问题

即解决好“扶持谁”“谁来扶”“怎么扶”“如何退”4个重要问题。

1. 扶持谁

截至2014年底，全国仍有7 000多万农村贫困人口。习近平总书记指出，要坚持精准扶贫、精准脱贫，重在提高脱贫攻坚成效。关键是要找准路子、构建好的体制机制，在精准施策上出实招、在精准推进上下实功、在精准落地上见实效。为此，他强调，要解决好“扶持谁”的问题，确保把真正的贫困人口弄清楚，把贫困人口、贫困程度、致贫原因等搞清楚，以便做到因户施策、因人施策。精准扶贫是为了精准脱贫。要设定时间表，实现有序退出，既要防止拖延病，又要防止急躁症。要留出缓冲期，在一定时间内实行摘帽不摘政策。要实行严格评估，按照摘帽标准验收。要实行逐户销号，做到脱贫到人，脱没脱贫要同群众一起算账，要群众认账。

具体而言，要分类扶持贫困家庭：对有劳动能力的支持发展特色产业和转移就业，对“一方水土养不起一方人”的实施扶贫搬迁，对生态特别重要和脆弱的实行生态保护扶贫，对丧失劳动能力的实施兜底性保障政策，对因病致贫的提供医疗救助保障。实行低保政策和扶贫政策衔接，对贫困人口应保尽保。

2. 谁来扶

解决好“谁来扶”的问题，要加快形成中央统筹、省（自治区、直辖市）负总责、市（地）县抓落实的扶贫开发工作机制，做到分工明确、责任清晰、任务到人、考核到位。由此，我国形成了省市县乡村五级书记抓扶贫的上下贯通的组织体系、严密有力的责任体系。各级党组织负责人亲自抓、亲自部署，带头蹲点调研、带头检查督办。班子成员切实履行好分管领域的监督、管理、指导职责。县、乡镇党委班子成员定期深入所包村现场办公，指导工作。各级干部尤其是“第一书记”、驻村干部，把精准扶贫作为重点工作，用帮扶实效说话，不脱贫不脱钩。精准识别干部，锻造精准脱贫“主力军”。

3. 怎么扶

明确了“扶持谁”和“谁来扶”，还需要解决好“怎么扶”的问题。习近平总书记强调，要解决好“怎么扶”的问题，按照贫困地区和贫困人口的具体情况，实施“五个一批”工程。一是发展生产脱贫一批，引导和支持所有有劳动能力的人依靠自己的双手开创美好明天，立足当地资源，实现就地脱贫。二是易地搬迁脱贫一批，贫困人口很难实现就地脱贫的要实施易地搬迁，按规划、分年度、有计划组织实施，确保搬得出、稳得住、能致富。三是生态补偿脱贫一批，加大贫困地区生态保护修复力度，增加重点生态功能区转移支付，扩大政策实施范围，让有劳动能力的贫困人口就地转成护林员等生态保护人员。四是发展教育脱贫一批，治贫先治愚，扶贫先扶智，国家教育经费要继续向贫困地区倾斜、向基础教育倾斜、向职业教育倾斜，帮助贫困地区改善办学条件，对农村贫困家庭幼儿特别是留守儿童给予特殊关爱。五是社会保障兜底一批，对贫困人口中完全或部分丧失劳动能力的人，由社会保障来兜底，统筹协调农村扶贫标准和农村低保标准，加大其他形式的社会救助力度。要加强医疗保险和医疗救助，新型农村合作医疗和大病保险政策要对贫困人口倾斜。要高度重视革命老区脱贫攻坚工作。

4. 如何退

一是贫困人口退出。贫困人口退出以户为单位，主要衡量标准是该户年人均纯收入稳定超过国家扶贫标准且吃穿不愁，义务教育、基本医疗、住房安全有保障。二是贫困户退出。贫困户退出由村“两委”组织民主评议后提出，经村“两委”和驻村工作队核实、拟退出贫困户认可，在村内公示无异议后，公告退出，并在建档立卡贫困人口中销号。三是贫困村退出。贫困村退出以贫困发生率为主要衡量标准，统筹考虑村内基础设施、基本公共服务、产业发展、集体经济收入等综合因素。原则上，贫困村贫困发生率降至2%以下（西部地区降至3%以下），在乡镇内公示无异议后，公告退出。四是贫困县退出。贫困县包括国家扶贫开发工作重点县和集中连片特困地区县。贫困县退出以贫困发生率为主要衡量标准。原则上，贫困县贫困发生率降至2%以下（西部地区降至3%以下），由县级扶贫开发领导小组提出退出，市级扶贫开发领导小组初审，省级扶贫开发领导小组核查，确定退出名单后向社会公示征求意见。公示无异议的，由各省（自治区、直辖市）扶贫开发领导小组审定后向国务院扶贫开发领导小组报告。国务院扶贫开发领导小组组织中央和国家机关有关部门及相关力量对地方退出情况进行专项评估检查。对不符合条件或未完整履行退出程序的，责成相关地方进行核查处理。对符合退出条件的贫困县，由省级政府正式批准退出。

总之，在精准扶贫精准脱贫思想指导下，我国逐步形成和完善了自上而下与自下而上相结合的精准识别机制，对国际减贫方法的完善具有积极意义。此外，精准扶贫精准脱贫基本方略不仅强调中国共产党领导的政治优势和社会主义制度集中力量办大事的制度优势，也强调发挥脱贫主体的能动性，“智”“志”双扶，从而激发脱贫内生动力。其中包含的内源式扶贫、合力扶贫、制度扶贫等理论及实践，为国际贫困治理理论创新提供了借鉴，对推动广大发展中国家加快摆脱贫困进程，具有重要作用。

第三节 接续脱贫攻坚 跃向乡村振兴

“今天，我们隆重召开大会，庄严宣告，经过全党全国各族人民共同努力，在迎来中国共产党成立一百周年的重要时刻，我国脱贫攻坚战取得了全面胜利，现行标准下9 899万农村贫困人口全部脱贫，832 个贫困县全部摘帽，12.8 万个贫困村全部出列，区域性整体贫困得到解决，完成了消除绝对贫困的艰巨任务，创造了又一个彪炳史册的人间奇迹！这是中国人民的伟大光荣，是中国共产党的伟大光荣，是中华民族的伟大光荣！”2021 年 2 月 25 日，习近平总书记在全国脱贫攻坚总结表彰大会上的讲话中庄严宣告。

对于一个 14 亿人口的大国来说，困扰千百年的绝对贫困问题历史性地化解，这是亘古未有的壮举，也是人类减贫史上的奇迹！

党的十八大以来，习近平总书记站在全面建成小康社会、实现中华民族伟大复兴中国梦的战略高度，把脱贫攻坚摆在治国理政突出位置，提出一系列新思想、新观点，作出一系列新决策、新部署，推动中国减贫事业取得巨大成就，对世界减贫进程作出了重大贡献。

六盘山区、秦巴山区、武陵山区、乌蒙山区、大别山区……习近平总书记倾注精力最多的是扶贫工作，考察调研最多的是贫困地区。总书记的不倦足迹，深深印刻在 14 个集中连片特困地区的山山水水；总书记的殷殷之情，深深温暖着每一名贫困群众的心窝。

“扶贫始终是我工作的一个重要内容，我花的精力最多”“脱贫攻坚是我心里最牵挂的一件大事”“我最牵挂的还是困难群众”……习近平总书记饱含深情的话语，映照出人民领袖对人民的赤子之心，彰显着百年大党的使命与担当！

脱贫攻坚的重大胜利，为实现第一个百年奋斗目标打下坚实基础，极大增强了人民群众获得感、幸福感、安全感，彻底改变了贫困地区的面貌，改善了生产生活条件，提高了群众生活质量，“两不愁三保障”全面实现。

脱贫摘帽不是终点，而是新生活、新奋斗的起点。“我们还要咬定青山不放松，脚踏实地加油干，努力绘就乡村振兴的壮美画卷，朝着共同富裕的目标稳步前行。”

一、脱贫攻坚取得决定性胜利

（一）区域性整体贫困基本解决

85 年前，贵州遵义这个地方是中国革命的转折之地，如今，在脱贫攻坚的“新长征”上，遵义交出了令人骄傲的答卷。2020 年 3 月 3 日，遵义的深度贫困县正安脱贫摘帽，这标志着遵义实现整体脱贫，812 万老区人民撕掉了绝对贫困的标签。如今的遵义，站在了全新的历史起点。遵义的脱贫成就，是我们脱贫攻坚成就的一个缩影。

如今，全国 832 个贫困县中已全部摘帽。全国易地扶贫搬迁建设任务完成，区域性整体贫困得到解决。

（二）精准帮扶落地见效

习总书记讲过，以前我们扶贫，没有具体落实到人头上。要问谁是贫困户，大多是说不准的。现在我们一定要摸清人口底数，建档立卡，“把贫困人口、贫困程度、致贫原因等搞清楚，以便做到因户施策、因人施策”，这就要精准扶贫。精准扶贫要做到“六个精准”，实施“五个一批”，解决“四个问题”。做到扶持对象精准、项目安排精准、资金使用精准、措施到户精准、因村派人精准、脱贫成效精准，这是精准扶贫的基本要求；实施“五个一批”，即发展生产脱贫一批、易地搬迁脱贫一批、生态补偿脱贫一批、发展教育脱贫一批、社会保障兜底一批，这是精准扶贫的实现途径；解决好扶持谁、谁来扶、怎么扶、如何退“四个问题”，这是精准扶贫的关键环节。

例如，河南叶县有 90 万人口、120 个贫困村，为贯彻落实中央的精准扶贫，2015 年贫困村全部入驻了第一书记和驻村工作队。精准识别扶贫对象，是精准扶贫工作的前提。在精准识别中，县里工作队严格按照“一进二看三算四比五议六定”工作法。“一进”是进户摸底；“二看”是看房子和设施，对有轿车的、高档家电的要慎重识别；“三算”要算出农民人均纯收入，算出支出账，算清明白账；“四比”就是和左邻右舍比生活，家中有财政供养的、有担任村干部的、有法人股东的、在城里有房的都不得识别；“五议”就是对照标准，综合考量，逐户评议，被推荐的扶贫对象，要获得大多数村民认可；“六定”则是被正式确定为扶贫对象的，由村两委会确定、乡镇党委政府核定。经过认真复核，叶县共识别退出不符合条件的贫困户 4 020 户、14 368 人，新进入符合条件的贫困户 2 188 户、7 484 人。除此之外，采用多种措施精准扶贫。打出贫困村互助资金、整村推进、“雨露计划”、移民搬迁、小额信贷、到户增收、科技项目扶持的脱贫攻坚“组合拳”。2017 年叶县被国务院扶贫办确定为全国创建国家健康扶贫工程示范县，2019 年 5 月摘掉了贫困县的帽子。

（三）脱贫地区经济社会发展迅速

贫困地区发展步伐显著加快，经济实力不断增强，基础设施建设突飞猛进，社会事业长足进步，行路难、吃水难、用电难、通信难、上学难、就医难等问题得到历史性解决。义务教育阶段建档立卡贫困家庭辍学学生实现动态清零。具备条件的乡镇和建制村全部通硬化路、通客车、通邮路。新改建农村公路 110 万千米，新增铁路里程 3.5 万千米。贫困地区农网供电可靠率达到 99%，大电网覆盖范围内贫困村通动力电比例达到 100%，贫困村通光纤和 4G 比例均超过 98%。790 万户、2 568 万贫困群众的危房得到改造，累计建成集中安置区 3.5 万个、安置住房 266 万套，960 多万人“挪穷窝”，摆脱了闭塞和落后，搬入了新家园。许多乡亲告别溜索桥，天堑变成了通途，告别苦咸水、喝上了清洁水，告别四面漏风的泥草屋、住上了宽敞明亮的砖瓦房。千百万贫困家庭的孩子享受到更公平的教育机会，孩子们告别了天天跋山涉水上学，实现了住学校、吃食堂。28 个人口较少民族全部整族脱贫，一些新中国成立后“一步跨千年”进入社会主义社会的“直过民族”，又实现了从贫穷落后到全面小康的第二次历史性跨越。所有深度贫困地区的最后堡垒被全部攻克。脱贫地区处处呈现山乡巨变、山河锦绣的时代画卷！

（四）党群干群关系明显改善

全国共派出 25.5 万个驻村工作队，累计选派 300 多万名县级以上干部到贫困村和软弱涣散村担任第一书记或驻村干部。党群干群关系明显改善，党在农村的执政基础更加牢固。各级党组织和广大共产党员坚决响应党中央号召，以热血赴使命、以行动践诺言，在脱贫攻坚这个没有硝烟的战场上呕心沥血、建功立业。广大扶贫干部舍小家为大家，同贫困群众结对子、认亲戚，常年加班加点、任劳任怨，困难面前豁得出，关键时候顶得上，把心血和汗水洒遍千山万水、千家万户。他们爬过最高的山，走过最险的路，去过最偏远的村寨，住过最穷的人家，哪里有需要，他们就战斗在哪里。有的村干部说：“只要我还干得动，我就永远为村里的老百姓做事！带上我们村的老百姓，过上更美好的生活。”“我是一个共产党员，我必须带领群众，拔掉老百姓的穷根。”基层党组织充分发挥战斗堡垒作用，在抓党建促脱贫中得到锻造，凝聚力、战斗力不断增强，基层治理能力明显提升。贫困地区广大群众听党话、感党恩、跟党走，都说“党员带头上、我们跟着干、脱贫有盼头”“我们爱挂国旗，因为国旗最吉祥”“吃水不忘挖井人，脱贫不忘共产党”，党群关系、干群关系得到极大巩固和发展。

（五）中国减贫方案和减贫成就得到国际社会普遍认可

2020 年脱贫攻坚任务完成，我国有 1 亿左右贫困人口实现脱贫，提前 10 年实现联合国 2030 年可持续发展议程的减贫目标，世界上没有哪一个国家能在这么短的时间内帮助这么多人脱贫，这对中国和世界都具有重大意义。

在摆脱贫困的历程中，中国曾得到世界的帮助。随着中国的贫困人口大幅减少，我们也在总结经验，及时与国际共享。如今，中国正处在参与全球减贫事业的良好机遇期，中国的有效参与，不仅能为全球贫困治理领域带来更多发展中国家的声音，也会使中国自身的发展引入更加深远的战略考量。从地缘政治来看，中国为全球减贫事业贡献力量，有助于更多更好地集聚国际友善力量，增进和改善周边战略节点国家或区域的关系，还有助于在新的义利观指引下，形成以命运共同体、利益共同体、责任共同体、情感共同体为支撑的新的关系模式。从国家利益来看，中国全方位参与全球贫困治理，有利于在国家使命与经济目标的双重激励下，增强各种策略有效互动，以更好地探索符合本国国情与利益的扶贫减贫发展道路，进而推动中国关于包容性发展的主张产生世界性的影响，甚至转化为区域及全球层面的政策框架、制度安排。

减贫是人类社会的共同事业。习近平总书记指出：世界各国联系紧密、利益交融，要互通有无、优势互补，在追求本国利益时兼顾他国合理关切，在谋求自身发展中促进各国共同发展，不断扩大共同利益汇合点。强调为共建一个没有贫困、共同发展的人类命运共同体而不懈奋斗，彰显出中国共产党人的宽广视野和博大胸怀。中国作为发展中大国，在习近平新时代中国特色社会主义思想指引下，强调知行合一。从受援国到援助国，从贫穷落后到减贫模范，中国的巨大成功和在减贫方面所取得的骄人业绩，已经并将继续对全球产生积极的“溢出效应”。中国践行“共商共建共享”全球治理理念，为包括广大发展中国家在内的国际社会，提供及时有效、丰富多样的全球公共产品；中国倡导的“一带一路”建设，更是为了沿线发展中国家的共同发展和共同富裕。

二、脱贫攻坚结硕果 乡村振兴再起航

2021 年 2 月 21 日，《中共中央国务院关于全面推进乡村振兴加快农业农村现代化的意见》（即 2021 年中央一号文件）发布，文件指出：脱贫攻坚目标任务完成后，对摆脱贫困的县，从脱贫之日起设立 5 年过渡期，做到扶上马送一程。过渡期内保持现有主要帮扶政策总体稳定，并逐项分类优化调整，合理把握节奏、力度和时限，逐步实现由集中资源支持脱贫攻坚向全面推进乡村振兴平稳过渡，推动“三农”工作重心历史性转移。抓紧出台各项政策完善优化的具体实施办法，确保工作不留空当、政策不留空白。

（一）脱贫攻坚为乡村振兴打下坚实基础

脱贫攻坚为乡村振兴提供了人才支持。扶贫过程中打造了千千万万个坚强的农村基层党组织，培养了千千万万名优秀的农村基层干部，这为乡村振兴战略提供了众多的组

织支持。在扶贫攻坚战中，数百万工作队员奋战脱贫一线，和贫困户、乡亲们结成了“亲戚”；上下级、各部门抓脱贫、东西部协作对口帮扶，形成了全社会帮扶大格局。为实施乡村振兴战略提供了重要机制保障、组织保障、作风保障。

打好脱贫攻坚战是实施乡村振兴战略的优先任务。乡村振兴从来不是另起炉灶，而是在脱贫攻坚的基础上推进。确保全面建成小康社会不落一户，首先要增强乡村振兴与脱贫攻坚融合推进的意识。乡村振兴战略和打好精准脱贫攻坚战不能单一进行，必须协调推进；不能孤立地干，而要统筹起来做。两项工作融合推进，就是要确保农业农村发展少走弯路，不搞重复建设，尽可能减少资源浪费。在推进精准扶贫工作过程中不能好高骛远，而要脚踏实地地为乡村振兴做打基础、利长远的实事。

（二）脱贫攻坚同乡村振兴有效衔接的方向

中央一号文件从“持续巩固拓展脱贫攻坚成果”“接续推进脱贫地区乡村振兴”“加强农村低收入人口常态化帮扶”三个方面提出了做好脱贫攻坚同乡村振兴有效衔接的方向。

持续巩固拓展脱贫攻坚成果。健全防止返贫动态监测和帮扶机制，对易返贫致贫人口及时发现、及时帮扶，守住防止规模性返贫底线。以大中型集中安置区为重点，扎实做好易地搬迁后续帮扶工作，持续加大就业和产业扶持力度，继续完善安置区配套基础设施、产业园区配套设施、公共服务设施，切实提升社区治理能力。加强扶贫项目资产管理和监督。

接续推进脱贫地区乡村振兴。实施脱贫地区特色种养业提升行动，广泛开展农产品产销对接活动，深化拓展消费帮扶。持续做好有组织劳务输出工作。统筹用好公益岗位，对符合条件的就业困难人员进行就业援助。在农业农村基础设施建设领域推广以工代赈方式，吸纳更多脱贫人口和低收入人口就地就近就业。在脱贫地区重点建设一批区域性和跨区域重大基础设施工程。加大对脱贫县乡村振兴支持力度。在西部地区脱贫县中确定一批国家乡村振兴重点帮扶县集中支持。支持各地自主选择部分脱贫县作为乡村振兴重点帮扶县。坚持和完善东西部协作和对口支援、社会力量参与帮扶等机制。

加强农村低收入人口常态化帮扶。开展农村低收入人口动态监测，实行分层分类帮扶。对有劳动能力的农村低收入人口，坚持开发式帮扶，帮助其提高内生发展能力，发展产业、参与就业，依靠双手勤劳致富。对脱贫人口中丧失劳动能力且无法通过产业就业获得稳定收入的人口，以现有社会保障体系为基础，按规定纳入农村低保或特困人员救助供养范围，并按困难类型及时给予专项救助、临时救助。

“全面建成小康社会，实现第一个百年奋斗目标，在中国共产党奋斗史、新中国发展史、中华民族文明史上都具有里程碑意义。同时，我们必须认识到，这只是我们迈向中华民族伟大复兴的关键一步，我们决不能骄傲自满、止步不前，要继续谦虚谨慎、戒骄戒躁，继续艰苦奋斗、锐意进取，为实现第二个百年奋斗目标、实现中华民族伟大复兴而奋力拼搏，为人类和平与发展的崇高事业不断作出新的更大贡献！”

征途漫漫，唯有奋斗。我们通过奋斗，披荆斩棘，走过了万水千山。我们还要继续奋斗，勇往直前，创造更加灿烂的辉煌！

拓展阅读

习近平总书记提出“精准扶贫”

2013 年 11 月 3 日，习近平总书记来到湘西土家族苗族自治州花垣县排碧乡十八洞村，同村干部和村民代表围坐在一起，亲切地拉家常、话发展，在这里他首次提出“精准扶贫”。习近平总书记表示，扶贫要实事求是，因地制宜。要精准扶贫，切忌喊口号，也不要定好高骛远的目标。

“让几千万农村贫困人口生活好起来，是我心中的牵挂。”习近平总书记多次对精准扶贫、精准脱贫作出重要指示。他指出，精准扶贫，就是要对扶贫对象实行精细化管理，对扶贫资源实行精确化配置，对扶贫对象实行精准化扶持，确保扶贫资源真正用在扶贫对象身上、真正用在贫困地区。强调扶贫开发推进到今天这样的程度，贵在精准，重在精准，成败之举在于精准。要做到“扶持对象精准、项目安排精准、资金使用精准、措施到户精准、因村派人精准、脱贫成效精准”。

2015 年 11 月 27 日，习近平总书记在中央扶贫开发工作会议上发表重要讲话，指出要解决好“扶持谁”的问题，确保把真正的贫困人口弄清楚，把贫困人口、贫困程度、致贫原因等搞清楚，以便做到因户施策、因人施策。要解决好“谁来扶”的问题，加快形成中央统筹、省（自治区、直辖市）负总责、市（地）县抓落实的扶贫开发工作机制，做到分工明确、责任清晰、任务到人、考核到位。要解决好“怎么扶”的问题，按照贫困地区和贫困人口的具体情况，实施“五个一批”工程。精准扶贫是为了精准脱贫。要设定时间表，实现有序退出，既要防止拖延病，又要防止急躁症。

党的十八大以来，在以习近平同志为核心的党中央坚强领导下，脱贫攻坚战取得决定性进展。我国成为世界上减贫人口最多的国家，也是世界上率先完成联合国千年发展目标的国家。

资料来源：新华网，2019 - 11 - 28.

时政热点

练习题

一、单选题

1. 全面建成小康社会、实现第一个百年奋斗目标，（　　）是一个标志性指标。

A. 农村贫困人口全部脱贫　　B. 城市人口全部脱贫

C. 人民收入增加　　D. GDP增长

2. 以习近平同志为核心的党中央提出（　　），坚持因人因地施策、因贫困原因施策、因贫困类型施策。

A. 绿水青山就是金山银山　　B. 可持续发展

C. 精准脱贫　　D. 科技强国

3. 第一个百年目标是（　　）。

A. 脱贫攻坚

B. 文化强国

C. 建设富强民主文明和谐美丽的社会主义现代化强国

D. 全面建成小康社会

4. 社会主义的本质要求是（　　）。

A. 全面建成小康社会　　B. 教育强国

C. 世界一流强国　　D. 共同富裕

5. （　　）的发展思想，体现了党全心全意为人民服务的根本宗旨。

A. 以发展为中心　　B. 以人民为中心

C. 以生态为中心　　D. 发展的可持续性

6. 以人民为中心的发展思想，体现了（　　）是推动发展的根本力量的唯物史观。

A. 人民　　B. 知识分子

C. 英雄人物　　D. 工人阶级

7. 打赢脱贫攻坚战，就是坚持（　　）主体地位。

A. 经济发展　　B. 共同富裕

C. 公有制　　D. 人民

8. 脱贫攻坚，（　　）是硬道理。

A. 发展　　B. 共同富裕

C. 人民幸福　　D. 社会公平正义

9. （　　）是脱贫攻坚最大的政治优势。

A. 生产力发展　　B. 党的领导

C. 完善的政治制度　　D. 完善的法律体系

10. （　　）是实施乡村振兴战略的优先任务。

A. 打好蓝天保卫战　　B. 反腐斗争

C. 打好脱贫攻坚战　　D. 缩小城乡差距

11. 我们党的初心就是（　　）。

A. 谋求国家独立　　B. 谋求民族团结

C. 建设世界强国　　D. 为人民谋幸福

12. （　　）是打赢脱贫攻坚战的根本保证。

A. 中国共产党的领导　　B. 人民团结

C. 经济发展　　D. 扶贫干部

13. 从 1994 年到 2012 年，我国的贫困治理是以（　　）为主的时期。

A. 精准扶贫　　B. 开发式扶贫

C. 社会救助　　D. 经济体制改革

14. 习近平总书记在充分调查研究的基础上，于（　　）首次提出“精准扶贫”重要思想。

A. 2012 年　　B. 2010 年　　C. 2014 年　　D. 2013 年

15. 六个精准指：扶贫对象精准、项目安排精准、资金使用精准、措施到位精准、因村派人精准、（　　）。

A. 发展成效精准　　B. 脱贫成效精准

C. 因人施策精准　　D. 因户施策精准

16. 扶贫对象精准是（　　）。

A. 基础　　B. 关键　　C. 前提　　D. 核心

17. “五个一批”指：发展生产脱贫一批、易地搬迁脱贫一批、生态补偿脱贫一批、（　　）、社会保障兜底一批。

A. 发展教育脱贫一批　　B. 资金补贴脱贫一批

C. 给予贷款脱贫一批　　D. 快速发展脱贫一批

18. 解决四个问题是指“扶持谁”“谁来扶”“怎么扶”（　　）四个重要问题。

A. “如何发展”　　B. “如何退”

C. “如何富裕”　　D. “如何公平”

19. 实施“五个一批”，是精准扶贫的（　　）。

A. 基本要求　　B. 关键环节

C. 前提条件　　D. 实现途径

20. 解决“四个问题”，是精准扶贫的（　　）。

A. 基本要求　　B. 关键环节

C. 前提条件　　D. 实现途径

二、判断题

1. 为老百姓谋幸福，这是我们党的初心。（　　）

2. 全面建成小康社会、实现第一个百年奋斗目标，农村贫困人口全部脱贫是一个标志性指标。（　　）

3. “全面小康”既包含城市地区经济社会快速发展，也包括广大乡村地区摆脱贫困，实现长期、稳定、可持续的发展。（　　）

4. 实现全面小康社会最艰巨、最繁重的任务在农村地区。（　　）

5. 习近平总书记强调指出，消除贫困、改善民生、逐步实现共同富裕，是社会主义的最高理想。（　　）

6. 马克思主义认为，资本主义制度是比社会主义制度更公正、更公平、更先进、更科学的社会制度。（　　）

7. 以人民为中心的发展思想，体现了人民是推动发展的根本力量的唯物史观。（　　）

8. 打赢脱贫攻坚战，就是坚持人民主体地位，做到发展为了人民、发展依靠人民、发展成果由人民共享，让贫困地区人民群众摆脱贫困，朝着全面建成小康社会快步前进。（　　）

9. 完备的党组织体系是打赢脱贫攻坚战的可靠保证。（　　）

10. 能否如期完成脱贫攻坚目标任务，不会影响我国乡村振兴战略的实施进程。（　　）

11. 改革开放40多年来特别是党的十八大以来，我国成功走出了一条中国特色扶贫开发道路，形成了中国特色脱贫攻坚制度体系，为全球减贫事业贡献了中国智慧和中国方案。（　　）

12. 贫困和反贫困是近年来才受到全人类共同关注的重要问题。（　　）

13. 实践证明，中国共产党的领导是打赢脱贫攻坚战的根本保证。（　　）

14. 从新中国成立到改革开放前（1949年至1977年）的贫困治理是以社会救济为主的时期。（　　）

15. 精准脱贫中选择和安排什么样的扶贫项目要因人因地施策，因贫困原因施策，因贫困类型施策，做到真正的对症下药。（　　）

16. 习近平总书记指出，要坚持精准扶贫、精准脱贫，重在提高脱贫攻坚成效。（　　）

17. 做到扶持对象精准、项目安排精准、资金使用精准、措施到户精准、因村派人精准、脱贫成效精准，这是精准扶贫的关键环节。（　　）

18. 实施“五个一批”，即发展生产脱贫一批、易地搬迁脱贫一批、生态补偿脱贫一批、发展教育脱贫一批、社会保障兜底一批，这是精准扶贫的基本要求。（　　）

19. 解决好扶持谁、谁来扶、怎么扶、如何退“四个问题”，这是精准扶贫的实现途径。（　　）

20. 乡村振兴战略和打好精准脱贫攻坚战不能单一进行，必须协调推进；不能孤立地干，而要统筹起来做。（　　）

三、思考题

1. 脱贫攻坚的重大意义是什么？

2. 精准扶贫的内涵是什么？

第六章

贯彻新思想新理念 推动经济社会新发展

★★★★★

中国特色社会主义进入新时代，我国经济发展也进入新时代，我国经济已由高速增长阶段转向高质量发展阶段。在改革开放40多年发展成就的基础上，特别是在新时代取得历史性成就、发生历史性变革的基础上，中国经济沿着高质量发展的轨道，不断取得新的成就。2020年，突如其来的新冠肺炎疫情给我国经济带来一定的影响，但影响是暂时的，我们要在危机中育新机，于变局中开新局，中国经济的巨轮必能乘风破浪、行稳致远。

第一节　新成就、新思想——经济发展取得历史性成就

1978 年，党的十一届三中全会做出了把党和国家工作中心转移到经济建设上来的历史性抉择，开启了中国改革开放的新纪元。40 年来，中国共产党无惧风高浪急，无畏艰难险阻，聚精会神搞建设，铆足干劲谋发展，中国经济社会发生了翻天覆地的巨大变化，取得了改革开放和社会主义建设的历史性成就。

一、经济实力再上新台阶

1978 年，我国国内生产总值只有 3 679 亿元，2017 年站上 80 万亿元的历史新台阶，达到 820 754 亿元。2017 年，我国国内生产总值按不变价计算比 1978 年增长 33.5 倍，年均增长 9.5%，远高于同期世界经济 2.9%左右的年均增速。40 年来，我国经济总量跃居世界第二位，综合国力和国际影响力实现历史性跨越。1978 年，我国经济总量居世界第十一位，2010 年超过日本，成为世界第二大经济体。2017 年，我国国内生产总值折合 12.3 万亿美元，占世界经济总量的 15%左右。近年来我国对世界经济增长的贡献率超过 30%，日益成为世界经济增长的动力之源、稳定之锚。

2020 年 2 月 28 日，国家统计局发布《2019 年国民经济和社会发展统计公报》显示，全年国内生产总值 990 865 亿元，按年平均汇率折算达到 14.4 万亿美元，稳居世界第二位。2019 年，我国国内生产总值比上年增长 6.1%，明显高于全球经济增速，在经济总量 1 万亿美元以上的经济体中位居第一。

《2019 年国民经济和社会发展统计公报》的相关数据表明，全国民用汽车保有量达 26 150 万辆（包括三轮汽车和低速货车 762 万辆），比上年末增加 2 122 万辆。邮政业全年完成邮政函件业务 21.7 亿件，包裹业务 0.2 亿件，快递业务量 635.2 亿件。全年移动互联网用户接入流量 1 220 亿 GB，比上年增长 71.6%。

二、经济结构出现重大变革

改革开放以来的 40 年，是结构调整贯穿于经济发展的 40 年，是经济结构逐步优化

升级的 40 年，也是经济发展的全面性、协调性和可持续性不断增强的 40 年。

产业结构不断优化，经济增长由主要依靠第二产业带动转向依靠三次产业共同带动。农业基础地位更加稳固，实现了由单一以种植业为主的传统农业向农、林、牧、渔业全面发展的现代农业转变。工业结构不断向中高端水平迈进。2017 年，高技术制造业和装备制造业增加值占规模以上工业增加值的比重分别为 12.7%和 32.7%，分别比 2005 年提高 0.9 和 4 个百分点。服务业快速发展成为经济增长的新引擎。2012 年，第三产业增加值占国内生产总值的比重首次超过第二产业，成为国民经济第一大产业。2017 年，服务业比重提升至 51.6%，比 1978 年上升 27 个百分点，对经济增长的贡献率为 58.8%，提高 30.4 个百分点。

需求结构持续改善，经济增长转向依靠消费、投资、出口协同拉动。改革开放初期，我国经济总量小，基础设施落后，对外开放程度低，需求结构很不稳定。近年来，内需拉动作用显著增强。2017 年，内需对经济增长的贡献率达到 90.9%。消费日益成为经济增长的“稳定器”和“压舱石”。

区域结构优化重塑，地区协调发展新格局正在形成。改革开放初期，东部地区作为改革开放的先行地区和前沿地带率先发展起来。2000 年，东部地区生产总值占全国的比重为 53.5%，比 1978 年上升 10 个百分点。2001—2017 年，中、西部地区生产总值年均实际增长 11.1%和 11.6%，分别快于东部地区 0.1 和 0.6 个百分点。

城镇化稳步推进，城乡发展协调性增强。改革开放以来，在农村经济体制改革、户籍制度改革等系列政策推动下，城镇化进程显著加快。2017 年末，我国常住人口城镇化率为 58.52%，比 1978 年末上升 40.6 个百分点，年均上升 1 个百分点。城乡居民收入差距持续缩小，2010 年以来农村居民收入实际增长连续 8 年快于城镇。

三、经济体制改革持续推进

纵观 40 年的改革进程，我国在国际局势复杂多变、国内发展任务艰巨繁重的情况下，通过实施一系列改革举措，成功实现了从计划经济体制向社会主义市场经济体制的转轨，我国经济实力、综合国力进入世界前列，国际地位实现前所未有的提升，中华民族的面貌发生了前所未有的变化。

中国经济体制改革走过了波澜壮阔的风雨历程，释放了巨大的改革红利，深刻地改变了中国，也深刻地改变了世界。但当前国际国内形势复杂变化，我国经济发展也出现了一些新问题，改革进入攻坚期和深水区。十八届三中全会做出了全面深化改革的决定，全会强调指出，经济体制改革是全面深化改革的重点，核心问题是处理好政府和市场的关系，使市场在资源配置中起决定性作用和更好发挥政府作用。

习近平总书记指出："经济体制改革仍然是全面深化改革的重点。"党的十八大以来，我们聚焦体制机制重点领域打好攻坚战，不断深化所有制、财税、金融、价格、收入分配等重点领域的改革。一是深化所有制改革，坚持和完善基本经济制度。二是深化财税体制改革，理顺各项财政权利。三是深化金融体制改革，构建稳健的金融体系。四是深化收入分配体制改革，促进改革红利惠及全体人民。五是深化土地、户籍、社会保障等制度改革，增强改革的综合配套性。党的十九大开启了建设社会主义现代化强国的新征程，我们又踏上从"富起来"到"强起来"的伟大征途。新时代必须要有新作为，新方位必须要有新魄力，要实现中国经济强国梦，必须继续全面深化改革开放，将经济体制改革推向纵深。

四、对外开放不断深入发展

改革开放以来的 40 年，是我国积极把握全球化机遇、纵深推进对外开放的 40 年，是充分利用国际国内两个市场两种资源加快发展的 40 年，也是我国深入参与全球经济治理、与世界各国共同发展的 40 年。40 年来，我国的区域开放布局不断优化，外商投资环境持续改善，对外投资合作深入推进，我国成功实现从封闭半封闭到全方位开放的伟大转折。中国开放的大门越开越大，中国经济深度融入全球经济。

1978 年，我国开启改革开放的伟大历程。1980 年，深圳、珠海、汕头、厦门建立经济特区，拉开了我国对外开放的序幕，此后，沿海、沿江、沿边、内陆地区相继开放，形成了分步骤、多层次、逐步开放的格局。2001 年，我国加入世界贸易组织，对外开放进入了历史新阶段。党的十八大以来，我国加快构建开放型经济新体制。2013 年，提出共建"一带一路"倡议，推动经济全球化健康发展，同年，中国（上海）自由贸易试验区成立，探索我国对外开放的新路径和新模式；2015 年，首个由中国倡议设立的多边金融机构——亚洲基础设施投资银行成立；2016 年，人民币纳入特别提款权（SDR）货币篮子；2017 年，首届"一带一路"国际高峰论坛在北京举办；2018 年，中国国家主席习近平出席博鳌亚洲论坛年会开幕式并发表主旨演讲，宣布了一系列对外开放重大举措。

货物贸易不断开拓新格局，实现历史性跨越。1978 年到 2017 年，按人民币计价，我国进出口总额从 355 亿元提高到 27.8 万亿元，增长 782 倍，年均增速达 18.6%。

服务贸易创新发展，成为对外贸易增长新引擎。1982 年到 2017 年，我国服务进出口总额从 46.9 亿美元增长到 6 957 亿美元，增长 147 倍，年均增长 15.4%。

利用外资质量效益显著提升，营商环境持续改善。1983 年，我国实际利用外资 22.6 亿美元，2017 年，我国实际使用外资 1 363 亿美元，规模是 1983 年的 60 倍，年均增长 12.8%。

对外投资合作蓬勃发展，质量规模迈上新台阶。据联合国贸发会议统计，1982—2000 年，我国累计实现对外直接投资 278 亿美元，年均投资额仅 14.6 亿美元。2002—2017 年，我国累计实现对外直接投资 1.11 万亿美元。2017 年，我国对外直接投资额 1 246亿美元，是 2002 年的 46 倍，年均增长 29.1%，成为全球第三大对外投资国。

五、人民获得感、幸福感明显增强

改革开放以来的 40 年，是全体居民共享改革发展成果、生活水平显著提高的 40 年，是人民生活从温饱不足向全面小康加快迈进的 40 年，是脱贫成就举世瞩目、世界上最大保障安全网不断织密兜牢的 40 年。

改革开放 40 年来，人民生活发生了翻天覆地的巨大变化，占世界 1/5 的人口从温饱不足迈向全面小康。1978 年，全国居民人均可支配收入仅 171 元，2009 年突破万元大关，2014 年突破 2 万元大关。2017 年，全国居民人均可支配收入达到 25 974 元，扣除价格因素，比 1978 年实际增长 22.8 倍，年均增长 8.5%。2019 年人均国内生产总值按年平均汇率折算达到 10 276 美元，首次突破 1 万美元大关。

1978—2017 年，全国就业人员从 40 152 万人增加到 77 640 万人，年均增加 961 万人。城镇登记失业率长期处于低位，城镇调查失业率低于全球平均水平。按照 2010 年标准，改革开放之初，全国有 7.7 亿农村贫困人口，贫困发生率高达 97.5%。2017 年末，全国农村贫困人口减少为 3 046 万人，累计减少 7.4 亿人，贫困发生率下降至 3.1%。扶贫力度之大、规模之广、成效之好、影响之深，举世罕见。

居民生活条件不断改善。2017 年，全国居民人均消费支出 18 322 元，扣除价格因素，比 1978 年实际增长 18 倍，年均增长 7.8%。居住条件显著改善。2017 年，城镇居民、农村居民人均住房建筑面积分别比 1978 年增加 30.2、38.6 平方米。

社会事业繁荣发展，经济社会发展协调性全面提高。15 周岁及以上人口平均受教育年限由 1982 年的 5.3 年提高到 2017 年的 9.6 年，劳动年龄人口平均受教育年限达到 10.5 年。高等教育向普及化阶段快速迈进。2017 年，高等教育毛入学率达到 45.7%，高于中高收入国家平均水平。

公共卫生事业成就瞩目，“健康中国”建设稳步推进。2017 年末，全国共有医疗卫生机构 98.7 万个，比 1978 年末增长 4.8 倍；卫生技术人员 898 万人，增长 2.6 倍；医疗卫生机构床位 794 万张，增长 2.9 倍。居民预期寿命由 1981 年的 67.8 岁提高到 2017 年的 76.7 岁。

竞技体育和群众体育共同发展。1978 年至 2017 年，我国运动员共获得世界冠军

3 314个。全民健身运动蓬勃发展，近 4 亿人经常参加体育锻炼。

六、生态环境得到不断优化

改革开放的 40 年，是中国经济腾飞的 40 年，也是环境质量波浪式变动的 40 年：伴随改革开放的环境质量经历了从良好、恶化到总体好转的演进过程，现已进入环境保护理念逐步清晰、政策法规不断完善、环境质量持续改善的阶段。特别是党的十八大以来，以习近平同志为核心的党中央确立了“五位一体”总体布局，对生态文明建设作出顶层设计和总体部署，将绿色发展作为“十三五”乃至更长时期我国经济社会发展的基本理念，生态文明建设全面发力，不断深入，取得积极进展，揭开崭新的一页。

环境保护理念日益深化。1978 年，新中国第一次在宪法中对环境保护作出“国家保护环境和自然资源，防治污染和其他公害”的规定，为我国环境法制建设和环境保护事业的发展奠定了基础。党的十九大立足生态文明建设取得的阶段性成果，着眼长远未来，进一步将“坚持人与自然和谐共生”作为新时代坚持和发展中国特色社会主义的基本方略之一，提出了生态文明建设是中华民族永续发展的千年大计、人与自然是生命共同体等重要论断，作出了加快生态文明体制改革、建设美丽中国的战略部署，明确了推进绿色发展、着力解决突出环境问题、加大生态系统保护力度、改革生态环境监管体制等重点任务。

环境保护投入稳步增加。国家积极拓宽环境保护投资渠道，提高资金保障水平，加强环境监管能力建设，全社会环境保护投资得到较快增长。2016 年，我国环境污染治理投资总额为 9 220 亿元，比 2001 年增长 6.9 倍。林业投资稳步增长。2016 年，全国林业投资完成额为 4 510 亿元，是 2000 年林业投资总额 168 亿元的 26.8 倍。

生态保护与生态建设扎实推进。国家逐步加快造林绿化步伐，全面加强生态保护和建设，国家生态安全屏障的框架基本形成。国家自然保护区数量增加，森林覆盖率逐步提高，湿地保护面积增加，水土流失治理、沙化和荒漠化治理取得初步成效。

环境污染治理成效显著。国家对环境污染防治工作高度重视，大力推行清洁生产，发展循环经济，污染防治和节能减排工作稳步推进。大气污染防治、水污染防治工作，取得积极成果，主要污染物减排目标全部实现，地表水质量持续改善。

城乡居民生活环境持续改善。国家着力加强城乡环境综合治理，优化城市资源配置，转变农村发展方式，城乡人居环境持续改善。城市生活垃圾无害化处理率与 2001 年相比，提高 38.4 个百分点。

改革开放以来，我国经济社会发展走过了 40 年不平凡的光辉历程，取得了举世瞩目的历史性成就，实现了前所未有的历史性变革。中国特色社会主义进入新时代，我们比历史上任何时期都更加接近、更有信心、更有能力实现中华民族伟大复兴的中国梦。同时我们也要清醒地看到，当前我国改革开放进入攻坚克难的关键时期，发展不平衡不充分的问题仍旧突出，经济转向高质量发展任重道远。面对挑战，只有迎难而上，不懈奋斗，改革不停顿，开放不止步，才能从根本上解决前进中面临的困难和问题。

第二节 新理念、新要求——以新发展理念引领高质量发展

一、坚持创新发展，提高发展质量

（一）创新是引领发展的第一动力

习近平总书记在《深入理解新发展理念》一文中指出，“要着力实施创新驱动发展战略。抓住了创新，就抓住了牵动经济社会发展全局的‘牛鼻子’。抓创新就是抓发展，谋创新就是谋未来。”坚持创新发展，是应对发展环境变化、增强发展动力、把握发展主动权、更好引领新常态的根本之策。在新时代，创新事关国家发展全局，必须把创新摆在国家发展全局的核心位置，加快创新驱动发展战略的实施，推动以科技创新为核心的全面创新，以创新驱动塑造引领型发展，增强经济发展的内生动力。

（二）创新是提升国家核心竞争力的力量源泉

当今世界，经济社会发展越来越依赖于理论、制度、科技、文化等领域的创新，国际竞争新优势越来越体现在创新能力上。从当前世界发展来看，一些发达国家能够实现并保持其全球领先优势，主要依靠的就是创新，一些后发国家能够迅速崛起依靠的也是创新。我国同样是依靠创新建立起完善的工业体系，实现综合国力大幅跃升。创新驱动成为许多国家谋求竞争优势的核心战略。我国作为一个发展中国家，只有把握趋势、不断创新，才能有效推动质量、效率、动力等各方面的变革，不断提升我国经济实力和核心竞争力。

（三）坚持创新发展，解决好发展动力问题，不断提升创新驱动力

坚持以新发展理念引领高质量发展，就要使“创新成为第一动力”，着力实施创新驱动发展战略。目前，我国在重大产品、重大技术装备的自主开发能力和系统成套水平

显著提高，在基础科学研究、高科技研究、科技基础条件建设、科技成果转化等多个方面实现了跨越式提升，在量子科学、超导、探测卫星等领域取得重大突破，在神舟载人飞船、超级计算机、高速铁路等高科技应用领域已经位居世界前列。据世界知识产权组织发布的报告显示，2020 年中国创新能力排名第 14 位，中国也是跻身全球创新指数排名前 30 位经济体中唯一的中等收入经济体。创新驱动发展战略的全面实施，使我国成为具有全球影响力的科技创新大国。

二、坚持协调发展，形成平衡发展结构

（一）协调是持续健康发展的内在要求

协调发展就是要解决发展中不平衡、不协调、不可持续的问题，在协调发展中拓宽发展空间，在薄弱领域中增强发展后劲。近现代以来，一些国家和地区现代化进程之所以延误甚至中断，很大程度上是因为在发展过程中忽视了经济发展的协调性。发展不平衡是我国长期存在的问题，特别是城乡区域之间的发展差距依然较大，成为制约经济持续健康发展的重要因素，因此，要推动高质量发展就要坚持协调发展，着力形成平衡的发展结构。

（二）协调是持续健康发展的重要手段

习近平总书记指出："协调既是发展手段又是发展目标，同时还是评价发展的标准和尺度。"坚持以新发展理念引领高质量发展，就要使"协调成为内生特点"，着力实施乡村振兴战略和区域协调发展战略。深化城乡一体化建设，紧扣"一体化"和"高质量"两个关键；深入实施区域协调发展战略，建立更加有效的区域协调发展机制，形成平衡发展结构。

（三）坚持协调发展，解决好发展不平衡问题，不断增强发展的协调性

党的十八大以来，协调发展一直被放在发展全局的重要位置。我国的产业结构、需求结构、城乡结构、区域结构逐步改善，经济发展的协调性和可持续性不断增强。从西部大开发战略，到东北振兴战略，再到中部崛起战略，区域协调发展战略使不同地区的比较优势得到有效发挥。从统筹城乡发展，到社会主义新农村建设，再到城乡经济社会一体化和乡村振兴等政策措施的实施，改善城乡关系的同时，也促进了城乡关系的协调。这为推动高质量发展、建设现代化经济体系奠定了良好基础。

三、坚持绿色发展，改善生态环境

（一）绿色是永续发展的必要条件

习近平总书记在《深入理解新发展理念》一文中指出：“着力推进人与自然和谐共生”“一定要树立大局观、长远观、整体观”“坚持节约资源和保护环境的基本国策，像保护眼睛一样保护生态环境，像对待生命一样对待生态环境”。人类发展活动必须要尊重自然、顺应自然、保护自然，否则就会遭到大自然的报复，这个规律谁也无法抗拒。坚持绿色发展，就是要把生态文明建设贯穿于经济社会发展全过程，构建以效率、和谐、持续为目标的经济增长和社会发展方式。

（二）绿色是实现高质量发展的必然选择

绿色发展是构建现代化经济体系的必然要求。我国在经济快速发展的同时也引发了一系列生态环境问题。实现高质量发展，必须转变粗放的发展方式，摒弃以牺牲环境为代价的老路。目前，绿色发展已经成为科技革命和产业变革的方向。坚持以新发展理念引领经济高质量发展，就是要使“绿色成为普遍形态”，着力打赢污染防治攻坚战，特别是蓝天、碧水、净土保卫战。

（三）坚持绿色发展，解决好人与自然和谐共生问题，不断提高生态竞争力

党的十八大以来，绿色发展理念日益深入人心，建设美丽中国的行动不断升级，生态竞争力不断提高。从生态环境建设来看，生态文明制度体系加快形成，主体功能区制度逐步健全，生态产业不断得到发展，节能减排取得重大进展，重大生态保护和修复工程进展顺利，生态环境治理明显加强，积极参与应对全球气候变化的国际合作。从能源产业来看，提出推进能源生产与消费革命，加快能源产业转型升级，贯彻落实绿色发展战略，推进新能源产业健康发展。从人与自然的关系来看，党的十九大报告提出人与自然和谐共生，把生态文明建设纳入中国特色社会主义事业总体布局中，标志着社会主义生态文明建设的新发展。

四、坚持开放发展，实现合作共赢

（一）开放是国家繁荣发展的必由之路

开放是一个国家和地区繁荣发展的必由之路，也是内陆地区后发赶超的重要法宝。习近平总书记指出：“要着力形成对外开放新体制。必须主动顺应经济全球化潮流，坚

持对外开放，充分运用人类社会创造的先进科学技术成果和有益管理经验。要不断探索实践，提高把握国内国际两个大局的自觉性和能力，提高对外开放质量和水平。”当今世界面临百年未有之大变局，国际经济合作和竞争局面正在发生深刻变化，全球经济治理体系面临重大调整，各国发展联动、机遇共享、命运与共的利益交融关系日益凸显。坚持以新发展理念引领高质量发展，就要使“开放成为必由之路”。

（二）开放是实现高质量发展的有效途径

开放可以有效激发活力、促进改革。我国正处在转变发展方式、优化经济结构、转换增长动力的攻关期，更加需要统筹国际、国内两个大局，通过开放优化体制机制，着力推动开放型经济由要素驱动向创新驱动转变，实现“引进来”和“走出去”更好结合，深度融入全球技术链、产业链、创新链、价值链。把握全球产业格局深度调整的机遇，形成适应未来发展趋势的产业结构、政策框架、管理体系，集全球之智，克共性难题，以更宽广的视野谋划开放发展新思路，以高水平开放推动经济高质量发展。

（三）坚持开放发展，解决好发展内外联动问题，不断提升经济开放程度

习近平总书记在党的十九大报告中指出，“推动形成全面开放新格局。中国开放的大门不会关闭，只会越开越大。要以‘一带一路’建设为重点，坚持引进来和走出去并重，遵循共商共建共享原则，加强创新能力开放合作，形成陆海内外联动、东西双向互济的开放格局”。

对外开放是我国经济发展的强大动力。20 世纪 70 年代末，我国开启了融入经济全球化浪潮的对外开放进程。我国实现了从封闭型经济向开放型全球经济大国的转变。经过 40 多年的对外开放，我国已经从经济全球化的旁观者变身参与者，再到全球化的引领者。我国坚持“引进来”与“走出去”的对外开放战略，取得了开放发展的诸多成就，在全球经济贸易体系中已名列前茅。

新时代我国开放发展进入高质量发展阶段。开放发展成为指导我国新时代发展的长期理念。我们要以新发展理念为引领，通过构建新体制、形成新格局、培育新模式，为高质量开放型经济增添新活力，让开放发展成为我国高质量发展的必由之路。

五、坚持共享发展，增进人民福祉

（一）共享是高质量发展的目的

习近平总书记在党的十八届五中全会讲话中提出：“坚持共享发展，必须坚持发展为了人民、发展依靠人民、发展成果由人民共享，作出更有效的制度安排，使全体人民

在共建共享发展中有更多获得感，增强发展动力，增进人民团结，朝着共同富裕方向稳步前进。”

实现全体人民更加公平地共享发展成果，是高质量发展的根本目的，共享发展就是要坚持以人民为中心的发展思想，把实现好、维护好、发展好最广大人民的根本利益作为工作出发点和落脚点。坚持共享发展，既要不断把“蛋糕”做大，也要把“蛋糕”分好，使全体人民在共建共享发展中有更多获得感、幸福感、安全感，实现发展成果全民共享。

（二）共享是高质量发展的本质要求

发展为了谁、依靠谁、发展成果由谁共享是高质量发展的本质问题，也是充分调动人民群众积极性、主动性、创造性的必要条件。人民群众日益增长的美好生活需要，在很大程度上表现为教育、就业、医疗、居住、养老等公共需求的全面快速增长。只有解决好这些与人民群众生活息息相关的民生问题，才能充分调动人民群众的积极性、主动性、创造性，进而形成推动高质量发展的强大动力。

（三）坚持共享发展，解决好民生领域的“短板”问题，不断增强人民群众的获得感

全面建成小康社会突出的短板主要在民生领域。民生是人民幸福之基、社会和谐之本。全面小康意味着覆盖每个社会群体，也涉及每个发展领域。

坚持以新发展理念引领高质量发展，就要使“共享成为根本目的”，必须切实解决好人民群众最关心、最直接、最现实的利益问题，不断增强人民群众获得感幸福感安全感。要扎实做好“六稳”工作、全面落实“六保”任务，紧盯保就业、保基本民生、保市场主体等关键，以保促稳，稳中求进，克服疫情带来的不利影响。要集中力量做好普惠性、基础性、兜底性民生建设，坚持在高质量发展中保障和改善民生。加大对义务教育、基本医疗、住房和饮水安全、育幼养老等方面投入，解决好部分群众上学难、看不起病、住危房等急迫的现实问题。加强农村水电路讯等基础设施建设和危房改造，建立健全农村留守儿童、妇女、老年人关爱服务体系。要推进易地扶贫搬迁和后续产业发展、社会治理有机统一。要抓好基层党组织建设，打好基层基础，不断创新基层党建工作，切实把基层党组织建设成坚强的战斗堡垒，成为人民实现对美好生活向往的坚强后盾。

总体来看，我国经济发展正在稳步迈入高质量发展阶段，我们需要依据高质量发展的要求，积极推进经济结构调整，加快培育高质量发展新动能，建设现代化经济体系，持续推进改善民生，增进人民福祉。

第三节 新阶段、新内涵——以新思想推动经济持续向好发展

党的十八大以来，以习近平同志为核心的党中央深刻总结国内外发展的经验教训，分析国内外发展大势，着眼新的发展实践，深入推进发展的理论创新，在发展目标、发展动力、发展布局、发展保障等方面形成的经济思想，是习近平新时代中国特色社会主义思想的重要组成部分。它在发展理论和实践上实现了新的重大突破，对破解当今中国的发展难题、增强发展动力、厚植发展优势具有重大指导意义。

一、坚持党对经济工作的集中统一领导，保证我国经济沿着正确方向发展

坚持党对一切工作的领导，是我们一切工作能否成功的政治保证。这既是对新中国成立以来70多年历史进程的深刻总结，也是新时代推进中国特色社会主义建设的重要保证。而加强党对经济工作的集中统一领导处于中心位置，是我国经济沿着正确方向发展的重要保证。改革开放40多年，我们党始终牢记要把经济建设当作中心工作来抓来管来办来做。如今我国成为世界第二大经济体已有10年时间（2010年GDP超越日本，成为世界第二大经济体），开创这10年经济建设奇迹的根本原因，就在于我们始终坚持党对经济工作的集中统一领导。

（一）经济领域稳中有变，必须坚持加强党对经济工作的统一领导

2020年，我国外部环境发生了明显变化，经济领域风波不断、摩擦升级，相关国家反复挑起贸易争端，筑起了经济发展的对立面，这是国际经济领域的乱中变局。它扰乱了国际贸易秩序，打破了经济运行规则，干扰了世界经济复苏的良好势头，阻碍了贸易全球化的发展进程。在这一复杂的新形势和新背景下，只有坚定不移地加强党对经济工作的集中统一领导，才有利于抵御重大风险，破解经济领域的发展难题，化解国外经济衰退带来的新问题，防范国外贸易保护主义的新挑战，推动经济高质量发展。7月31日，中共中央政治局召开会议，分析研究了当前国内外经济形势，指出“当前经济运行稳中有变”。这个“稳”就是我们国内经济高质量发展的提前和基础。从2020年8月之前的总体经济运行水平来看，“稳”是我国经济运行的基本面。经济增速虽然在2020年

2月、3月有所减缓，但随着疫情防控的根本性好转，经济局面迅速反弹。目前经济增速持续稳定运行在6.7%～6.9%，这表明我国经济潜力足、韧性强，由外销转内销的消化能力快，经济空间领域广，国内消费能力巨大。7月21日，习近平总书记主持召开企业家座谈会时又强调，要充分发挥国内超大规模市场优势，逐步形成以国内大循环为主体、国内国际双循环相互促进的新发展格局。这是“稳”字的具体表现，也是稳中求进的发展路径，这一切离不开党对经济工作的统一领导、统筹安排。

（二）处理好政府与市场的关系，必须坚持加强党对经济工作的统一领导

2012年11月，党的十八大报告指出：“经济体制改革的核心问题是处理好政府和市场的关系。”如何处理好政府和市场的关系，实际上就是解决在资源配置中起决定作用的是市场还是政府的问题。改革开放以来，我国对经济体制改革所做的一切判断和决策，都是围绕着如何正确认识与处理政府和市场这一核心问题展开的。2013年11月，党的十八届三中全会通过的《中共中央关于全面深化改革若干重大问题的决定》明确提出“要使市场在资源配置中起决定性作用”以达到深化经济体制改革的要求，这对新时代的全面深化改革产生了历史性影响。我们要毫不动摇巩固和发展公有制经济，毫不动摇鼓励支持引导非公有制经济发展，使市场在资源配置中起决定性作用，更好发挥政府作用。我们要在市场中找“市场”，就要遵循市场规律、完善市场机制，发挥好“无形的手”的力量。我们又要在政府领域找“政策”，让政府干该干的事，用好“有形的手”的规范。只有“有形的手”和“无形的手”相互配合，才能充分发挥市场经济活力，释放经济生产力，这一切都要坚持加强党对经济工作的统一领导，即政府“法无授权不可为”，市场“法无禁止即可为”。

二、坚持以人民为中心的发展思想

让老百姓过上好日子是我们党一切工作的出发点和落脚点。2020年9月9日，“新时代最可爱的人”的抗疫晚会触动人心、涤荡心灵。这场疫情当中，国家调集最优秀的医护人员、最先进的设备器械、最急需的物质资源用于救治人民，上至百岁的老人，下至刚刚出生的婴儿，应收尽收、应治尽治，救治费用全部由国家承担。在晚会上，有这么一段话也让人印象深刻，“我叫帕查有格，我是一名共产党员。我要卷起裤腿，甩开膀子使劲干。为百姓在悬崖上凿出脱贫致富路，用天梯架起幸福生活桥。”他就是“悬崖村”第一书记帕查有格。这是一个人物的缩影，但衬托的却是国家以人民为中心的发展思想。谁是新时代最可爱的人？是人民，是我们。

（一）共同富裕是发展的根本价值取向

1945年党的七大召开，明确把“为人民服务”写进了党章，成为中国共产党始终

不渝的根本宗旨。坚持以人民为中心的发展思想，就是要实现最终的共同富裕。在遵义市枫香镇花茂村，谈到“怪不得大家都来，在这里找到乡愁了”；在信阳市新县田铺乡田铺大塆“老家寒舍”民宿，赞叹“依托丰富的红色文化资源和绿色生态资源发展乡村旅游，搞活了农村经济，是振兴乡村的好做法”；在陕西柞水县小岭镇金米村，肯定“小木耳办成了大产业”。这是习近平总书记始终念念不忘的脱贫攻坚带动共同富裕的真实写照。从小康社会的提出到全面建设小康社会，再到全面建成小康社会目标的提出，核心主旨始终未变，就是“全面”两字。这个“全面”是人口的全覆盖、是所有社会阶层的全覆盖、是绝不让一个人掉队、一个也不能少的全覆盖；体现在覆盖地区上是从振兴东北老工业基地、西部大开发到中部崛起；是既要“让一部分人先富起来”，又要坚持“先富带动后富”一起富；是要把“蛋糕”做大做强做长，又要把“蛋糕”分好分细分实。虽然实现共同富裕必然是一个持续的过程，是长时间才能完成的目标，但困难压不倒伟大的中国人民，过往和如今的伟大实践正在持续不断、生动有序地上演。全面建成小康社会，最终实现全体人民的共同富裕，就是中国发展的根本价值取向。

（二）人民是推动社会发展的根本动力

人民英雄纪念碑屹立在天安门广场中心，碑身正面镌刻着毛泽东题写的“人民英雄永垂不朽”八个大字，碑身背面是由毛泽东起草、周恩来题写的碑文：“三年以来，在人民解放战争和人民革命中牺牲的人民英雄们永垂不朽！三十年来，在人民解放战争和人民革命中牺牲的人民英雄们永垂不朽！由此上溯到一千八百四十年，从那时起，为了反对内外敌人，争取民族独立和人民自由幸福，在历次斗争中牺牲的人民英雄们永垂不朽！”人民群众是历史的真正创造者，新中国 70 多年所取得的辉煌成就由人民创造。我们要充分调动人民群众的生产积极性，尊重人民群众主体地位，发挥人民群众的主人翁精神，保护社会公平正义，推动社会发展与进步。我们要充分尊重人民群众的创造精神。作为推动经济发展的主体之一，民营经济贡献了中国经济 50%以上的税收、60%以上的 GDP、70%以上的技术创新成果、80%以上的城镇劳动就业、90%以上的企业数量，这是人民群众创造精神的最好体现，这是人民群众智慧和力量的集体展现。坚持以人民为中心的发展思想，就要紧紧依靠人民，因为人民是推动社会发展的根本动力。

三、坚持适应把握引领经济发展新常态，立足大局，把握规律

2014 年 12 月 5 日，中央政治局会议上首提新常态。“我国进入经济发展新常态，经济韧性好、潜力足、回旋空间大”“经济发展新常态下出现的一些趋势性变化使经济社会发展面临不少困难和挑战”“主动适应经济发展新常态，保持经济运行在合理区间”。

中国经济呈现出新常态，有几个主要特点：一是从高速增长转为中高速增长。二是经济结构不断优化升级，第三产业消费需求逐步成为主体，城乡区域差距逐步缩小，居民收入占比上升，发展成果惠及更广大民众。三是从要素驱动、投资驱动转向创新驱动。

新常态将给中国带来新的发展机遇。新常态下，中国经济增速虽然放缓，实际增量依然可观，但稳定经济增长任务加重。新常态下，中国经济增长更趋平稳，增长动力更为多元，但核心动力源更需加强培育。新常态下，中国经济结构优化升级，发展前景更加稳定，但经济结构转型升级还有很大空间。新常态下，中国政府大力简政放权，市场活力进一步释放，但转变政府职能还有很多工作要做。

长远看，中国经济新常态下，发展前景十分光明。中国地域辽阔，产业体系完备，经济转型升级有很好的“蓄水池”和“减震器”。“一带一路”建设、京津冀协同发展和长江经济带规划也为经济发展提供了空间和动能。中国经济新常态下，唯改革者进，唯创新者强，唯改革创新者胜。只要我们牢牢把握住新常态这个经济发展的大逻辑，全面深化改革，积极主动作为，中国经济大船就能行稳致远。

四、坚持使市场在资源配置中起决定性作用，更好发挥政府作用，坚决扫除经济发展的体制机制障碍

习近平总书记在党的十八届三中全会上指出：让市场在资源配置中起决定性作用，同时要更好发挥政府作用。

（一）处理好政府和市场的关系，是经济体制改革的核心问题

党的十八届三中全会把市场在资源配置中的“基础性作用”修改为“决定性作用”，这是我们党对中国特色社会主义建设规律认识的一个新突破，标志着社会主义市场经济发展进入了一个新阶段。

（二）毫不动摇地坚持我国基本经济制度

实行公有制为主体、多种所有制经济共同发展的基本经济制度，是我们党确立的一项大政方针。公有制经济和非公有制经济都是社会主义市场经济的重要组成部分，都是我国经济社会发展的重要基础。必须毫不动摇巩固和发展公有制经济，坚持公有制主体地位，发挥国有经济主导作用，不断增强国有经济活力、控制力、影响力、抗风险能力。必须毫不动摇鼓励、支持和引导非公有制经济发展，激发非公有制经济活力和创造力。任何想把公有制经济否定掉或者想把非公有制经济否定掉的观点，都是不符合最广大人民根本利益的，都是不符合我国改革发展要求的，因此也都是错误的。要建立完善现代产权制度，积极稳妥发展混合所有制经济，深化国有企业改革，完善现代企业制

度，支持非公有制经济健康发展。

（三）切实发挥市场在资源配置中的决定性作用

理论和实践都证明，市场配置资源是最有效率的形式。必须不失时机地加大改革力度，坚持社会主义市场经济改革方向，在思想上更加尊重市场决定资源配置这一市场经济的一般规律，在行动上大幅度减少政府对资源的直接配置，推动资源配置依据市场规则、市场价格、市场竞争实现效益最大化和效率最优化，让企业和个人有更多活力和更大空间去发展经济、创造财富。

（四）更好地发挥政府作用

市场在资源配置中起决定性作用，并不是起全部作用，不是说政府就无所作为，而是必须坚持有所为、有所不为，着力提高宏观调控和科学管理的水平。科学的宏观调控、有效的政府治理，是发挥社会主义市场经济体制优势的内在要求。政府的职责和作用主要是保持宏观经济稳定，加强和优化公共服务，保障公平竞争，加强市场监管，维护市场秩序，推动可持续发展，促进共同富裕，弥补市场失灵。

五、坚持适应我国经济发展主要矛盾变化，把供给侧结构性改革作为经济工作的主线

经济发展主要矛盾变化与社会主要矛盾变化不是同一概念，前者是后者的主要组成部分，可以看作专门体现在经济方面的社会主要矛盾变化。当前我国经济发展的主要矛盾是结构性供需失衡，根源在于“有效供给”不足，这是供给侧结构性改革的逻辑前提和理论根据。我国经济发展进入新常态，经济发展主要矛盾已经由总量上的供求不平衡转化为结构性供需失衡，矛盾性质由总量性、规模性转化为结构性，矛盾的主要方面不在需求方，而在供给方。因此，要坚持适应我国经济发展主要矛盾变化，完善宏观调控，相机抉择，开准药方，把供给侧结构性改革作为经济工作的主线。

推进供给侧结构性改革，是适应把握引领经济发展新常态的重大创新，是适应国际金融危机发生后综合国力竞争新形势的主动选择，是推动我国经济实现高质量发展的必然要求。供给和需求是市场经济内在关系的两个基本方面，是对立统一的辩证关系，二者你离不开我、我离不开你，相互依存、互为条件。没有需求，供给就无从实现，新的需求可以催生新的供给；没有供给，需求就无法满足，新的供给可以创造新的需求。供给侧管理和需求侧管理是调控宏观经济的两个基本手段。需求侧管理，重在解决总量性问题；供给侧管理，重在解决结构性问题。

当前和今后一个时期，我国经济发展面临的问题，供给和需求两侧都有，但矛盾的主要方面在供给侧。例如，我国一些行业和产业产能严重过剩，同时，大量关键装备、核心技术、高端产品还依赖进口；我国农业发展形势很好，但一些农产品供给没有很好适应需求变化；一些有大量购买力支撑的消费需求，在国内得不到有效供给，消费者将大把钞票花费在出境购物、“海淘”购物上等。事实证明，我国不是需求不足，或没有需求，而是需求变了，供给的产品却没有变，质量、服务跟不上。有效供给能力不足带来大量“需求外溢”，消费能力严重外流。解决这些结构性问题，必须从供给侧发力，找准在世界供给市场上的定位；必须把改善供给侧结构作为主攻方向，实现由低水平供需平衡向高水平供需平衡跃升。说到底，供给侧结构性改革的根本，就是要使我国供给能力更好满足广大人民日益增长的美好生活需要。

六、坚持问题导向部署经济发展新战略

近年来，我国遵循社会主义基本经济规律，从我国的特殊国情出发，深化经济发展战略确立规律，深刻把握新时代我国社会主要矛盾转化和经济发展形势，坚持问题导向部署经济发展新战略，实现了经济持续向好态势，对经济社会的持续变革产生了深远影响。

党的十八大以来，我国始终以“问题导向”思维为方针，增强问题意识，抓住关乎发展的关键问题和核心问题，适应新常态和补短板，坚持从实际出发，科学谋划、精准施策，先后确立了“一带一路”“三大攻坚战”“京津冀协同发展”“长江经济带”“建设雄安新区”“粤港澳大湾区建设”“创新驱动发展战略”“军民融合发展战略”“乡村振兴战略”等一系列关系我国当前和今后很长一段时期经济社会发展全局的经济发展新战略。这一系列新战略使我国经济战略政策框架更加完善。

（一）围绕“一带一路”深化国际经济合作

“一带一路”是在当今世界有极大影响力的区域发展战略，也是国家经济合作的光辉典范，得到国际社会的普遍认同，沿线国家参与度较高。它包括“丝绸之路经济带”和“21 世纪海上丝绸之路”，是一个倡导国际合作发展的理念和构想，是习近平总书记分别在 2013 年 9 月和 10 月提出的，主要目的在于让沿线国家构建利益、命运、责任共同体，基本框架就是以经济走廊为依托建立亚洲互联互通机制，促进对外开放、经济转型、互利合作，凸显国际经济合作的本质属性。当前，这一构想已经从理念走入实践，推动了沿线国家的交流合作、经贸往来、文化互动。无论对我国还是沿线国家都是发展的重大机遇，既能让沿线国家搭上我国发展“快车”，也能进一步推动我国对外开放。

（二）全力推进“三大攻坚战”

“三大攻坚战”作为一个整体概念，是习近平总书记 2017 年 7 月在省部级主要领导干部专题研讨班开班仪式上提出的，包括防范化解重大风险攻坚战、精准脱贫攻坚战、污染防治攻坚战。在党的十九大上，习近平总书记再次特别强调打好这“三大攻坚战”，彰显了其在国家战略全局的特殊地位和极端重要性。具体我们可以从三个方面着力：首先，在防范化解重大风险上，就是要针对事关我国发展全局的或显或隐的各类风险，采取有效措施，及时防范化解，避免发生破坏经济发展全局的系统性重大风险，特别是要守住不发生系统性金融风险的底线，增强驾驭经济社会平稳健康发展的能力。其次，在精准脱贫上，就是要在现行标准下到 2020 年实现农村贫困人口“两不愁三保障”，解决区域性整体贫困。而要实现全面脱贫、全面小康，就必须实施精准脱贫。最后，在污染防治上，就是要着力解决突出环境问题，全民共治、源头防治，攻克生态环境特别是大气、水、土壤污染严重的顽疾，改善生态环境，提高群众的幸福指数。

（三）深入推进区域协调发展

党的十八大后，我国在此基础上，进一步确立实施京津冀协同发展、长江经济带、雄安新区、粤港澳大湾区等发展战略，完善了我国区域协调发展的战略框架体系，对全国区域经济社会发展作出了科学合理的布局，为国家经济整体性、战略性、系统性发展提供了重要战略支撑，有助于我国逐步解决社会主要矛盾，缩小城乡、区域发展差距，为实现共同富裕、民族振兴奠定区域基础。

（四）加快推动乡村振兴

我国经济社会发展的难点、重点、焦点都在农村。农村依然是事关我国全局的重要“短板”。为此，党的十九大明确提出“乡村振兴战略”，为做好新时代的农业农村农民工作提供了根本遵循和行动指南。它是我国农村长远发展的重要指针。实施乡村振兴战略根本目的是实现农业经济持续发展，增进农民福祉，提升农民幸福指数。提升乡村治理的现代化水平，实现乡村善治良治，让“农业有奔头、农民有吸引力、农村成为美丽家园”，为国家强起来打下坚实基础。

七、坚持正确工作策略和方法

习近平总书记十分重视运用正确的经济工作方法解决经济工作的现实问题。在经济工作中，习近平总书记先后提出了“稳中求进”法、“战略定力”法、“全面协调”法、“底线思维”法、“调查研究”法、“抓铁有痕”法等工作方法，构建了经济工作的方法论框架。

（一）“稳中求进”法

“稳中求进”既是经济工作总基调，更是工作方法。这被成功运用在近年来的经济实践中并得到检验。因此，在新时代的经济实践探索和经济工作中，必须坚持“稳中求进”的工作法，更好把握“变与不变”“稳与进”的对立统一关系，主动适应新常态，持续深化供给侧改革，保持经济工作秩序不乱、经济运行过程平稳、经济发展态势不减、经济建设成效提升。唯有如此，我们才能科学把握经济工作的节奏和有效管控经济工作的力度，才能在波澜壮阔的时代潮流中保持经济运行总体平稳向好。

（二）“战略定力”法

“战略定力”是指在复杂多变的经济形势下为实现经济工作的战略目标而应有的战略自信、意志、毅力。具体而言，就要做到三个方面：一是一以贯之坚定道路自主，独立自主、把握大局；二是保持政策的稳定性、延续性、灵活性，避免颠覆性错误发生；三是保持平心静气、静观其变，审时度势、用好机遇，集中精力做好自己的事，坚定不移走和平发展道路，推动构建新型国际关系。只有这样，我们才能保持战略定力，处变不惊。

（三）“全面协调”法

“全面协调”反映了唯物辩证法的根本要求。从“全面”看，它要求事物的各个方面平衡发展。从“协调”看，它要求事物各方面、每一个方面内部都得到发展。具体到经济领域，在开展经济工作时，就要从经济发展的各个方面进行思考，而且每一个方面内部各要素也要全面发展，保持经济工作的总体平衡和整体协调，缩小区域间、行业间、城乡间、贫富间的差距，为经济和谐发展提供保障。

（四）“底线思维”法

“底线思维”是指坚持守住事物变质的最低限度的思维技巧。而底线正是事物好与坏、质变的分界线。习近平总书记反复强调“坚持底线思维，维护大局稳定”。在经济工作中，就是要把握我国经济所能承受的风险、困难的最低限度，也就是我们扛得住重大风险、重大挑战的底线。换句话说，我们必须在底线上进行经济政策设计，确保政策的科学性、有效性、灵活性。

（五）“调查研究”法

习近平总书记无论是在上山下乡期间，还是在河北、福建、浙江、上海及中央工作期间，都十分重视调查研究。对于经济工作来讲，调查研究是指深入经济建设的实际过程，探求经济问题、经济现象的真相、本质及其发展规律。具体而言，就是立足经济发展实际，准确把握制约经济发展的难点问题、重大问题、关键问题、核心问题，深入开展针对性研究，深刻探索问题的本质和规律；深入基层发展实际，尽可能全面掌握经济发展的实际情况，形成科学的政策意见；完善相关制度和规范，实现调查研究制度化、经常化。

（六）“抓铁有痕”法

习近平总书记反复强调，要“以踏石留印、抓铁有痕的劲头，切实干出成效来”。这在方法论上就是强调“抓铁有痕”工作法。从本质意义来看，这一工作法就是强调“实干精神”。经济工作关乎全局、关乎执政基础，在党的所有工作中的地位至关重要。而且，经济工作涉及面广、点多、线长，可谓纷繁复杂。这就要求我们有“实干精神”。当然，实干不等于蛮干、乱干，在于真干、苦干、巧干。

拓展阅读

数说“十四五”新蓝图

“潮平两岸阔，风正一帆悬。”党的十九届五中全会审议通过了《中共中央关于制定国民经济和社会发展第十四个五年规划和二〇三五年远景目标的建议》（以下简称《建议》），擘画了今后5至15年国家发展的新蓝图。

“十四五”是在全面建成小康社会基础上，乘势而上开启全面建设社会主义现代化国家新征程的关键五年；十九届五中全会是在“两个一百年”历史交汇期召开的一次重要会议。全会统筹谋划“十四五”规划和2035年远景目标，进一步确定当今中国之历史坐标、明晰未来发展方向，意义重大而深远。

《建议》分为总论、分论、结尾三大板块，包括15个部分、60条具体内容。学习领会《建议》的精髓与要点，可以列举“一二三四五”予以关注。

一个主题主线。《建议》提出，“十四五”时期经济社会发展要以推动高质量发展为主题，以深化供给侧结构性改革为主线。这个主题主线，充分反映了我国发展阶段、环境、条件的变化，顺应和把握了我国社会主要矛盾的变化。在中国特色社会主义新时代，“我国社会主要矛盾已经转化为人民日益增长的美好生活需要和不平衡不充分的发展之间的矛盾”“我国经济已由高速增长阶段转向高质量发展阶段”，这是党的十九大作出的科学判断。这要求我们必须把发展质量问题摆在更加突出的位置，着力提升发展质量和效益，并且在经济、社会、文化、生态等各领域都要体现高质量发展的要求。而从我国经济发展面临的问题看，供给和需求两侧矛盾都有，但矛盾的主要方面在供给侧。因此，深化供给侧结构性改革是实现高质量发展的必由路径。认清并抓牢这个主题主线，就牵住了“十四五”经济社会发展的牛鼻子。

两个大局。《建议》指出，全党要统筹中华民族伟大复兴战略全局和世界百年未有之大变局。“两个大局”是以习近平同志为核心的党中央作出的重大历史性判断，习近平总书记多次强调“领导干部要胸怀两个大局”。这两个大局相互交织、相互激荡、相互影响，一同构成“十四五”乃至更长时段的国内国际宏观背景。《建议》对这个背景的描述是，“十三五”规划目标任务即将完成，全面建成小康社会胜利在望，中华民族伟大复兴向前迈出了新的一大步。同时，我国发展环境面临深刻复杂变化。当前和今后一个时期，我国发展仍然处于重要战略机遇期，但机遇和挑战都有新的发展变化。《建议》关于构建“双循环”新发展格局、坚持创新在现代化建设全局中的核心地位、统筹发展和安全等一系列部署安排，都是基于对“两个大局”新变化、新特点的分析研判。

三个“新”。新发展阶段、新发展理念、新发展格局，这三个“新”堪称《建议》的“文眼”。“我国将进入新发展阶段”，是党中央对“十四五”时期我国所处历史方位作出的新论断。这个新发展阶段，就是全面建设社会主义现代化国家向第二个百年奋斗目标进军的阶段。发展理念是发展行动的先导，决定着发展的思路、方向和着力点。自2015年十八届五中全会提出“创新、协调、绿色、开放、共享”的新发展理念以来，五大理念日益成为举国上下谋发展、促发展的指挥棒和红绿灯；此次《建议》更加突出新发展理念的引领作用，将其贯穿于发展的全过程及各领域。中央今年提出的“加快构建以国内大循环为主体、国内国际双循环相互促进的新发展格局”也被明确写入《建议》之中。这一新发展格局既是我们积极应对国内外形势变化的主动选择，也是更好发挥中国超大规模市场优势的内在要求，有助于我国重塑发展的竞争力、增强发展的持久力。认识新发展阶段，贯彻新发展理念，构建新发展格局，三个“新”密切关联、融会贯通，集中体现了《建议》的核心要义。

四个全面。十八大以来，我们党形成了包括“五位一体”总体布局和“四个全面”战略布局在内的一系列治国理政大方略。随着全面建成小康社会目标渐行渐近、收官在即，《建议》对“四个全面”的表述作出调整——“全面建设社会主义现代化国家”取代“全面建成小康社会”，成为“四个全面”当中居于引领地位的第一个“全面”。由此，既保持了“四个全面”战略布局的长期连续性，又与时俱进地确立了更高的目标要求，实现了“两个一百年”奋斗目标的有机衔接。

五个首次。《建议》中有不少首次见诸党的文件的新提法，其中特别值得注意的有五个：一是首次提出“把科技自立自强作为国家发展的战略支撑”，而且置于各项规划任务的首位；二是首次提出“国家治理效能得到新提升”的目标，为推进国家治理体系和治理能力现代化、推动我国制度优势转化为治理效能指明了最新方向；三是把“全体人民共同富裕取得更为明显的实质性进展”作为远景目标，体现了社会主义的本质要求和人民群众的共同期盼；四是继2020年7月30日中央政治局会议首提“更为安全的发展”概念后，《建议》强调“统筹发展和安全”，要求“把安全发展贯穿国家发展各领域和全过程”；五是总结十八大以来党中央系统谋划、统筹推进党和国家事业的成功经验，提出“坚持系统观念”，为“十四五”规划和2035年远景目标提供方法论指引。

“所当乘者势也，不可失者时也。”“十四五”开启的新发展阶段，是中华民族伟大复兴历史进程的大跨越。在这关键的五年开好局、起好步，“复兴号”列车就能一往无前，驶向全面建设社会主义现代化国家的下一站。

资料来源：车海刚．“数说”未来新蓝图．中国发展观察，2020（21）．

时政热点

练习题

一、单选题

1. （　　）提出了“创新、协调、绿色、开放、共享”的五大发展理念。

A. 十八大　　B. 十八届三中全会

C. 十八届四中全会　　D. 十八届五中全会

2. 美丽中国的核心理念是（　　）。

A. 走出一条生态文明的中国道路

B. 实现人与自然和谐相处

C. 实现中华民族永续发展

D. 解决好经济社会发展和环境保护的关系

3. （　　）是推动发展的制胜法宝。

A. 创新思维　　B. 聚集人才

C. 国家政策　　D. 改革开放

4. 在实践中要看到经济社会发展是人自身发展的基础，人自身发展是经济社会发展的（　　）。

A. 根本目的　　B. 目标和方向

C. 前提和条件　　D. 经济基础

5. 五大发展理念以（　　）为牵引，直指我国发展中的突出矛盾和问题。

A. 问题　　B. 创新　　C. 发展　　D. 开放

6. （　　）是引领发展的第一动力。

A. 协调　　B. 创新　　C. 开放　　D. 绿色

7. （　　）是持续健康发展的内在要求。

A. 协调　　B. 创新　　C. 开放　　D. 绿色

8. （　　）是永续发展的必要条件。

A. 协调　　B. 创新　　C. 开放　　D. 绿色

9. （　　）是国家繁荣发展的必由之路。

A. 协调　　B. 创新　　C. 开放　　D. 绿色

10. （　　）是中国特色社会主义的本质要求。

A. 协调　　B. 共享　　C. 开放　　D. 绿色

11. 创新注重解决（　　）问题。

A. 发展方向　　B. 发展动力

C. 发展理念　　D. 发展规划

12. 协调发展注重解决（　　）问题。

A. 发展不协调　　B. 发展不全面

C. 发展不足　　D. 发展不平衡

13. 绿色注重解决（　　）问题。

A. 发展方向　　B. 人与自然和谐问题

C. 发展理念　　D. 发展规划

14. （　　）注重解决发展内外联动问题。

A. 绿色发展　　B. 创新发展

C. 开放发展　　D. 协调发展

15. 共享发展注重解决社会（　　）问题。

A. 法治　　B. 利益　　C. 和谐　　D. 公平正义

16. 在社会发展的（　　）方面，五大发展理念强调要认识和尊重社会客观规律性。

A. 客体性　　B. 基础性　　C. 目的性　　D. 规律性

17. 社会公平正义问题凸显，造成此种现象的重要原因是（　　）。

A. 政府职能缺位　　B. 社会群众诉求太多

C. 非营利组织的无端干预　　D. 人们维权意识增强

18. 美丽中国的（　　）是实现人与自然和谐相处、中华民族永续发展。

A. 核心理念　　B. 根本任务　　C. 基本要求　　D. 实现途径

19. 共享发展是全面建成小康社会的（　　）。

A. 重要内容　　B. 体现　　C. 目标　　D. 要求

20. 当前，我国经济发展进入新常态，正从高速增长转向（　　）增长。

A. 低速　　B. 中速　　C. 中高速　　D. 中低速

二、判断题

1. 在目前，要强调把五大发展理念落实到“十四五”时期的工作中。（　　）

2. 五大发展理念，既各有侧重又相互支撑，共同构成了一个开辟未来发展前景的顶层设计。（　　）

3. 五大发展理念的提出，是解决目前面临的突出矛盾和问题的需要。（　　）

4. 共享发展是全面建成小康社会的要求。（　　）

5. 创新是引领发展的第一动力。（　　）

6. 中国是全球最大的进口市场。（　　）

7. 五大发展理念是借鉴国外发展经验教训提出的，体现了时代精神。（　　）

8. 推进生态文明建设，要以提高环境质量为核心。（　　）

9. 理论来源于实践，是随着实践的发展而发展的。（　　）

10. “中等收入陷阱”下，国家的城市化发展会放缓。（　　）

11. 五大发展理念的提出，是如期全面建成小康社会的需要。（　　）

12. 在国际贸易规则的规范中，公平与否由某一国说了算，规则如何改取决于某一国的利益。（　　）

13. 协调是国家繁荣发展的必由之路。（　　）

14. 五大发展理念既抓住了目前经济社会发展中的突出问题，又开出了解决问题的良方。（　　）

15. 面对纷繁复杂的国际形势，我们应该关起门来搞建设，逐步脱离全球贸易和产业分工体系。（　　）

16. 我国是世界经济增长名副其实的稳定器和动力源。（　　）

17. “六保”新任务是保居民就业、保基本民生、保市场主体、保粮食能源安全、保产业链供应链稳定、保基层运转。（　　）

18. 经济发展新常态下，尽管经济面临较大下行压力，但我国仍处于发展的重要战略机遇期，经济发展长期向好的基本面没有变。（　　）

19. 贯彻落实五大发展理念，关键在人。（　　）

20. 促进我国经济持续健康发展的主线是加快转变经济发展方式。（　　）

三、思考题

1. 如何理解新发展理念？

2. 经济发展取得的历史性成就给我们带来了哪些经验和启示？

第七章

打造“最强大脑”建设创新型国家

★★★★★

中国北斗，闪耀全球。2020年7月31日，北斗三号全球卫星导航系统建成暨开通仪式在中国北京举行。北斗系统是党中央决策实施的国家重大科技工程。工程自1994年启动，2000年完成北斗一号系统建设，2012年完成北斗二号系统建设。北斗三号全球卫星导航系统面建成并开通服务，标志着工程“三步走”发展战略取得决战决胜，我国成为世界上第三个独立拥有全球卫星导航系统的国家。目前，全球已有120余个国家和地区使用北斗系统。“自主创新、开放融合、万众一心、追求卓越”，是新时代北斗精神。北斗系统单机和关键元器件国产化率已达到100%，这是北斗数十年来的自力更生和自主创新之路。我们为什么这么快？我们为什么这么强？从新中国成立初期的科技落后、科技封锁，到2017年提出的加快建设创新型国家，我们党和国家始终把独立自主进行科技创新放在首位。因为科学技术是国家发展的第一生产力，是国家不断进步的“最强大脑”。

第一节 中国科学技术史的演进

2021年3月5日，李克强总理所作的政府工作报告提道：提高科技创新支撑能力。稳定支持基础研究和应用基础研究，引导企业增加研发投入，促进产学研融通创新。发展民生科技。回望过往200多年，科学技术的发明与发现推动了世界变革的进程，改变了国家独自封闭的面貌，使人类命运共同体真正成为时代命题。回看地理大发现，依然是科学技术的因素在影响着人类世界，使人类第一次联结在一起，从此便不再分离。2006年，一部电视纪录片《大国崛起》在央视播出，引发广泛关注。该片讲述了九个国家相继崛起的历史过程，总结了这些国家崛起的规律，探究了其兴衰起落的原因，那就是科学技术对大国角逐起到了重要作用。在大国崛起的15世纪，是中国的科学技术影响了世界。

一、古代中国的科技领先史

早在1 000多年前，中国古人已经开始使用纳米材料。古人将蜡烛燃烧后的黑色烟尘颗粒收集起来，制作成墨颜料用于写字、绘画，这种黑色烟尘颗粒就是一种纳米材料。今天，当我们航行在一望无际的苍茫大海上，我们使用的是先进的雷达和定位导航技术，但在600多年前的“郑和下西洋”航行中，中国古人使用的却是指南针。曾随郑和三下西洋的马欢在其所著《瀛涯胜览》中记载：“设遇风、水不便，舟师失针，舵损”，指出了指南针对航海事业和军事战略的重要作用。郑和离世后，中国人的身影就在海洋上消失了。但指南针的科学价值并没有消失，指南针在航海上的充分应用被西方航海家采用，也使航海成为一门真正意义上的科学。15世纪，为了强化王权、扩大地盘的政治需要，欧洲的船队开始出现在世界各地的海洋上，从而形成了史无前例的地理大发现。在15世纪的海洋游戏中，赢得海洋比赢得陆地更为重要。指南针的发明使海上航运兴起，它打破了海上的无形屏障和无边堡垒，人类历史上第一次真正把世界联结成了一个共通体。

火药，是中国古代科学技术领先于同时代其他国家的另一标志物。在唐朝末年，火药出现在战争场上，到了两宋时期，火药在军事的运用上已经相当成熟，在东京开封（今河南省开封市）就有专门研究制造火药武器的“火药作”。13世纪，蒙古游牧民族不再单纯依靠游牧时期的骑射之技，而是以火药武器作为最大的优势，带着从中国中原地区学会制造的火药和火器如狂风般席卷欧洲大陆。虽然随蒙古大军出征的火药和火器又一次震惊西方世界，但火药在古代中国却遗憾的未能在技术上实现更高的超越与创新。火药的运用使大国轻而易举地打开了位于千里之外的各国门户，那些被迫开放的国家既缺乏思想准备也没有先进的武器装备，只能惨遭羞辱、任人宰割。无论是主动出击还是被动接受，世界各国从那一刻已经开始了相互认识、相互影响、相互竞争、相互碰撞，进而影响了整个人类社会的历史进程，也包括中国在内。

二、近代中国的科技落后史

火药、指南针、印刷术、造纸术是古代中国科学技术发展的制高点。1861—1863年，马克思和恩格斯更是将这些发明的意义推到了一个高峰，马克思在《机器、自然力和科学的应用》中写道：“火药、指南针、印刷术——这是预告资产阶级社会到来的三大发明。火药把骑士阶层炸得粉碎，指南针打开了世界市场并建立了殖民地，而印刷术则变成新教的工具，总的来说变成科学复兴的手段，变成对精神发展创造必要前提的最强大的杠杆。”中国古人可能从来没有想到过，他们的发明创造会带给世界各国，特别是对西方社会产生如此深远的影响，以至于这种影响却反过来伤及自身。1840年，一声声炮响使清政府被迫打开了闭关锁国的门户，中华民族从此进入了近代以来最屈辱和最悲惨的时代。

早在1842年，魏源就写成了50卷的《海国图志》，专门介绍了西方国家的科学技术和历史地理，提出了“师夷长技以制夷”的中心思想。所谓“师夷”是指学习西方资本主义各国的军事技术：“一是战舰，二是火器，三是养兵练兵”。魏源明确地把是否学习西方国家“长技”提高到能否战胜外国侵略者的高度来认识，但在当时的中国没有引起太大反响。20年后1862年的“洋务运动”，只是在引进和学习西方先进军事技术上下功夫，谋求最终摆脱西方列强“坚船利炮”的威胁，却极力反对对封建思想和封建制度进行任何形式的变革，注定了这场自上而下的自救运动以失败而告终，告终的标志是1894年的甲午战争。是技不如人吗？其实是制不如人。近代中国还在寻找出路，1898年6月，康有为、梁启超发起“戊戌变法”。尽管它所颁布的命令、颁布的措施因变法失败未能实现，但从科学技术发展史的角度看，创办京师大学堂、奖励科学著作和发明等措施对后来的科学技术与教育的发展有重要影响。1926年，中国“红三角”牌纯碱在美国费城举办的万国博览会上获金质奖章。1937年，茅以升主持修建了中国人自己设计并建造的第一座现代化大型桥梁——钱塘江大桥，成为中国铁路桥梁史上的一座里程碑。近代科学技术起源于西方社会，科学家通过日常生产活动改进技术水平，进而一步步发现科学规律，推动了社会发展和历史进步。然而就是“生产、技术、科学”这样一种近代科学诞生前的模式，落后的旧中国也没有充分掌握，因此导致经济落后、军事软弱、国势衰微。

三、新中国的科技奋斗史

《苦难辉煌》一书前言中写道：“物质不灭，宇宙不灭。唯一能与苍穹比阔的是精神。任何民族都需要自己的英雄。真正的英雄具有那种深刻的悲剧意味：播种，但不参加收获。这就是民族脊梁。”这就是一种民族精神的力量。在 1949 年新中国的开国大典上，礼炮齐鸣 28 响，象征着中国共产党自成立以来 28 年的前仆后继和浴血奋斗。从新中国诞生的那一刻起，崭新的中国就开始了伟大复兴的征途路，踏上了为人民谋幸福的复兴路，而科学技术的硕果在为人民谋幸福的复兴路上，发挥着至关重要的作用。

（一）打造工业体系的三十年（1949—1978）

2020 年是中国人民志愿军抗美援朝出国作战 70 周年。1950 年 6 月，朝鲜战争爆发。“打得一拳开，免得百拳来”，中国人民志愿军入朝抗击“联合国军”，并最终取得战争胜利。战争取得胜利，但新生中国的家底还是一穷二白。1952 年国庆，毛泽东直言不讳地说：“现在我们能造什么？能造桌子椅子，能造茶碗茶壶，能种粮食，还能磨成面粉，还能造纸。但是一辆汽车、一架飞机、一辆坦克、一辆拖拉机都不能造。”“落后就要挨打”，这是历史的铁律、永恒的真理。从 1840 年以来的苦难史，中国人民就逐渐认识到，没有健全的工业体系和先进的科学技术，就无法捍卫国家安全、保障人民生活。建立属于自己的独立工业体系，是新中国宏大的抱负。1953 年新年伊始，《人民日报》发表元旦社论，宣告中国开始执行第一个五年计划，号召全国人民同心同德，为实现工业化而积极奋斗。1956 年 7 月，新中国第一辆汽车——解放牌汽车在长春第一汽车制造厂下线，结束了我国不能生产汽车的历史。1958 年，东方红拖拉机诞生，由洛阳拖拉机厂开启了中国人自己制造拖拉机的大幕，标示着“中国人民一个耕地不用牛的时代来临了”。

科学没有国界，但科学家有祖国。新中国成立前后，无数海外学子满怀着对故土的深情厚爱，冲破帝国主义的重重阻挠和封锁回到祖国怀抱，正是他们奠定了新中国科学技术水平和研究体系。1953 年新中国的第一个五年计划，以苏联帮助中国设计建造的 156 个建设项目为标志，集中力量进行工业化建设，重点发展重工业、能源等基础工业项目，帮助中国由自给自足的农业国向具有比较完整的、工业门类齐全的工业国转变。1956 年是中国科学技术发展史上值得纪念的一年。在 1 月的《关于知识分子问题的报告》上，提出了“向现代科学进军”的号召。4 月，毛泽东在中共中央政治局扩大会议上说：“我们现在已经比过去强，以后还要比现在强。不但要有更多的飞机和大炮，而且还要有原子弹。在今天的世界上，我们要不受人家欺负，就不能没有这个东西。”1959 年 6 月，苏联政府单方面撕毁了中苏双方签订的关于国防新技术的协定，拒绝向中国提供原子弹样品和生产原子弹的技术资料。为了牢记 1959 年 6 月这一困难时期，新中国的第一颗原子弹试验从此便有了一个刻骨铭心的代号“596”。“文化大革命”期间，我国国民经济虽然遭到了巨大损失，但科学技术方面仍然取得了一批重要成就。如 1966 年 10 月，我国成功进行第一颗装有核弹头的地地导弹飞行爆炸；1967 年 6 月，我国第一颗氢弹空爆试验成功；1969 年 9 月，中国成功进行首次地下核试验；1970 年 4 月，中国第一颗人造地球卫星发射成功；1973 年 8 月，中国第一台每秒钟运算 100 万次的集成电路电子计算机试制成功；1974 年 8 月，我国自行设计制造的第一艘核潜艇命名为“长征 1 号”，正式编入海军战斗序列，人民海军进入拥有核潜艇的新阶段。这是在国家整体资源处于劣势的情况下，所创造出的局部优势。“文化大革命”结束后，1977 年 9 月 18 日，中共中央发出《关于召开全国科学大会的通知》，要求抓紧落实党的知识分子政策，迅速恢复被撤掉的科研机构，恢复科研人员的技术职称，建立考核制度，实行技术岗位责任制。之后，中国科学院破格晋升对“哥德巴赫猜想”研究取得世界领先成就的陈景润为研究员。1949—1978 年的这 30 年，中国从一个以手工业为主的农业国，已经变成了具有比较完整的、工业门类齐全的工业国，为探索中国特色社会主义道路提供了物质条件；这 30 年，有宝贵的经验也有惨痛的教训，经验就是中国集中力量办大事的制度优势，教训就是国家的稳定是经济发展的前提；这 30 年，印证了发展进步来源于科学技术，而“科学技术就是生产力”，这正是 1978 年 3 月，邓小平同志在全国科学大会开幕词中所郑重提出的，意味着科学的春天已经到来。

（二）改革开放后的科技创新史（1978 年至今）

1978 年 12 月，中国迎来了伟大的历史转折关头。中共十一届三中全会的召开，把中国的航向拨到了正确的方向。1985 年 3 月，《关于科学技术体制改革的决定》提出经济建设必须依靠科学技术、科学技术工作必须面向经济建设的战略方针，表明科学技术与经济建设同向同行的关系。1985 年 5 月，实施旨在依靠科学技术促进农村经济发展的“星火计划”，开始了加速农村小康建设和农业现代化进程。1986 年 3 月，邓小平对王大珩等四位科学家提出的关于跟踪研究外国高技术发展的建议作出指示。11 月 18 日，中共中央、国务院转发《国家高技术研究发展计划纲要》。这个计划因邓小平首次批示的时间为 1986 年 3 月，又称“八六三计划”。1988 年 9 月，邓小平在会见外宾时指出：“马克思说过，科学技术是生产力，事实证明这话讲得很对。依我看，科学技术是第一生产力。”首次提出了“科学技术是第一生产力”这一著名论断。1991 年，中国第一座自行设计、自行建造的秦山核电站并网发电。1995 年，确定实施科教兴国战略。

1999年，召开全国技术创新大会。进入21世纪，科学技术成果持续开花结果。“神舟五号”载人飞船成功发射（2003）、中国第一个北极科学考察站黄河站建成并投入使用（2004）、中国第一颗绕月探测卫星“嫦娥一号”发射成功（2007）、中国第一条拥有完全自主知识产权的京津城际铁路通车运营（2008）、中国第一艘航空母舰“辽宁舰”正式交付海军（2012）。

进入新时代，科学技术在原有的基础上持续发力。2016年，全国科技工作会议明确提出，“我国科技创新已步入以跟踪为主转向跟踪和并跑、领跑并存的新阶段”，一系列重量级、国际级科技项目纷纷亮相。“十三五”时期，科技创新成果丰硕，在载人航天、探月工程、深海工程、超级计算、量子信息等高科技领域取得一批重大成果。“天问一号”“嫦娥五号”“奋斗者”号等突破性成果不断涌现。21世纪后，一系列加快发展我国科学技术水平的政策相继出台。如努力建设创新型国家（2006）、加快建设创新型国家（十九大报告、十九届四中全会）、建设成为网络强国（2014）、《关于大力推进大众创业万众创新若干政策措施的意见》（2015）、《关于积极推进“互联网+行动的指导意见”》（2015）、《国家创新驱动发展战略纲要》（2016）、《新一代人工智能发展规划》（2017），这些相关政策的出台为科学技术的研究和发展提供了理论支持和制度保障。2020年8月24日，习近平总书记在经济社会领域专家座谈会上强调要“以科技创新催生新发展动能。实现高质量发展，必须实现依靠创新驱动的内涵型增长。我们更要大力提升自主创新能力，尽快突破关键核心技术。这是关系我国发展全局的重大问题，也是形成以国内大循环为主体的关键”，再次为科技创新的重要性加码与增压。2020年9月，世界知识产权组织发布的《2020年全球创新指数（GII）报告》显示，中国创新能力排名保持第14位。中国有17个科技集群进入全球科技集群百强，数量仅次于美国，排在世界第2位。这是新时代从各方面持续推动科技创新领先的结果。

第二节 完善科技创新体制机制 加快建设创新型国家

2020年1月10日，2020年全国科技工作会议在北京召开。黄旭华、曾庆存两位院士获得2019年度国家最高科学技术奖。黄旭华为研制核潜艇隐姓埋名30年，曾庆存为气象预报工作奋斗一生。国家最高科学技术奖授予在当代科学技术前沿取得重大突破或者在科学技术发展中有卓越建树，在科学技术创新、科学技术成果转化和高技术产业化中创造巨大经济效益或者社会效益的科学技术工作者。

一、构建社会主义市场经济条件下关键核心技术攻关新型举国体制

新时代，明确提出构建关键核心技术攻关新型举国体制主要有两个原因：首先，随着科学发展往纵深发展，破解科学难题越来越难，且创新成本投入巨大，短期内难有可观回报，导致一般企业无法长期承受这种高风险商业投资。其次，现代科技创新普遍涉及不同学科和领域，需要聚集不同领域的人物力，集体进行攻关，一般企业缺乏这种协调和统筹不同资源的能力与力量。所以，2019 年 11 月党的十九届四中全会审议通过的《中共中央关于坚持和完善中国特色社会主义制度 推进国家治理体系和治理能力现代化若干重大问题的决定》中提出要构建关键核心技术攻关新型举国体制，指明了完善科技创新体制机制的重点和方向，为加快建设创新型国家指引了方向。

（一）制度完善保研发，顶层谋划布新局

2020 年 3 月，习近平总书记在北京考察新冠肺炎防控科研攻关工作时再次强调指出，要完善关键核心技术攻关的新型举国体制。2020 年，国内外综合环境复杂多变，尤其表现在科学技术领域，摩擦不断、争端持续、举步维艰、步步惊心。新型举国体制下，要求"坚持国家一声令、规划全国一盘棋，集中优势办大事，政府作为转角色，做好顶层谋新局"。8 月 4 日，国务院印发《新时期促进集成电路产业和软件产业高质量发展的若干政策》(以下简称《若干政策》)。《若干政策》提出，要深化产业国际合作，提升产业创新能力和发展质量，制定出台财税、投融资、研究开发、进出口、人才、知识产权、市场应用、国际合作八个方面政策措施，并积极鼓励和促成集成电路和软件产业全球合作。其中，在财税政策方面，对整个半导体产业链的不同环节都有相应的免税政策，最高的是对先进晶圆（晶圆是指制作硅半导体积体电路所用的硅晶片，其原始材料是硅）代工厂给予最高 10 年免税。2020 年 7 月，中国科学院合肥物质科学研究院"90 多人集体离职"事件，引发了社会各界广泛关注。中国科学院合肥物质科学研究院是我国尖端技术的孕育地，拥有可控核聚变、稳态强磁场等大科学实验装置。这一件事同样值得我们从更高的制度层面进行反思。

（二）政府要素统协调，自由流动展新貌

《若干政策》明确，凡在中国境内设立的集成电路企业和软件企业，不分所有制性质，均可按规定享受相关政策。这就是要让市场在资源配置中起决定性作用，同时更好发挥政府的作用，加强统筹协调力度，确保政策支持到位，落实服务到位，这是新型举国体制的制度要求。就科技发展规律而言，科技创新体现出多学科交叉的态势，涉及不同领域和学科。仅凭某个企业、某个市场一己之力难以独立完成，需要集中不同领域、

各个部门的优质资源进行集体攻关，而政府在组织集中力量办大事的作用上有着巨大优势。2020年3月30日，《关于构建更加完善的要素市场化配置体制机制的意见》中要求，要破除阻碍要素自由流动的体制机制障碍，扩大要素市场化配置范围，健全要素市场体系，推进要素市场制度建设。这也为构建社会主义市场经济条件下关键核心技术攻关的人才合理畅通、有序流动提供了有力保障。就外部环境而言，关键核心技术要不来、买不来、讨不来。2020年新冠肺炎疫情阻击战虽然已经取得决定性胜利，但同时也暴露出我国在生命科学领域的关键核心技术突破有待加强。这种形势下，只有发挥新型举国体制优势，集中力量办事，才能不断增强我国科技创新能力，掌握更多核心技术，为维护人民生命健康作出更大贡献。

二、加大基础研究投入，健全鼓励支持基础研究、原始创新的体制机制

1986年，国家科学技术委员会（1998年更名为科学技术部）决定把全国科学技术工作分为三个层次：第一个层次是直接面向经济建设，为当前的经济建设服务；第二个层次是高新技术开发与研究；第三个层次是基础研究。重视基础研究工作，是整个科学技术发展的基础，虽然它们不一定能带来立竿见影的经济效益。

（一）基础研究定基调，提升原始创新力

加强基础研究是提高我国原创性创新能力、增加人才资本的重要途径，是打造科技强国的关键条件，也是建设创新型国家的决定因素和增长源泉。近年来，中国载人飞船、超级计算机“神威·太湖之光”、世界最大单口径射电望远镜“天眼”、量子通信等科技工程取得了显著的成就，使人们逐渐认识到基础科学研究对国家快速发展所具有的重大战略意义和现实意义。高铁是中国制造业的一张亮丽名片。到2019年底，中国高铁运营里程突破3.5万千米，覆盖95%的100万人口及以上的城市，约占全球高铁网的7成。如今，从1909年詹天佑主持建成中国第一条自行设计的京张铁路到2019年底开通的京张高铁，时间跨越百年。为什么中国制造业这么强？从企业发展过程的每一步、每一人来看，始终能以坚持自主创新、大胆技术革新为突破口，以工匠精神为传承，以打造中国自主品牌为己任。2018年，为加快建设创新型国家，提高我国基础科学研究水平，改善国内基础科学研究短板，提升基础科学原始创新能力，优化基础科学研究环境，国务院印发《关于全面加强基础科学研究的若干意见》（以下简称《意见》），对全面加强基础科学研究作出重要部署。《意见》明确了我国基础科学研究三步走（2020、2035、21世纪中叶）的发展目标，从“完善基础研究布局、建设高水平研究基地、壮大基础研究人才队伍、提高基础研究国际化水平、优化基础研究发展机制和环境”5个方

面共20点提出了全面加强基础科学研究的重点任务。《意见》的出台表明我国基础科学研究迎来了最好的时光，进入了它的黄金发展期。2020年8月29日，中华中医药学会中医药防治重大疾病基础研究平台成立大会在北京召开。中药在中国已经有几千年的发展历史，在本次抗击疫情中的作用全国人民有目共睹。8月30日，在2020生命健康未来峰会暨中国（杭州）数字健康小镇开园现场，“人民英雄”国家荣誉称号获得者、中国工程院院士张伯礼认为，中医知识源远流长，历经数千年虽有改进和发展，但和现代科学结合太差，其现代科学内涵有待揭示，面向科学前沿的中医药基础研究靠“单打独斗”更是独木难支，为把“单打独斗”变成“齐心协力”共克难题，所以成立中医药防治重大疾病基础研究平台。目前，该平台成员单位有覆盖全国近30个省的40余家高校、科研院所、国家与省部级重点实验室。

（二）民营企业强发力，打造世界级企业

基础研究是创新之源。基础研究工作者需要耐住性子和冷清，经受反复失败与重复。当一个科学人才几年没出成果时，可能会被人质疑和误解。正因为如此，关于基础研究领域的话题一直是重中之重。与国家战略同步，作为我国70%以上技术创新成果主体的民营企业，目前纷纷在基础研究领域持续发力。2016年，红杉资本中国基金创始合伙人沈南鹏和其他11位企业家一起设立“未来科学大奖”。这是我国第一个由科学家、企业家群体共同发起的民间科学奖项，关注的正是原创性的基础科学研究工作。截至2020年9月6日，“未来科学大奖”共组织5次评奖，奖项分别为生命科学奖、物质科学奖、数学与计算机科学奖（2017年设立），共有20人获奖。2019年两会期间，腾讯马化腾提出要“加强关键核心技术与基础科学研究的成果转化及科技奖励收入可免征个人所得税”等建议。

2020年9月，第二届“科学探索奖”获奖名单揭晓，50位青年科学家每人将在未来5年内获得腾讯基金会总计300万元人民币奖金，获奖领域为数学物理学、生命科学、天文和地球科学、化学新材料、信息电子等。2020年9月，任正非在北京大学专家座谈会上表示，只有长期重视基础研究，才有工业的强大，只有长期重视基础教育，才有产业振兴的人才土壤。2017年，阿里巴巴集团宣布成立“达摩院”，进行基础研究和颠覆性技术研究。越来越多的企业家投入基础研究领域，加大对青年科学家的资金援助，助力青年学子勇攀科学技术之巅。如今，世界处于百年未有之大变局，我们应努力认清世界纷繁复杂的环境，从最薄弱的基础领域做起，向最关键的领域发起不断的冲击，打造世界级科技创新企业。

三、建立以企业为主体、市场为导向、产学研深度融合的技术创新体系

科学就是求真，我们要尊重科学研究规律；科技就是创新，我们扶持中小企业和各

类主体（如科研院所、高等院校）协同创新；科学就是生产力，我们要以市场需求为导向，积极促进科学技术成果向生产力转化，让科学研究面向市场需求，让市场需求依靠科学技术，通过技术创新解决市场中存在的实际问题。

（一）努力解决两张皮，破除机制障碍面

2015 年，我国修订并发布实施了《中华人民共和国促进科技成果转化法》，该法开宗明义表明了科技成果转化为现实生产力、规范科技成果转化活动、加速科学技术进步对推动经济建设和社会发展的重要作用。该法的修订与实施破除了制约科技成果转化的体制机制障碍，表明在评价科技成果转化环节要让市场和企业发挥更多的主导作用，这必将极大地激励广大科研工作者积极开展科学研究的热情。2020 年 5 月，两份重磅文件——《中共中央国务院关于新时代加快完善社会主义市场经济体制的意见》和《赋予科研人员职务科技成果所有权或长期使用权试点实施方案》发布，都提出“试点赋予科研人员职务科技成果所有权或长期使用权”。文件的出台有利于进一步解决科技、经济“两张皮”的困局和难点，把科技工作者的创新成果转化为真正的现实生产力。在两份文件发布之前，我国科研人员在工作中创造出来的科学技术成果，因为离不开所属单位提供的人力、物力、技术、资金等支持，所以创造出来的科学技术成果属于典型的“职务发明”“职务作品”，所有权、使用权都归单位支配，造成了一种矛盾局面，研究成果不归属个人。所以，不管该成果未来能产生多大的经济利益和社会效益，都与研究者本人没有丝毫关系，科研人员能拿到手的钱只是工资和奖金，而没有把其科研成果的经济利益计算在内。这两份文件的出台，在一定程度上有利于破除科研成果转化的现实障碍，改变体制缺陷，激发科研人员内在的积极性和主动性。从 2019 年开始，国家对国家科学技术奖奖金标准进行了上调。其中，国家最高科学技术奖奖金由设立之初的每人 500 万元上调为每人 800 万元，且由获奖者个人自主支配奖金分配方法，也有助于进一步打破“造导弹的不如卖茶叶蛋的”心理障碍。

（二）校企合作优势大，打造平台新载体

2019 年 3 月，河南科技大学入选全国首批高校科技成果转化和技术转移基地。在这次首批入选的 47 所高校中，河南科技大学是河南省唯一的入选高校。2013 年至 2017 年 5 年间，河南科技大学有代表性的科技成果转移转化连续获得 6 项国家科技奖。仅 2020 年 8 月，河南科学大学就有公开的科技成果转让项目 6 项。2019 年 7 月，6 名教师入选 2020 年度河南省高校科技创新团队和创新人才支持计划。在 2017 年，由浙江省政府、浙江大学、阿里巴巴集团联合共建的之江实验室成立，这是以企业为主体、市场为导向，产学研深度整合的技术创新载体。之江实验室的成立，依托阿里巴巴集团多年来建立的商业生态优势和技术服务优势，在未来网络计算和系统、泛化人工智能、泛在信

息安全、无障感知互联、智能制造技术五大方向，开展重大前沿基础研究和关键技术突破，进一步整合、开发、打造产学研的深度、广度、精度，为技术创新提供有利的物质载体和科学指引。2020 年 7 月底，华为任正非接连几天访问了上海交通大学、复旦大学、东南大学、南京大学四所高校，为华为的人才招募铺路和打前站。在当前华为“危亡”的紧要关头，人才储备至关重要，只有抓住这个源头，才能提升企业的核心竞争力和未来主导权。2020 年 8 月，华中科技大学的两名计算机专业毕业的博士生张霁和姚婷，入选华为“天才少年”计划的新闻刷屏。华为“天才少年”计划，是任正非在 2019 年发起的用顶级挑战和顶级薪酬吸引顶尖人才的项目，年薪 89.6 万元起，最高为 201 万元。这表明高校在培育人才方面的优势是巨大的，高校培育的人才在市场中有“市场”。

四、完善科技人才发现、培养、激励机制，健全科技伦理治理体制

大国之间技术创新的竞争归根到底是创新人才的竞争，人才是创新活动中最为活跃和最为积极的决定性因素和基础性因子。当前社会，科技人才的竞争越发激烈，科技领域的纠纷越发剧烈，正因为科学技术能力是具有专业技术的特殊人才所掌握的，所以，它不是普通生产力，而是第一生产力。

（一）健全人才发现机制，落实培养体制全方位

2021 年 3 月，中国科学院院士、中国工程物理研究院研究员周毓麟去世，他为我国核武器事业作出过重大贡献。目前，我国科技领军人物、战略型科学家仍然缺乏。这些难点和痛点的解决，除了面向全球招才引智外，更要把重点放在对国内科技人才的早期发现、定向培养及全方位支持上。要大力推进科学技术创新，就要完善健全科技人才发现机制。要全方位评价科技人才，对有实力的科技人才要进行科学识别，深挖细挖。还要“不拘一格降人才”，对有潜力的科技人才要大胆采用，给予包容，给予扶持，因为人才成长本身具有不确定性。培养人才不是揠苗助长，不能急功近利，而要牵线搭桥、穿针引线，要尽可能给人才提供良好的体制环境和成长平台，切实提高科研人员的基本待遇和福利水平，使科技人才无后顾之忧，可以心无旁骛地做科研，敢坐、愿坐冷板凳，勇于突破科技前沿领域。2018 年，华为任正非指出：我们要宽容失败，才会有真正的创新。2020 年国务院政府工作报告中也提到要“营造鼓励创新、宽容失败的科研环境”。对科学家的评价要相对合理，不要过于情感化，对一时的不成功，也要合理的鼓励，肯定科学家的贡献。对科技人才的培养机制应该是全方位的，这不仅需要国家政策的显性支持，也要潜移默化地对科研人员的修养品德进行培育，使科研人员的关注

点始终放在对科研的兴趣与坚持上。

（二）把握科技伦理标准，规范治理体系全覆盖

2020 年，科学技术在助力抗疫方面发挥了无可替代的重要作用。但数据的收集，也使个人信息存在被泄露、被滥用的风险。在无法律规章严格约束的情况下，科学技术就能无限放大人类“隐秘的角落”。2019 年 3 月，十三届全国人大二次会议将个人信息保护法列入立法规划，加快了对个人信息保护的立法进度。科技伦理是科技活动必须遵守的价值准则。如何让科技弃恶扬善，让科技进步更好造福人类，实现“科技之善”与“道德之真”的接轨，已经成为科技伦理必须要解决的难题。2019 年 11 月，腾讯正式公布了公司全新的使命愿景为“用户为本，科技向善”，并将公司价值观更新为“正直、进取、协作、创造”，把推动科技创新与文化传承、助力各行各业升级、促进社会的可持续发展作为公司的首要目标。科技是一种创新的能力，更是一种向善的选择，因为善良比聪明更重要。2018 年 11 月，南方科技大学某副教授向社会宣布，他利用基因编辑技术修改了一对双胞胎婴儿的基因。消息公布后，该实验所涉及的科技伦理问题迅速引发社会公众、科学界、法律界人士的众多质疑。这件以人为实验品的所谓“科学研究”，将人类命运推向了一个未知的领域，它的风险后果我们一无所知。如何才能避免类似事件的发生，需要以法律为底线，以伦理为方向，规范各种科学研究活动，把握科技与伦理的双标准。2019 年 7 月，中央全面深化改革委员会第九次会议审议通过了《国家科技伦理委员会组建方案》，其目的就是通过加强统筹规范和指导协调，推动构建覆盖全面、导向明确、规范有序、协调一致的科技伦理治理体系，强化伦理监管，规范各类科学研究。

第三节 以创新促发展 以教育促创新

2020 年 7 月 14 日，英国宣布决定停止在 5G 建设中使用华为设备，已经购买的华为 5G 设备也必须要在 2027 年前拆除。7 月 19 日，中国驻英国大使刘晓明就此事接受访问时，以马丁・雅克曾写过的一个历史故事对“英国禁用华为”一事做出回应：1793 年，乾隆曾告诉英国国王“我们不需要英国制造”，这成了中国 150 年衰落的开始。他说，“227 年后的今天，英国告诉中国‘我们不需要中国 5G 技术’，我不知道接下来 150 年英国会怎么样”。2020 年 8 月，首都医科大学校长饶毅特别指出，“如果我们希望有朝一日走在世界前列，必须有科学技术支撑的原创性工作。如果我们的科研产出不能超

过西方、不能超美，难以想象我们能单纯通过商业模式的变更或分配方式的技巧走到前列。只有产出强的时候，才有分配的主导权”。

一、以创新促发展，各行各业百花齐放

居安要思危。2014 年 6 月 9 日，习近平总书记在中国科学院第十七次院士大会、中国工程院第十二次院士大会上谈道：“面对科技创新发展新趋势，世界主要国家都在寻找科技创新的突破口，抢占未来经济科技发展的先机。我们不能在这场科技创新的大赛场上落伍，必须迎头赶上、奋起直追、力争超越。”“只有把核心技术掌握在自己手中，才能真正掌握竞争和发展的主动权，才能从根本上保障国家经济安全、国防安全和其他安全。不能总是用别人的昨天来装扮自己的明天。不能总是指望依赖他人的科技成果来提高自己的科技水平，更不能做其他国家的技术附庸，永远跟在别人的后面亦步亦趋。我们没有别的选择，非走自主创新道路不可。”今天，我们再来看这段话，依然具有十分重要的警醒作用和引领作用。2020 年 5 月 30 日是国家第四个“全国科技工作者日”。袁隆平、钟南山、王坚、马化腾等 25 位科技工作者代表给习近平总书记写信，表达了他们在新时代创新创造创业生动实践中建功立业的决心。5 月 29 日习近平总书记给 25 位科技工作者代表回信，表明了习近平总书记和国家对科技创新的重视。“向现代科学进军”不仅表现在军工领域，还表现在各行各业、社会生活的方方面面。只有全方位创新，把核心技术掌握在自己手中，才能从根本上保障国家经济安全、国防安全和其他安全。

（一）以科技创新，保障国家粮食安全

2021 年中央一号文件要求，要打好种业翻身仗。“一粒种子可以改变一个世界，一项技术能够创造一个奇迹。”1973 年，我国籼型杂交水稻科研协作组袁隆平等人，在世界上首次培育成功强优势的籼型杂交水稻。1953 年，袁隆平作为新中国培养出来的第一代学农大学生从西南农学院毕业，被分配到湖南安江农校工作。新中国的头等大事，是让翻身得解放的老百姓吃上饱饭不再挨饿，那时的袁隆平就立下誓言要解决困扰中国的粮食短缺问题。尤其是经历过三年自然灾害那场刻骨铭心的饥荒后，农业报国的想法再次在袁隆平心中扎下了根。田间地头、酷暑寒冬随时随地能够看到袁隆平的身影。在解决了国人“吃饱饭”的问题后，袁隆平就将更多精力放在了如何让国人“吃得好”和“更健康”这两件事上。生于 1930 年如今已经 90 高龄（2020 年）的袁隆平院士，虽然身体状况大不如前，但他对以科技创新来保障国家粮食安全，却有着热切的希望和严格的要求。2020 年 6 月袁隆平曾言：“杂交水稻的发展史，本来就是一个技术不断创新发展的历程。围绕粮食安全，我们必须长期坚持开展杂交水稻技术研发。现在，我最关心

耐盐碱水稻示范工程、三一工程、杂交水稻超高产攻关工程三大工程，期望通过它们，能更进一步推动我国乃至世界杂交水稻事业的发展。”民以食为天，食以安为先。新时代，国家把粮食安全作为治国理政的头等大事来抓，也为世界粮食安全做出了卓越贡献。“全世界有22.5亿亩水稻，如果有一半种上杂交稻，增产的粮食可以多养活4.5亿人。”袁隆平院士有着一个杂交稻覆盖全球的梦，这也是新时代人类命运共同体理念在袁隆平院士身上的最好体现与生动实践。

2021年2月25日，全国脱贫攻坚总结表彰大会隆重举行。要乡村振兴必须打造产业振兴，打造产业振兴必须发挥自身特色。科技扶贫始终是打赢脱贫攻坚战的重要支撑。2021年初热播剧《山海情》讲述了20世纪90年代初中国一些贫困地区村民走上脱贫致富道路的奋斗历程，剧中的蘑菇种植成就了乡村振兴。在农村广阔的天地中，无数小蘑菇、小木耳、黄花菜等“小东西”诠释出乡村振兴产业发展“以小见大”的深刻主题。

（二）向疾病挑战，奋力攻关医疗领域

1955年，毛泽东主席发出“一定要消灭血吸虫病”的伟大号召。在专业机构和科研队伍的主导下，经过多年的努力，我国在血吸虫病防治上取得了举世瞩目的成就。1965年，我国在世界上首次人工合成结晶牛胰岛素（用于降糖、消炎、精神疾病等广泛领域），这是新中国第一个居世界领先水平的基础理论研究成果。“作为一个科学工作者，我们需要用创新精神去寻找新事物”，2015年诺贝尔医学奖授予给了中国女科学家屠呦呦，表彰她发现了青蒿素（一种用于治疗疟疾的药物），该药品可以有效降低疟疾患者的死亡，挽救了全球特别是发展中国家数百万人的生命。2020年，在中国抗击新冠肺炎的伟大斗争中，钟南山院士被授予“共和国勋章”。钟南山院士多次强调，无论是药物筛选还是新药研发，都要符合伦理、遵循规范。在被问及25位科技工作者为什么要给习近平总书记写信时，钟南山院士这样回答道：“给习近平总书记写这封信，当时主要就是感觉到我们国家在很多关键核心的领域仍然受制于人。在这种压力下，必须要推动自主创新，还要推动产学研结合，也就是科技要跟经济结合，不管是数字经济，还是实体经济。”科技创新遵循一定的自然规律，实验操作遵循一定的章法操守，而科学发现需要观察、思考和勇气，科学发明需要理论、实践和创新，在科技领域里容不得一丝马虎和冒进突进，只有这样才能攻克医学难关，保障人民身心健康，不负人民生命之托。

2020年12月，国家医疗保障局召开新闻发布会，正式公布2020国家医保药品目录谈判结果。最新版国家新冠肺炎诊疗方案所列药品已被全部纳入国家医保目录，以实际行动助力疫情防控，保障人民身心健康。

（三）科学向善，让科技更好作用于社会生活

在2020年抗洪救灾中，各种高科技手段对救灾起到了有力支援，发挥了不可估量

的隐形力量，为人民生命财产安全保驾护航。如运用无人机近空侦察，精准确定灾情信息，为救援人员提供救灾处置方案，得到一手救援信息。高科技装备的运用也体现在对救援人员的进一步保护上，救援官兵除了身穿专业救生衣外，在腰间还绑有救生腰带，以增强对官兵安全的人身保护，达到双保险的作用。2020 年 2 月 9 日，为防范新冠肺炎的传播和防控资源的调配，杭州市政府推出新的数字化防疫措施，支付宝“健康码”就是其中措施之一。短短两天，“健康码”在杭州得到全面推广。随后“健康码”在全国范围内得到迅速覆盖，这依托于科学技术、数据平台和政府的有力推行。

每年 4 月 24 日，是“中国航天日”。随着北斗全球卫星导航系统全面建成，它与我们的生活更加密不可分。北斗导航系统不仅在遥远的浩瀚太空发挥着重要作用，而且对地质灾害的预警更精准更有效。北斗通过系统监控水土位移，能够成功对地质灾害进行预警。2020 年 7 月，湖南省石门县雷家山发生大型山体滑坡，因为北斗系统的成功预警，才能够让周边人员提前撤离，从而做到了人员的零伤亡。2020 年 1 月，在抗击新冠肺炎疫情中，火神山、雷神山医院的修建，也是因为有北斗导航系统的高精度定位设备的参与，才为医院迅速开工建设争取了宝贵时间。2020 年 5 月，中国登山健儿再次登上珠穆朗玛峰峰顶，同样是以北斗导航系统的数据为主。诸如共享单车配装北斗终端实现精细化管理、牧民稳坐家中就能通过北斗项圈放牧牛羊、在中国入网的智能手机已经有 70%以上提供北斗服务、公交车安装北斗系统、北斗精确导航不走弯路等，其应用已涉及生活的方方面面，服务已触及各行各业，已经融入众多基础设施，综合影响力正在不断显现。到 2021 年 3 月，北斗三号系统服务能力已达到世界一流行列，特色服务得到整体提高和全面部署。精密单点定位正面向精准农业、国土测量、自动驾驶等领域用户提供精准服务；国际搜救服务，正按国际组织要求开展入网工作。

二、以教育促创新，树立科学家精神

你是否有过遨游太空的梦想？你是否因为杨利伟的“上天”而激动万分？你是否因《流浪地球》的科幻故事而浮想联翩？2020 年 7 月，湖南高分女生因报考北大考古专业而沸腾网络，其偶像樊锦诗先生写信回应，鼓励钟芳蓉同学：“不忘初心，坚守自己的理想，静下心来好好念书。”众多省份的博物馆或研究院为高考女生送出了丰厚的入学大礼，河南考古界还专门送出了考古铲。20 世纪 20 年代后期，对位于北京西南的周口店、安阳的殷墟等遗址的发掘，标志着中国考古学的诞生，新中国成立后逐步建立起完备的中国考古学体系。任何学科体系都有自己的理论基础与实践方法，考古更不例外，不断更新的科学研究方法为考古学的发展提供了强大的科技支持。这则新闻不仅让我们看到青年学子的自律意识和执着精神，更让我们从他们身上看到了未来中国科学家精神的无限潜力。2020 年 7 月 23 日，海南文昌航天发射场，我国首次火星探测任务“天问一号”探测器成功发射，拉开了我国向更遥远的宇宙深处探索的序幕，也扩展了人们对火星的无限向往。正是因为科学充满了未知，未来充满了想象，探索充满了好奇，才使我们的创新和实践变得更有意义，而不断的科技创新和对真理的求知更需要科学家精神的引领。

（一）完善制度建设，激励科学家精神

2020 月 2 日，贵州茅台在官方公众号上发布消息称，茅台集团总工程师、首席质量官王莉入围中国工程院增选院士名单，引发广泛关注和争议。央广网公布评论了“茅台女总工入围院士候选人？当慎之又慎！”评论中提出，推荐致力于研究“酿酒”技术的研究人员评选院士，很难代表“科技兴国”的战略方向。谁能代表科学家精神？科学家精神是什么？

2019 年 6 月，《关于进一步弘扬科学家精神加强作风和学风建设的意见》（以下简称《意见》）出台，明确了新时代科学家精神的内涵，即胸怀祖国、服务人民的爱国精神，勇攀高峰、敢为人先的创新精神，追求真理、严谨治学的求实精神，淡泊名利、潜心研究的奉献精神，集智攻关、团结协作的协同精神，甘为人梯、奖掖后学的育人精神。这一《意见》的出台，突出体现了新时代对科学家这一群体的殷切期望和精神褒奖。要激励和引导科技工作者，就必须重视科学家精神的培育和养成，形成“尊重知识、尊重人才、包容不同、容纳失败、科学管理、服务到位”的科研环境。精神可以传递，科学必须求是，育人必然身先。2020 年 9 月 11 日，习近平总书记主持召开科学家座谈会（以下简称“科学家座谈会”）谈道：“科学成就离不开精神支撑。科学家精神是科技工作者在长期科学实践中积累的宝贵精神财富。”具有甘为人梯、奖掖后学的育人精神是关乎科学事业长远发展的大战略和大情怀。科技的成就不是一蹴而就、立竿见影的短暂过程，而是一项承上启下、继往开来的持续攻坚；科技的发展是甘为人梯、奖掖后学的科学前辈和勇往无前、后来居上的科学后辈共同钻研与兼容并包的双向过程；科技的环境是科学前辈的无私奉献与科学后辈的谦虚态度的心理磁场。“春蚕到死丝方尽，蜡炬成灰泪始干。”对新时代的科学家群体来说，要甘为人梯、奖掖后学，把发现、培养、激励青年科技人才作为一项重要任务来承担，要敢于给青年人压担子、搭台子、铺路子。“青年是祖国的前途、民族的希望、创新的未来。”对广大青年科技人才来说，要继续保持艰苦奋斗、勇往无前的精神，把握好青年科技人才的创新意识与创新能力，号召青年科技人才把个人的理想与国家民族的命运紧密联系在一起，并为此奋斗终生。

（二）做好长远规划，挑战技能新高峰

2005 年 7 月 29 日，钱学森对前来探望自己的时任国务院总理温家宝说：“现在中国没有完全发展起来，一个重要原因是没有一所大学能够按照培养科学技术发明创造人

才的模式去办学，没有自己独特的创新的东西，老是‘冒’不出杰出人才。这是很大的问题。”这是时代之问，也是老一辈科学家对科学文化教育的深切期盼。在科学家座谈会上，习近平总书记强调：“加强创新人才教育培养”“要把教育摆在更加重要位置，全面提高教育质量，注重培养学生创新意识和创新能力”“要加强数学、物理、化学、生物等基础学科建设，鼓励具备条件的高校积极设置基础研究、交叉学科相关学科专业，加强基础学科本科生培养，探索基础学科本硕博连续培养模式”。这是对时代之问的时代回答，这是对老一辈科学家对科学文化教育深切期盼的深切回应。《中国教育现代化2035》，是中国第一个以教育现代化为主题的中长期战略规划，聚焦教育发展的突出问题和薄弱环节，立足当前，着眼长远，重点部署了面向教育现代化的十大战略任务。在《中国教育现代化2035》中，提出要“加强高等学校创新体系建设，建设一批国际一流的国家科技创新基地，加强应用基础研究，全面提升高等学校原始创新能力。探索构建产学研用深度融合的全链条、网络化、开放式协同创新联盟”。这为进一步提高高等学校创新科研水平做出了长远规划和战略指引。2019年8月，第45届世界技能大赛在俄罗斯举行。中国代表团在本次大赛中获得了16枚金牌，再次荣登金牌榜、奖牌榜、团体总分第一。其中获得金牌的项目，如“数控车、综合机械与自动化、制造团队挑战赛、电子技术、电气装置、移动机器人、水处理技术”等都是科技含量很高的项目，对科学技术的运用和理解也要求极高，而此大赛获得冠军的选手多为职业院校的学生，这为我们培养未来的工匠人才、传播工匠精神奠定了坚实的基础。2021年，第46届世界技能大赛将在上海举行，国家的重视、行业的发展、教育的投入，必会为职业院校不断培养出“知识型、技能型、创新型的劳动力大军”打下良好基础。

如今，站起来早已实现，富起来已经达成，强起来已然兑现。人们“装满了米袋子、住上了好房子、鼓起了钱袋子、丰富了脑瓜子、炼好了体格子”，这一切都离不开科学技术的保障、推动和创新。在科学家座谈会上，习近平总书记对科学工作者寄予厚望：“希望广大科学家和科技工作者肩负起历史责任，坚持面向世界科技前沿、面向经济主战场、面向国家重大需求、面向人民生命健康，不断向科学技术广度和深度进军。”一代人有一代人的奋斗与担当，一个时代有一个时代的使命与高度。当前，世界处于百年未有之大变局，形势的变化并不能阻碍中国向着科学的最高峰持续攀登，世界范围内既有合作又有竞争，既有博弈又现“冷战”，我们要做好在失衡失控失速的情况下寻找新的均衡的可能性。复杂的国内外局势不断给国家带来巨大的风险挑战与发展机遇，这其中既有各行各业转型升级的亟须解决，又有经济向高质量发展不断取得进展的迫切需求，还有人民群众对追求美好生活的需求不断攀升，而要实现第一个百年奋斗目标和为21世纪中叶实现中华民族的伟大复兴打好基础，这些都迫切需要广大科技工作者当好领头羊、做好新表率、勇攀新高峰，在科技创新的路上锐意进取，永不止步。

拓展阅读

谈华为谈教育谈创新，任正非最新发声！（节选）

2020年7月29日至31日，华为公司创始人、CEO任正非带队访问上海交通大学、复旦大学、东南大学和南京大学。访问期间，他就基础研究、产学研结合、科研创新和人才培养等问题谈了自己的看法。

华为为何要搞基础研究？信息技术的发展速度太快了，传统的产学研模式赶不上市场需求的发展速度。因此华为公司也进行了一些基础理论的研究，大多数是在应用理论的范畴，只有少量的走在世界前面。

大学老师的研究是为理想而奋斗，目标长远，他们的研究是纯理论要素研究。例如，土耳其Arikan教授一篇数学论文，十年后变成5G的“熊熊大火”；20世纪60年代初，苏联科学家彼得·乌菲姆采夫发表的论文《钻石切面可以散射无线电波》，使20年后美国造出了隐身的F22战斗机；20世纪50年代，中国科学院吴仲华教授的三元流动理论对喷气式发动机的等熵切面计算法，奠基了今天的航空发动机产业。

高校的“明灯”照耀着产业，大学老师的纯研究看得远、钻得深；华为公司的研究实用性强。在我们之间的合作中，你们给我们指明方向，照亮了我们。华为公司的基础研究是围绕商业目的的，比较贴近近期的实用化，我们给你们带来客户需求以及行业所面临的世界级难题，知道这个方程的价值与应用，相互之间都是有益的。合作使我们早一些知晓世界的发展动向，缩短了商品化的时间，我们能超前世界，就会获得更好的机会。

“校企合作要松耦合，不能强耦合”

高校的目的是为理想而奋斗，为好奇而奋斗；企业是现实主义的，有商业“铜臭”的，强耦合是不会成功的。强耦合互相制约，影响各自的进步。“强耦合你拖着我，我拽着你，你走不到那一步，我也走不到另一步。因此，必须解耦，以松散的方式合作。”

“求生欲使我们振奋起来，寻找自救的道路”

在“灯塔”的照耀下，整个世界都加快了脚步，今天技术与经济的繁荣与英、美、日、俄、欧洲当年的技术灯塔作用是分不开的。我们要尊重这些国家，尊重作出贡献的先辈。孔子都过去两千多年了，我们还不是在尊孔吗？不管这些专利保护是否已经过期，先贤是值得尊重的。

我们公司也曾想在突进“无人区”后作些贡献，以回报社会对我们的引导，也想点燃5G这个“灯塔”，但刚刚擦燃“火柴”，美国就一个“大棒”打下来，把我们打昏了，开始以为我们合规系统出了什么问题，在反思；结果第二棒、第三棒、第四棒打下来……求生的欲望使我们振奋起来，寻找自救的道路。我们仍然要坚持自强、开放的道路不变。你要真正强大起来，就要向一切人学习，包括自己的敌人。

“中国的未来与振兴要靠孩子，靠孩子唯有靠教育”

人类社会的下一个文明是什么？还会不会产生一个类似汽车、信息产业这样的产业？我说的“汽车”是泛指，包括飞机、轮船、火车、拖拉机、自行车；“信息产业”也不仅指电子工业、电信互联网、人工智能。

未来技术世界的不可知，就如一片黑暗中，需要灯塔。点燃未来灯塔的责任无疑是要落在高校上，教育要引领社会前进。对未来的不确定性，认识它的艰难，应对这种不确定性，除了给科研更多一些自由、对失败更多一些宽容外，应对不确定性的确定可以从孩子们的教育抓起，中国的未来与振兴要靠孩子，靠孩子唯有靠教育。

多办一些学校，实行差别教育，启发他们的创新精神，就会一年比一年有信心，一年一年地逼近未来世界的大门。二三十年后，他们正好为崛起而冲锋陷阵，他们不是拿着机关枪，而是拿着博士的笔。我今天看见你们这么多人坐着冷板凳，研究出这么多理论与技术成果，出了这么多优秀的人才，我很兴奋，相信我们国家在二三十年以后或者五六十年之后，一定会大有作为的，为人类作出更大的贡献，希望寄托在你们身上。

“我们需要创新，找到一个一个的机会点”

如果我们把英国工业革命的指数定为 100 的话，我国是 70，我们缺的 30 是原创，原创需要更严格的知识产权保护。没有原创就会陷入中等收入陷阱，房屋、汽车都会饱和的，饱和以后如何发展？不发展，一切社会问题都会产生。

我们公司过去是依托全球化平台，集中精力十几年攻击同一个“城墙口”，取得了一点成功。我们过去的理论基地选在美国，十几年前加大了对欧洲的投入，后来又增加了对日本、俄罗斯的投入。美国将我们纳入实体清单后，我们把对美国的投资转移到俄罗斯，加大了对俄罗斯的投入，扩大了俄罗斯的科学家队伍，提升了俄罗斯科学家的工资。

我们希望十年、二十年后，我国的大学担负起追赶世界理论中心的担子来。我们国家有几千年儒家文化的耕读精神，现在年轻妈妈最大的期望是教育孩子，想学习、想刻苦学习，这都是我们这个民族的优良基础，我们是有希望的，中国是可以有更大作为的。

资料来源：搜狐网，2020-08-29.

时政热点

练习题

一、单选题

1. 北斗三号全球卫星导航系统建成暨开通仪式在中国（　　）举行。

A. 上海　　B. 北京　　C. 河南　　D. 浙江

2. 北斗系统工程自____年启动，____年完成北斗一号系统建设。

A. 1994 2020　　B. 1994 2000　　C. 1995 2000　　D. 1996 2000

3. 北斗三号全球卫星导航系统面建成并开通服务，标志着工程（　　）发展战略取得决战决胜。

A. 三步走　　B. 两步走　　C. 小康社会　　D. 两个一百年

4. 然而就是（　　）这样一种近代科学诞生前的模式，落后的旧中国也没有充分掌握，必然导致经济落后、军事软弱、国势衰微。

A. 生产、发展、技术　　B. 发展、科学、富裕

C. 科学、农业、生产　　D. 生产、技术、科学

5. 1937年，（　　）主持修建了中国人自己设计并建造的第一座现代化大型桥梁——钱塘江大桥，成为中国铁路桥梁史上的一块里程碑。

A. 鲁班　　B. 茅以升　　C. 达兹纳　　D. 詹天佑

6. 在（　　）年新中国的开国大典上，礼炮齐鸣28响，象征着中国共产党自成立以来28年的前仆后继和浴血奋斗。

A. 1996　　B. 1998　　C. 1949　　D. 1936

7. 1953年新中国的第一个五年计划，以（　　）帮助中国设计建造的156个建设项目为标志，集中力量进行工业化建设，重点发展重工业、能源等基础工业项目，帮助中国由自给自足的农业国向具有比较完整的、工业门类齐全的工业国转变。

A. 澳大利亚　　B. 美国　　C. 日本　　D. 苏联

8. 为了牢记1959年6月这一困难时期，新中国的第一颗原子弹试验从此便有了一个刻骨铭心的代号（　　）。

A. 596　　B. 489　　C. 956　　D. 959

9. 1977年9月18日，中共中央发出（　　），要求抓紧落实党的知识分子政策，

迅速恢复被撤掉的科研机构，恢复科研人员的技术职称，建立考核制度，实行技术岗位责任制。

A.《关于召开全国建设会议的通知》 B.《关于召开全国知识大会的通知》

C.《关于召开全国人民大会的通知》 D.《关于召开全国科学大会的通知》

10. 中国从一个以（ ）为主的农业国，已经变成具有比较完整的、工业门类齐全的工业国，为探索中国特色社会主义道路提供了物质条件。

A. 手工业 B. 农业 C. 牧业 D. 工业

11. 中共（ ）的召开，把中国的航向拨到了正确的方向。

A. 十一届三中全会 B. 十一届五中全会

C. 十一届六中全会 D. 十一届四中全会

12. （ ）在会见外宾时指出：“马克思说过，科学技术是生产力，事实证明这话讲得很对”。

A. 毛泽东 B. 江泽民 C. 邓小平 D. 习近平

13. 2020 年 9 月，世界知识产权组织发布的《2020 年全球创新指数（GII）报告》显示，中国创新能力排名保持第（ ）位。

A. 12 B. 15 C. 10 D. 14

14. 科学就是____，我们要尊重科学研究规律；科技就是____，我们扶持中小企业和各类主体（如科研院所、高等院校）协同创新；科学就是生产力，我们要以市场需求为导向，积极促进科学技术成果向生产力转化，让科学研究面向市场需求，让市场需求依靠科学技术，通过技术创新解决市场中存在的实际问题。

A. 求真、创意 B. 求实、创新 C. 求真、创新 D. 求实、创意

15. （ ）主席发出“一定要消灭血吸虫病”的伟大号召。

A. 江泽民 B. 习近平 C. 胡锦涛 D. 毛泽东

16. 2020 年，在中国抗击新冠肺炎的伟大斗争中，（ ）被授予“共和国勋章”。

A. 屠呦呦 B. 钟南山 C. 张伯礼 D. 陈薇

17. 我国把（ ）摆在制造业发展全局的核心位置，内容涵盖包括“新一代信息技术产业、高档数控机床和机器人、航空航天装备”等 10 大重点领域，目标是在 2025 年实现制造业由大变强的历史跨越，实现制造强国的战略目标。

A. 创业 B. 创新 C. 科学 D. 科技

18. 20 世纪 20 年代后期，对位于北京西南的周口店、安阳的殷墟等遗址的发掘，标志着中国考古学的诞生，新中国成立后逐步建立起完备的中国（ ）体系。

A. 科学 B. 考古学 C. 科技学 D. 文学

19. （　　）年海南文昌航天发射场，我国首次火星探测任务“天问一号”探测器成功发射，拉开了我国向更遥远的宇宙深处探索的序幕，也扩展了人们对火星的无限向往。

A. 2020 年 7 月 23 日　　B. 2020 年 5 月 6 日

C. 2020 年 8 月 5 日　　D. 2020 年 7 月 14 日

20. 围绕国家粮食安全，我们必须长期坚持开展（　　）技术研发。

A. 农业　　B. 科技　　C. 科学　　D. 杂交水稻

二、判断题

1. 北斗系统是党中央决策实施的国家重大科技工程。工程自 1994 年启动，2000 年完成北斗一号系统建设，2012 年完成北斗二号系统建设。（　　）

2. 北斗三号全球卫星导航系统面建成并开通服务，标志着工程“两步走”发展战略取得决战决胜，我国成为世界上第三个独立拥有全球卫星导航系统的国家。（　　）

3. 2021 年中央一号文件要求，要打好种业翻身仗。（　　）

4. 1966 年 10 月，我国成功进行第一颗装有核弹头的地地导弹飞行爆炸；1967 年 6 月，我国第一颗氢弹空爆试验成功；1969 年 9 月，中国成功进行首次地下核试验；1970 年 4 月，中国第一颗人造地球卫星发射成功；1973 年 8 月，中国第一台每秒钟运算 100 万次的集成电路电子计算机试制成功。（　　）

5. 中国有 17 个科技集群进入全球科技集群百强，数量仅次于美国，排在世界第 2 位。这是新时代从各方面持续推动科技创新领先的结果。（　　）

6. 2020 年 1 月 10 日，2020 年全国科技工作会议在北京召开。黄旭华和钟南山院士获得 2019 年度国家最高科学技术奖。（　　）

7. 加强基础研究是提高我国原创性创新能力、增加人才资本的重要途径，是打造科技强国的关键条件，也是建设创新型国家的决定因素和增长源泉。（　　）

8. 最新版国家新冠肺炎诊疗方案所列药品已被全部纳入国家医保目录，以实际行动助力疫情防控，保障人民身心健康。（　　）

9. 1973 年，我国籼型杂交水稻科研协作组袁隆平等人，在世界上首次培育成功强优势的籼型杂交水稻。（　　）

10. 围绕国家粮食安全，我们必须长期坚持开展杂交水稻技术研发。（　　）

11. 2020 年 2 月 9 日，为防范新冠肺炎的传播和防控资源的调配，杭州市政府推出新的数字化疫措施，支付宝“健康码”就是其中措施之一。短短两天，“健康码”在杭州得到全面推广。随后“健康码”在全国范围内得到迅速覆盖，这依托于科学技术、数据平台和政府的有力推行。（　　）

12. 科技创新遵循一定的自然规律，实验操作不遵循一定的章法操守，而科学发现需要观察、思考和勇气，科学发明需要理论、实践和创新，在科技领域里容不得一丝马虎和冒进突进，只有这样才能攻克医学难关，保障人民身心健康，不负人民生命之托。（　　）

13. 在 2020 年抗洪救灾中，各种高科技手段对救灾起到了有力支援，发挥了不可估量的隐形力量，为人民生命财产安全保驾护航。（　　）

14. 随着北斗全球卫星导航系统全面建成，它与我们的生活更加密不可分。（　　）

15. 对新时代的科学家群体来说，要甘为人梯、奖掖后学，把发现、培养、激励青年科技人才作为一项重要任务来承担，要敢于给青年人压担子、搭台子、铺路子。“青年是祖国的前途、民族的希望、创新的未来”。（　　）

16. 2005 年 7 月 29 日，屠呦呦对前去探望他的时任国务院总理温家宝说：“现在中国没有完全发展起来，一个重要原因是没有一所大学能够按照培养科学技术发明创造人才的模式去办学，没有自己独特的创新的东西，老是‘冒’不出杰出人才”。（　　）

17. 在科学家座谈会上，习近平总书记强调：“加强创新人才教育培养”“要把教育摆在更加重要位置，全面提高教育质量，注重培养学生创新意识和创新能力”“要加强数学、物理、化学、生物等基础学科建设，鼓励具备条件的高校设置基础研究、交叉学科相关学科专业，加强基础学科本科生培养，探索基础学科本硕博连续培养模式”。这是对时代之问的时代回答，这是对老一辈科学家对科学文化教育深切期盼的深切回应。（　　）

18. 2019 年 8 月，第 45 届世界技能大赛在俄罗斯举行。中国代表团在本次大赛中获得了 12 枚金牌，再次荣登金牌榜、奖牌榜、团体总分第一。（　　）

19. 2020 年 9 月 11 日，在科学家座谈会上，习近平总书记对科学工作者寄予厚望：“希望广大科学家和科技工作者肩负起历史责任，坚持面向世界科技前沿、面向经济主战场、面向国家重大需求、面向人民生命健康，不断向科学技术广度和深度进军。”（　　）

20. 2020 年 7 月 23 日，海南文昌航天发射场，我国首次火星探测任务“天问一号”探测器成功发射，拉开了我国向更遥远的宇宙深处探索的序幕，也扩展了人们对火星的无限向往。（　　）

三、思考题

1. 2020 年电视剧《隐秘的角落》在网络上备受欢迎，请你从科技角度思考：人类是否还有“隐秘的角落”？我们该如何保护好自己？

2. 科技伦理该如何更好地服务于人们的生活？

第八章

弘扬中华优秀传统文化建设社会主义文化强国

★★★★★

文化是一个国家和民族的灵魂。中国传统文化源远流长，是在中华民族进入现代社会之前的历史发展的长河中形成的传统文化，它的观念、价值和知识体系对人们的思想行为起着规范和指导性作用，这是中华民族非常宝贵的历史遗产。中华民族有着 5 000 年的悠久历史，并逐渐奠定了彰显中华民族特色的文化基础。党的十七大报告提出要推进“文化大发展大繁荣”；党的十八大报告提出要“建设文化强国”；党的十九大报告提出要“坚定文化自信”：这一系列的论述的提出，表明我国的文化发展也要逐渐步入新时代。

第一节　弘扬中华优秀传统文化的重要性

习近平总书记曾谈道："博大精深的中华文化不仅具有深厚的历史根基，而且是立足现实、面向未来的。"中国优秀的传统文化历经 5 000 年的时间长河流传至今，它经过岁月的洗礼成为更具价值的文化珍品，是中国 5 000 年来的精神文化宝藏，它为我们民族的发展提供了文化的沃土，展现出了中华民族的风采。当前，中国正处于全面建设小康社会的关键阶段，面对国际、国内的严峻形势，要求我们对中华优秀传统文化进行继承和弘扬，并结合新时代的基本国情，早日实现中华民族伟大复兴的中国梦。

一、中华优秀传统文化是涵养社会主义核心价值观的重要源泉

中国是世界第一大人口大国，14 多亿人口为我国社会治理带来了更大考验。社会主义核心价值观的提出给人民群众的为人处事提供了共同的行为准则，关系社会和谐与国家长治久安。这不仅可以维持社会秩序，让社会正常运行发展，更能提升社会治理水平，提升人民满意度。传统文化中有着培育社会主义核心价值观源源不断的力量，社会主义核心价值观正是从传统文化中的思想精华中提炼出来的。习近平总书记强调"弘扬和培育社会主义核心价值观必须立足中华优秀传统文化，牢固的核心价值观，都有其固有的根本。抛弃传统、丢掉根本，就等于割断了自己的精神命脉"。

社会主义核心价值观是我国传统文化与时代精神的融合形成的一种正能量的标准，是评判社会是非曲直的价值准则。中华优秀传统文化孕育出了尊师重道、奋斗不息、乐于助人、秉公办事等中华传统美德，为我们品德修养的提升和行为的规范提供了标准，是社会主义核心价值观形成的基础。我们继承了古代"修齐治平"的思想，创造性地提出了"富强、民主、文明、和谐；自由、平等、公正、法治；爱国、敬业、诚信、友善"这 24 字的方针，从国家、社会、个人三个方面表达了现代社会应有的价值追求。从国家层面来看，"富强"关系国家的强大和民族的复兴，"民主"有利于实现人民当家做主，"文明"是对礼节的崇尚，"和谐"是推进国家综合国力提升和长治久安的重要保证；从社会层面来看，人类自诞生之日起，就在追求"自由""平等"，社会主义法治中国的建设是对"公正""法治"的呼唤；从个人层面来看，"爱国"是中华优秀传统文化

的精髓，“敬业”是在职业活动领域的最高理想和态度，“诚信”“友善”是与人相处准则的重要体现。

社会主义核心价值观吸收了中国古代对人们行为和道德的要求，这才能符合中国人的行为习惯，被人们更好地理解和接受。在传统文化中，治国强调“民惟邦本，本固邦宁”“和而不同”“大同社会”等，这与国家层面的治理理念不谋而合。“凡治国之道，必先富民”，展现了中华民族寻求富强的历史探索；“水则载舟，水则覆舟”是统治者要亲民爱民；“君子和而不同，小人同而不和”是礼仪之邦的修养目标；“人不独亲其亲，不独子其子”是中华民族孝道的要求。社会治理提到的“赏不可不平”“天下为公”等思想是社会资源分配的最高要求；“视人之身，若视其身”是人格平等的最好体现；“刑无等级”是法治的思想资源。个人关于“位卑未敢忘忧国”“鞠躬尽瘁”“君子一言，驷马难追”“海内存知己，天涯若比邻”是个人行为准则的追求，“民无信不立”是为人之本、成事之基，“仁者爱人”是中国人民最传统的道德追求。不同的表达，表明了同样的道理，这种创造性的改造让传统文化有了更为强大的生命力，使得社会主义核心价值观脚踏坚实的土地，内涵更加丰厚，更加贴近生活和实际，不再是无源之水、无本之木。

中华优秀传统文化历经千年，依旧有着旺盛的生命力，凝结着中华民族特有的精神因子，是人们集体智慧的精华。传统文化和社会主义核心价值观二者中间有着不可割裂的联系，传统文化如春风化雨般影响我们的思想和行动。如果抛开优秀传统文化，社会主义核心价值观就丢掉了精神命脉。文化是国家发展中最深沉的力量，构建传统文化的传统发展体系，把握人们需求，吸收现代文明的创新元素，促使核心价值观更好地发挥对人们的教化作用，融入社会和生活的各个方面。

二、中华优秀传统文化是凝聚民族力量的精神纽带

世界历史的四大文明中，只有中国度过了一个又一个的难关传承至今，创造出人类文明发展史的奇迹，这是因为中华传统文化是凝聚民族力量的精神纽带。儒家崇尚仁爱、和谐，法家推崇法治、公正，道家主张“身国同治”，这些文化精髓对维护祖国统一和民族团结有着重要的意义。民族精神的凝聚和传承促使各个民族紧密团结在一起，共同抵抗外来入侵，为追求国家独立和民族解放提供了坚强的思想保证、强大的精神力量、丰润的道德滋养，使中华民族不断发展壮大，屹立于世界东方。

传统文化中有着每一位中华儿女都无法割舍的文化因子。如今社会推崇的中华传统美德，是传统文化的精神内核，是在长时间的文化积淀中逐步形成的，对于现代社会人们品行的培养有着重要的意义，凝聚民族力量，构建国家道德体系，更好地构筑中国精

神、中国价值、中国力量。56 个民族在 5 000 年的历史中共同创造了辉煌灿烂的中华文化，在中国特色社会主义建设的新时代，优秀传统文化更是各个民族所共有的精神家园。我国民族众多，分布广泛，大杂居、小聚居的特点明显。多民族的统一和数千年的持续发展都与中华优秀传统文化的凝聚力密不可分。在文化强国的大背景下，文化认同是民族团结的基础，也是解决现阶段民族问题的必然选择。虽然各个民族间也有过冲突，但是文化间的交叉融合才是发展的主线，基于此才产生了丰富多元的中华传统文化。

中国作为一个多民族的国家，优秀传统文化担负着维护祖国统一和民族团结的重任。在文化融合的过程中，民族意识被催生。如果无法受到良好的规范，就会产生狭隘的民族主义，或引发社会冲突，而中华优秀传统文化的传承是消除民族冲突的必由之路，要增强中华民族大团结、各民族同根同祖的意识。既要弘扬中华优秀传统文化，塑造文化认同，也要促进少数民族地区文化的传承。要尊重各民族之间的文化、语言、风俗等差异，鼓励和引导各个少数民族在保留自身特色的同时，剔除腐朽文化，推进倡导民族团结的和谐文化。不断提高少数民族群众的道德水准和科技水平，提高传统文化的向心力，使各个民族进行文化间的相互交流，增强文化的创造力。在民族文化发展的新阶段，文化的传承是各族人民的殷切期盼和共同理想，华人华侨心向祖国、全国各族人民奋发向上。

三、中华优秀传统文化是实现中华民族伟大复兴的不竭动力

文化兴则国运兴，文化强则民族强，文化是治世修身的坚定力量。秦国凭借法家之力统一六国，汉朝依靠道家之法开创文景之治。优秀传统文化是中华民族发展的拉动力，以优秀传统文化为根本，中国梦的实现就指日可待。只有传承优秀传统文化，中国发展才有了根脉和灵魂，中国特色社会主义文化建设才能成为一道靓丽的风景线。中国梦的实现，要以优秀传统文化为依托，传统文化的传承发展是中华文明精神的延续，关系到国家文化安全的保障和民众的文化素养的提升。语言文字、文化经典、习俗节庆，这些都是优秀传统文化的重要载体，优秀传统文化为文化自信打上一层坚固而又富有魅力的底色。

通过对优秀传统文化的学习和传承，可以做到以文化人、化成天下，提升中华文化的软实力，增强民族凝聚力，提高世界对中国的认同感，使之成为中国梦实现的支撑性力量。“实现中华民族伟大复兴，就是中华民族近代以来最伟大的梦想”。中国梦的实现，要坚定不移地走中国道路，发扬中国精神，汇集中国力量，而优秀传统文化就是它们的思想源泉和内在精神动力。优秀传统文化是中国发展建设的精神支撑，使其可以根

据国情不断健全和完善，不断迸发出强大的生命力，在中国道路上坚定前行。优秀传统文化中的理论精粹是中国梦实现的动力来源，无论是民族精神还是时代精神，都是中国人的精神血脉，在每个人身上流淌，促进着中国精神的不断革新和青春向上。中国力量是每一个中国人紧密团结在一起所形成的力量，传统文化中的家国情怀是中华儿女团结的“黏合剂”。在海外的华人是联结中国文明与世界文明的纽带，是传播中外文明的重要窗口。对于海外同胞而言，中华优秀传统文化是涵养他们“中国心”的丰厚营养，是连接他们与祖国感情的重要桥梁。传统文化的传播可以增进中国与世界人民之间的沟通和交流，以文化交流为中华民族伟大复兴的实现创造和谐的国际氛围。

中华优秀传统文化追求以民为本，要为人民谋福利，这对于我国建设服务型政府，从管理者到服务者形象的转变、坚持人民的中心地位有着重要的意义，促进人民群众主动维护中国共产党的领导，鼓励他们主动参与到中国梦的伟大实践中来。中国梦的实现是我们每一个中国人的殷切追求，同我们每个人息息相关，在伟大复兴的中国梦实现过程中，我们要做好优秀传统文化的保护工作，从根本上增强人民群众对传统文化的认同感和归属感，让中国声音在发展的道路上不被湮没，让中国精神在发展的过程中不迷失，让中国道路在发展中越走越宽广，实现中华民族的伟大复兴。

第二节 弘扬中华优秀传统文化的主要内容

“不忘历史才能开辟未来，善于继承才能善于创新。”唯有此，才能更好地将中华优秀传统文化在新时代的宝贵价值发挥出来。中华传统文化历经千年传承而不断，通过一个个历史考验，积淀成深厚的民族精神，对中华民族的发展产生过重大而深远的影响。在全面实现小康社会的今天，要坚持从历史走向未来，绝不能忽视优秀传统文化的重要作用，要引导其适应今日社会的发展，从文化传统中开辟出一条新的发展道路，实现中华民族伟大复兴。

一、中华文化“讲仁爱、重民本”

自古以来，“仁爱”和“民本”就是中华民族优秀传统文化中的一个重要思想。“仁爱”是一种德行，论述的是人与人之间的关系，不仅有儒家的“仁者爱人”，还有墨家的“兼爱非攻”。人是社会关系的总和，人们之间的社会交往会对其他的关系产生影响，所以“仁爱”的思想非常广阔，不仅要“爱亲”“爱众”，还要“恭、宽、信、敏、惠”。伴随着春秋的战乱和诸子百家的群起，人们逐渐意识到了“人”在社会发展中的重要作用，“仁爱”思想的确立也为“民本”观念的养成打牢了深厚的地基，既有“民为贵，社稷次之，君为轻”的政治原则，又有“君者，舟也；庶人者，水也。水则载舟，水则覆舟”的形象比喻，还有孙中山的“三民主义”推动中国近代化进程的发展，这一桩桩、一件件都使民本思想在发展深化的同时逐步深入人心。以百姓心为心，群众利益无小事，这是对民本思想的传承。

“为政之要，惟在得人。”党的十九大以来，习近平对人才的选用更为重视，选人用人要理想信念坚定，德才兼备、品德为先，这与古代的用人智慧一脉相承。做到德才兼备就要做到以“仁爱”为本，就要尽心为人、推己及人，心系人民、服务人民。民心是政治的根本，是时代发展的大势所趋。人们有了推己及人的悲悯之心，才会生出一颗仁心，才会有“仁德”，才会“不独亲其亲，不独子其子”，才会坚持群众观点、走群众路线。人民是历史的创造者，是中华民族伟大复兴的践行者，只有把人民的所盼、所思、所想当成是一切工作的落脚点和出发点，才能汇聚民心，为我国伟大事业和伟大梦想供应源源不断的力量。习近平总书记在 2019 年访问欧洲时发表演讲时说道：“我将无我，不负人民。”习近平总书记铿锵有力的话语表达出了他对“民本”对重视，坚持“无我”的信念向前奋斗，带领 14 亿人开辟美好未来。而“仁爱”将家庭、朋友、社会、祖国、天下融入其中，并在践行“仁爱”中培养出一颗仁爱之心，逐步发展到齐家、治国、平天下，把人民对高质量生活水平的追求作为我们终身的理想信念，主动应对在发展过程中所带来的各类风险和挑战。

在新时代的背景下，“讲仁爱、重民本”在创造性吸收了传统文化“仁爱”和“民本”思想中的优秀合理成分的同时，更加崇尚平等、公正、正义和自由，重视保障人的基本权利，赋予了传统仁爱观和民本观新的内涵和时代意义，形成了独具特色的为人民服务的理念，展现出更为强盛的责任意识和道德规范，激发出中华民族生机勃勃的活力。政之所兴在顺民心，政之所废在逆民心，在施行仁政的同时，要敬畏手中来自人民的权力，提高思想认识，强化责任意识，不忘初心，为百姓办好事办实事，让人民群众都能感受到改革开放的硕果，出实招、见实效，增进百姓福祉。亲仁善邻，国之宝也，在对待周边国家时，推动“一带一路”建设，推动共商、共建、共享，始终坚持“亲、诚、惠、容”“睦邻友好”“互利合作”的周边国际关系处理原则，把传统文化中的“仁爱”和“民本”理念融入中国倡议、中国方案中，塑造出中国外交的独特风范，扮演更好的国际形象。

二、中华文化“守诚信、崇正义”

中国是“礼仪之邦”，自2 000多年前，伟大的教育家孔子主张“言而有信”“言必信，行必果”，孟子追求“诚者，天之道也；思诚者，人之道也”，更有“一言九鼎”“一诺千金”等不胜其数的践行诚信的典范人物和故事，皆是要求人们说话要真实可靠，做事要信守诺言。“欲修其身者，先正其心；欲正其心者，先诚其意”，讲求诚信后心思才能端正，才能崇尚正义。“不患寡而患不均”，这是正义的基本理念。“诚信”和“正义”是中华传统文化的精神内核，是中华民族一直以来的精神追求和价值理念，对个人品行的培养、社会准则的建构都具有重要意义，是衡量个人品行的重要依据和生活中的重要价值规范，推动社会不断向前。

诚信是个人为人处事之道、国家强盛之基。只有人民信任执政者，政令方能有序实行。我国“加速拐弯式”的社会转型引发了严重的社会诚信缺失。例如，人们深恶痛绝的毒奶粉、地沟油、假疫苗、共享产品的随意损害等，实际都是社会生活中人们对诚信道德建设不重视的具体体现。社会如果缺少诚信和正义，则不利于社会稳定和社会良好风气的养成。国家如果缺乏诚信和正义，则会使政府缺乏公信力。我国是世界上最大的发展中国家，在公平正义、共享资源、共同发展的安全格局构建中，应该坚持走在前列，起到带头表率作用。新时代强调依法治国，要严格执法、公正司法，坚持维护法律的公平正义，促进社会的公正和谐。习近平总书记指出：“要坚持依法办事，让遵法守纪者扬眉吐气，让违法失德者寸步难行”，高度重视诚信、正义原则的贯彻落实，正义的迟到和缺席会造成社会的不公，使社会不正之风盛行。

我国正处于全面建成小康社会的决胜阶段，离不开诚信的熏陶和公正的支持，习近平强调“守诚信”“崇正义”，无论是在过去还是在现在，都有其独特的价值。习近平积极肯定了诚信和正义在传统文化中的重要地位，并将“公正”“诚信”写入社会主义核心价值观，成为人们在日常生活中需要共同维护的处事规范，发挥传统文化以文化人的作用。要做到“守诚信”，就要在社会主义现代化建设中注重诚信建设，加强诚信教育、培育诚信意识，追求“诚信”之德，使人不敢失信，不能失信。重塑社会精神风貌，营造良好社会环境。“崇正义”是对绝大多数人的公平和正义。促进社会公正发展，增进人民福祉，就绝不能让一人掉队，全面从严治党，为促进“正义”的实现奠定基础，守护社会的基本道德良知，不让正义缺失。

三、中华文化“尚和合、求大同”

“和合”和“大同”是中国传统文化的精髓之所在，是我们不懈追求的生活理念。

“和”是和谐、和睦、调和，“合”指的是集合、协调、联结。儒家文化有言：“君子和而不同，小人同而不和。”汉代以后，强调“以和为贵”，追求以和谐为导向的多样性，维系中华文明的演进和发展。传统文化中的“和合”思想形成了我国群众的行为准则，逐渐成为我们独有的思维方式和价值观的选择。“大道之行，天下为公”，大同社会最大的特点就是“人人为公”，是一个贤能在位、诚实守信、各尽所能、平等友好的理想社会。“求大同”就是古代中国人的中国梦，是中华民族复兴的民族文化根基。数千年来，对“和合”和“大同”思想的崇尚，推动和支撑了中华文明的生成和延续，为社会的发展进步提供了取之不尽的文化资源和智慧，至今仍是我国对内建设社会文明和构建和谐社会、对外构建和谐世界以及“人类命运共同体”的基本理念，爱好和平的思想深深嵌入了中华民族的精神世界。

随着我国综合国力的不断增强，关于“中国威胁”的言论开始甚嚣尘上。中国人民追求和平，奉行和平外交政策永远不变。习近平在对外交流时，进一步发掘和阐发了“和合”和“大同”思想的内涵，不遗余力地向全世界各个国家地区的人民传播“和平”的价值理念。我国追求的是全世界共同发展，在保证我国的国家利益不受损害的前提下，积极谋求世界各国利益的交集，以和平谈判的方式解决冲突和争端，争取实现各国的互利共赢，谋求利益的最大化，共同构建和谐、稳定、安全的世界秩序。“穷则独善其身，达则兼济天下”，这既表明中国与世界上的其他各个国家协同发展的坚定信念，也表达出了中国与世界各个国家和地区之间同呼吸、共命运、同进步、共发展的美好夙愿，可以让世界更加清楚地熟悉中国、理解中国。

中国的发展进入新时代，“和合”和“大同”思想强调要倾听人民心声，保证人民平等发展，促进社会和谐稳定的向前推进。以传统文化中的“和合”“大同”理念为指引，解决社会矛盾，追求和谐相处，促使良好的人际关系的形成，营造家庭稳定的氛围和社会良性发展的环境，形成人人向善向上的精神风貌，促进人与自然和谐相处，尊重、顺应和保护自然，使人类与自然共荣共生，打造人与自然的生命共同体。

第三节　弘扬中华优秀传统文化的实现途径

中华民族历经 5 000 年风雨，其文化博大精深，怎样才能对传统文化进行更好的继承与创新是我们每一个人都需要思考的问题。对中华优秀传统文化的传承并非原封不动地照搬照抄，是要在科学的理解后，扬弃地传承。2013 年，习近平总书记在中共中央政治局第十二次集体学习时提道：“要继承和弘扬我国人民在长期实践中培育和形成的传统美德，坚持马克思主义道德观、坚持社会主义道德观，在去粗取精、去伪存真的基础上，坚持古为今用、推陈出新，努力实现中华传统美德的创造性转化、创新性发展。”

一、科学地对待传统文化

传统文化贯通古今，彰显着“文化自信”，传播着中国精神，是中华民族的灵魂所在。脱离了传统文化，中国社会发展就是无源之水、无本之木，难以为继。马克思主义理论指导着我国的发展，是我国的立国之基，始终焕发着强大生命力。习近平总书记强调，要继承马克思主义的道德观，不断丰富和发展，构建社会主义道德体系，传播和弘扬传统文化。要将马克思主义理论的指导作为先决条件，坚持用马克思主义理论的观点和方法来看待中国传统文化，用矛盾的眼光和发展的观点来对待中国传统文化，确保文化发展的正确方向。只有坚持马克思主义的指导地位，传统文化才能经久不衰，始终有着强大的感染力。弘扬传统文化并不等于儒学的复辟，以儒学代替马克思主义的指导地位更是断章取义的错误观念。社会主义建设，就是要坚持将马克思主义与传统文化和中国社会实际相融合，在马克思主义指导下进行改造创新，提高传统文化与社会主义发展建设的契合度，指导文化体系的构建。推动马克思主义与传统文化的深度结合，就要将二者的思想精华融为一体，用人民大众喜闻乐见的方式，深入浅出地普及马克思主义和传统文化。

习近平总书记在中国共产党成立 95 周年大会上的讲话上提道：“近年来，我们创造了人类社会发展史上惊天动地的发展奇迹，使中华民族焕发出新的蓬勃生机。”各种“中国奇迹”的诞生是由于我们走了一条符合中国国情的发展道路，这是我们特有的文化和历史所选择的道路，唯有在马克思主义的指导下科学看待传统文化，才能在这条道路上创造更多的辉煌成就。以马克思主义为指导，才能沿着历史的长河，说明传统文化的优势和魅力所在，才能展现传统文化的精粹，使其更好地为我所用，建设文化强国，让世界尊重我们的国家和文化，展示出中国风采。

二、促进中华优秀传统文化创造性转化

中国特色社会主义进入新时代后，社会经济不断发展，人们受教育水平不断提升，需求也不断提升到更高的层次，需要尊重和自我实现。人们的基本需求由经济来满足，而相对较高程度的需要就要靠文化来实现。但传统文化是一种历史产物，是在传统小农经济社会中发展而来的。随着时代的变迁，政治、经济、文化等各个方面都发生了相应的改变。现代社会以工业为主要特征，传统文化要在新时代依旧发挥其功能和作用，只

有对过去的文化遗产进行调适和转化，才能更好地适应当代社会，在新时代继续得以延续并起到积极作用。这些调适和转化不是墨守成规，而是需要人们的不断改造和创新，在传承中发扬。习近平遵照传统文化的发展特点，强调要对传统文化进行现代化的改造，深入发掘其中有着符合现代社会发展的文化内容，结合时代特征和要求，重新解释、不断修正，给予传统文化新的时代表示和施展空间，焕发出新的创新动力。

让传统文化中的精髓部分活起来，坚持与时代精神相结合，在维护各民族文化的多样性的同时，保持自身特色，并加强与世界文化的沟通交流。按照时代要求，古为今用，科学扬弃，从自身寻求可以促进中国特色社会主义发展的合理成分，为传统文化的弘扬开辟道路。一方面，对于传统文化，我们要进行科学的评价，要“一分为二”地看待，并给予其足够的尊重，让传统文化与当代社会主义文化在交锋中不断交织融合，共同服务以文化人的时代任务；另一方面，要对传统文化进行科学扬弃，取其精华去其糟粕，从时代出发，重新解释传统，找准中华优秀传统文化与受众群体的共鸣点，提升中华优秀传统文化的时代感召力。

文化自觉是实现中华优秀传统文化创造性转化与创新性发展的前提，在以文化人中人们有了反思，才能有文化的自我觉醒，不断由文化自觉走向文化自信。以文化特有的精神价值和力量激发出无穷的文化创造力。青年人是主体，是文化创新的源泉，决定着社会发展的程度。发挥其“以文化人”的文化功能，为理论创新、制度沿革、道路选择提供更好的文化支撑，提高我国文化软实力，为各民族文化认同提供坚实基础。

三、多途径、多渠道弘扬中华优秀传统文化

习近平总书记强调，要把优秀传统文化的提质工作放在首位，把握适度原则，提高现代化转化的效率，掌控好时机，才能做好传统文化的弘扬工作。要提高传统文化对人民群众的吸引力，以观众喜闻乐见、愿意接受的方式传播，与观众达成共识。要精心做好对外宣传工作，创新对外宣传方式，着力打造融通中外的新概念新范畴新表述，讲好中国故事，传播好中国声音，发挥好传统文化的正能量。

（一）发挥文化工作者的职能作用

传统文化保护的工作涉及多个方面，如文化产业发展、文化市场繁荣、文化遗产保护等。如果传统文化在我们手中不能得到很好的传承，就是我们的失职。要发挥好市场的作用，要以群众对文化作品的满意度作为文化工作的检查标准，用人民的口碑来提升文化创作的水平，促进文化工作者职业素质的提升。只有做到“政治上充分信任，创作上热情支持”，对于文化工作者的工作给予足够的尊重，才能更好地使文艺工作者积极主动地投身到文化创作中去。文艺创作结合社会发展的时代背景，将传统文化融入其

中，深入生活，自觉用心用情讴歌人民，书写伟大时代，努力推动中华优秀传统文化走出国门。

（二）发挥新媒体的传播作用

文化产品是承载中华优秀传统文化的关键载体，不能束之高阁，只有加以活化才能发挥好教化人的功能。可以使中华优秀传统文化与综艺节目、文创产品、旅游产业相结合，让传统文化具有“流行范儿”，以人民群众喜闻乐见的方式进行传播。如《中国诗词大会》《朗读者》的火爆让中华优秀传统文化“飞入寻常百姓家”，《我在故宫修文物》通过介绍稀世珍宝的修复过程和修复者的生活故事，展现了中华优秀传统文化的博大精深和精妙绝伦。新冠肺炎疫情暴发以来，文艺担负起防疫、抗疫“宣传员”和“书记员”使命，记录下感人的战“疫”瞬间，讲述着防疫抗疫一线的生动故事，描绘了众志成城的感人图景。歌曲、散文、诗歌、戏曲、曲艺、绘画、书法、网络短视频等多形式文艺创作，抑或普通人的生活记录，从不同侧面把这场疫情防控的人民战争凝结为感人至深的画面，英雄的身影被定格，凡人的壮举有了特写。

2020 年上半年，线上休闲类文化生活成为许多人的选择。在手机上看歌剧演出实况和最新电影，免费收看数字电视，宅家时光也能享受精彩文艺。“希望广大观众通过互联网走进故宫，感受故宫的春意之美、建筑之美、空灵之美，同时了解故宫承载的中华优秀传统文化，汲取文化的力量。”故宫博物院院长王旭东说。4 月 5 日、4 月 6 日，故宫博物院在人民日报客户端、人民网等网络平台举办 3 场直播。这是故宫自 1 月 25 日闭馆以来首次直播，展示了不同寻常的阒静春景。据统计，故宫的直播仅在抖音平台就吸引了近千万网友观看。“故宫太美了”“欣赏到好多以前没注意的细节”……网友纷纷留言点赞，期待故宫日后举办更多直播。

录制广场舞、手指舞教学视频，创作方言快板、顺口溜，文博讲解员变成网上主播……2020 年上半年，多地文化馆、公共图书馆、博物馆、农家书屋等文化场馆线上“不打烊”，积极转变服务方式。讲解博物馆重要线上展览，让观众足不出户欣赏珍贵文物。创作覆盖面广、有针对性、多样化的文艺内容，让人们在居家之时丰富文化生活，保持健康的身体和积极的心态，迎接春暖花开。

（三）发挥文化遗产的精神承载功能

历史文化遗产是我们古老文明的载体，蕴藏着我们的文化基因和精神因子，是祖祖辈辈留下的宝贵财富。文化遗产中有着传统文化的优秀“基因”，是活着的历史，也是可以触摸的时代记忆，蕴含着古人的智慧。让文化遗产“活”起来，就相当于保存住了小型历史博物馆，可体会文化遗产带给我们的穿越感和愉悦度，感受着朝代兴衰和一代代百姓的生活气息，领略一个时代的精神符号。习近平总书记强调：“要让收藏在博物馆里的文物、陈列在广阔大地上的遗产、书写在古籍里的文字都活起来”，让陈列在大地上的文物文化遗产在新时代焕发新功能、展现新活力，满足群众文化需要。

2020 年是脱贫攻坚决战决胜之年。上半年，多部广电总局脱贫攻坚重点剧目、多档脱贫攻坚主题节目在全国卫视频道播出，充分发挥主流媒体优势，从不同层次，采用不同形式讲述脱贫攻坚生动故事，展示脱贫攻坚辉煌成就，数量与质量呈现向上趋势，取得了良好的收视表现和传播效果。《花繁叶茂》《最美的乡村》《一个都不能少》《遍地书香》等多部剧集用小人物、小地方映照大时代、大背景，从不同角度切入脱贫故事，传递脱贫攻坚新气象。

“今天，在咱们的直播间里，有美味的非遗、好看的非遗、好听的非遗，也希望大家把非遗带回家，感受传统文化气息，让生活变得更美好。”6 月 13 日“文化和自然遗产日”前夜，主持人春妮、演员杨立新以及文化和旅游部非遗司副司长胡雁做客人民网，为广大网友奉献了一场精彩的非遗“夜宴”。

此外，多家主流媒体也组织了“非遗带货”直播活动。在“非遗＋央媒＋直播＋电商＋扶贫”模式的推动下，国潮、非遗文创产品正以澎湃之势引发关注和购物潮，直播带货影响力正在极速壮大。

文物成为文化自信的动力源泉，成为美好生活的强大引擎。“文化和自然遗产日”期间，“文物赋彩全面小康”主题论坛、中华文物全媒体传播精品（新媒体）推介线上展映、第十二届全国青少年文化遗产知识大赛、第七届“丹青记忆 守望家园——中国文化遗产美术展”、《行走的文明》第二季直播节目等系列线上线下活动相继举办。据统计，全国文物系统举办文化和自然遗产日活动数量达 4 600 余项。

非遗、文物、游戏、动漫……如今这些元素之间的混搭越来越常见，日益多元的跨界融合推动着文化遗产“破圈”。遗址公园内 5G 信号全覆盖，科技监测有大数据支撑，“云展览”精彩纷呈，研学联盟让遗产文化走近青少年……遗址的保护、研究、传承和利用开展得有声有色，争当历史文化“薪火传人”成为一种新时尚。文化遗产和传统文化正以更有趣、有料、有范儿的形象，走入年轻人的生活。

随着人工智能、5G、VR、全息投影等技术的发展，文化的方式正在发生变化，人们开始更加重视深度体验的生活方式，“共享美好生活新空间”。越来越多的创作者，特别是青年创作者已经走在转化发展的路上，也有更多读者、观众、用户不仅成为文化接受者而且成为新的文化创造者。我们相信，根植于百姓需求、富有时代气息的文化生活将成为主流，彰显文化自信，绽放新的光彩。

四、坚定文化自信，传承传统文化

弘扬优秀传统文化是坚定文化自信的重要基础。习近平总书记指出，我们坚定文化自信的坚实根基和突出优势，就在于中国优秀传统文化。博大精深的中华优秀传统文化是中国人几千年来积累的宝贵财富和优秀智慧，是我国最深厚的软实力。在经济全球化的今天，各国之间综合国力的竞争日趋激烈，思想文化、价值观念间的较量越来越重要，中国优秀传统文化正是中国在世界文化激荡中站稳脚跟的重要根基，是中国最深厚的文化软实力，是提升文化自信的底气和立足点，是建设文化强国的坚实基础。中华优秀传统文化是我国在历史的发展中形成的民族瑰宝，是中华民族精神的体现，是对我国文化价值的认可和实践。在坚持文化自信中不断发扬传统文化，才会更好地发挥出我国优秀传统文化的独特作用。

坚定文化自信对传统文化的继承与传播有着重要的意义。我国的优秀传统文化历经了历史的洗礼，历久弥新，有着自身独特的价值，每当我们经历一些重大事件、重大任务或面临重要关头，常常会孕育并诞生一种崇高而伟大的精神。我党历史上的红船精神、井冈山精神、长征精神、延安精神、大庆精神、“两弹一星”精神、改革精神以及抗洪精神、抗震精神、女排精神等，共同绘就中华民族的精神长廊，成为极为宝贵的精神财富。新冠肺炎疫情是新中国成立以来在我国发生的传播速度最快、传染范围最广、防控难度最大的一次重大突发公共卫生事件。在这场艰苦卓绝的人民战争中，孕育并诞生了伟大的抗疫精神，它既为打赢这场疫情防控阻击战注入了强大动力，又必定以它的深刻内涵而载入中华民族发展史册。

这些革命文化根植于中国优秀传统文化，饱含爱国精神，是我们的精神支撑。在这次抗疫斗争中凝聚起的精神力量，与时俱进地传承了中华民族的优秀文化和宝贵品质，一脉相承地赓续了中国共产党的优良传统和红色基因，在中华民族精神谱系上写下了我们这个时代的独特篇章，是中华民族自强不息的民族品格的集中展示，是以爱国主义为核心的民族精神的集中体现，是中华优秀传统文化、革命文化和社会主义先进文化的集中反映。

在文化全球化时代，我们要“正确进行文明学习借鉴”，我们在不断包容、借鉴、吸收的同时，也要坚定文化自信，实现文化强国，共同维护世界文明的丰富多元。但是，在借鉴过程中，我们不能将中华传统文化全部抛弃，也不能不分是非黑白就将世界其他国家的文明全部转移到我们的传统文化中。要以推进中华传统文化的现代化转型为目标，将立足点放在本国，扎根中国大地，实现中国特色社会主义文化建设，推进传统文化的传播和弘扬。借助“一带一路”等倡议和外交策略，广泛开展文化交流活动，让世界对中国文化有更深入的了解，让中国传统文化“活起来”，全面提升中华文化的世界话语权和国际影响力，增强每一个中国人的底气和骨气，让中华传统文化在交流互鉴中变得更加丰富和多姿多彩。我们要充分汲取和弘扬传统文化中的优秀成分，要对中华传统文化充满信心，将有影响力的、代表中国特色的文化产品进行对外传播，让世界人民都能感知到中国传统文化的独有魅力。

第四节　弘扬中华优秀传统文化的实践意义

一、抵御西方文化渗透，保障国家文化安全

随着改革开放的不断深入和全球化的不断演进，世界各个国家与地区之间的交流和联系也日益频繁，我国所面对的国际环境变得更加复杂。在此背景下，各个国家文化间的相互融合让世界文化变得更加丰富。与此同时，文化霸权主义也逐步显现，文化冲突逐渐增加，这在一定程度上威胁着我国的文化安全。我国正处于社会转型的关键时期，在向世界各国学习其先进文明时，缺少了一定的甄别能力，对其他国家的文化传统不加甄别地全盘接纳，给世界上一些别有用心的国家可乘之隙。美式的个人英雄主义、普世主义、自由主义、享乐主义和宗教文化等，彻底否定我国的传统文化，尤其是我们的优秀传统文化，以此来证明中华民族是一个“落后”的民族，进而使人们的心理倾向彻底倒向西方，在潜移默化间用西方的发展模式来改变中国，试图对我国进行“和平演变”。这不仅破坏了我国的社会主义文化氛围，冲击了我国传统文化在社会主义文化市场中的地位，更影响了国人的世界观、价值观、人生观的养成，降低了对我国自身文化的认同，动摇了我国社会主义文化建设和道德建设的根基，为我们带来了不可低估的文化安全威胁。因此，我们必须提高警戒意识，集中力量批判和抵制错误思潮的蔓延，切实维护好中国的文化安全。

近年来，万圣节、复活节、圣诞节等西方节日在中国大为流行，尤其是在青年人中受到追捧，对比明显的是我国的传统节日不受重视，讲不出春节的来历，说不明端午节的习俗，甚至七夕节也成为中国情人节，文化传承断裂，动不动就对中国传统文化进行全盘否定，就算是传统文化中的精粹也难以幸免于难，传统文化对人们的感染力逐步减弱。这使中华优秀传统文化在继承和发扬中遇到了史无前例的复杂难题，以至于要面对文化断层的危险。习近平总书记指出，“中华优秀传统文化是中华民族的突出优势，是我们最深厚的文化软实力”。面对着严酷、复杂的国际环境，习近平曾多次强调要加强对中华优秀传统文化的继承与发扬，这对我国社会主义现代化文化体系和道德体系的构建有着重要的意义。深入发掘中国传统文化中的优秀成分，不仅要将中华优秀传统文化与现代社会的发展实际相融合，更要推进中华文化“走出去”，向世界展现中国传统文

化的独特魅力，走好中国道路，为我国的社会主义文化建设服务。

中华优秀传统文化是我们中国人的得天独厚的文化宝藏，为中华民族的成长壮大提供了思想保证和文化载体。在各种文化相互激烈竞争的大背景下，要提高对中华优秀传统文化保护力度，提升中国各个民族之间的凝聚力，扩大中国传统文化在国际社会上的影响力。中华优秀传统文化中传播力度的加强促进了我国的文化产品向外推广，使世界人民更加了解中华文化。我们要自觉抵制外来的错误思想，抵御西方的文化渗透。弘扬中华优秀传统文化有利于当代中国的价值观在人们日常生活中的融合，加强人们对传统文化的学习和理解，抵御西方文化渗透和意识形态入侵，保障每一位中国人民都可以用社会主义核心价值观来为自己的行为准则打下基础，保障国家文化安全。

二、凝聚民族认同，重建民族文化自信

民族认同是一个民族对自身文化的认可和归属，强调对我们本土文化的一种自觉认可，是实现民族振兴的基础。文化自信是人民群众对自身文化的充分肯定，不仅相信其文化可以持续健康发展，还积极主动进行实践。无论哪一个国家，只有加强民族认同，坚定文化自信，才能在发展过程中保持积极向上的状态，防止走向文化自负的错误道路。随着全球化进程的不断推进，一些不良的价值观念冲击着我们的思想意识。西方的价值观念并不适合中国的实际，其关系是建立在金钱利益之上的，背后蕴含着的是虚假的人文关怀。习近平总书记在不同场合和地点引经据典，进一步强化了全社会的文化认同，进而增进民族认同，树立起正确的民族意识，强化传统文化的吸引力和感染力，提升全社会对中华民族传统文化的情感归属和认可，让全民更加深信传统文化处理中国的实际挑战的能力，凝聚民族力量。

“不忘历史才能开辟未来”，传统文化中有着能够凝聚大众的精神财富，用我们传统的文化历史来抵御不良思潮的影响。习近平总书记对中华优秀传统文化弘扬的论述回答了“中华民族的精神源头是什么”“最终要运用到什么地方去”这两个难题。中华民族的精神源头就是中华优秀传统文化，而中华优秀传统文化在治国理政中的有效运用也是对传统文化“最终要运用到什么地方去”的最好回答。它促进了我们自觉传承和弘扬中华优秀传统文化，真正做到知行合一，改变了我们的思维方式和行为方式。在与其他文化的交流融合中，不断学习借鉴其他文化的优秀成分，共同发展进步，紧紧跟随时代发展的潮流，坚定中华优秀传统文化的文化自信，促进民族认同感的不断凝聚。

三、塑造中国形象，推进中国文化走出去

要利用新媒体技术，不断创新传统文化的对外传播形式，用好中国语言，讲好中国

故事，为中国传统文化“走出去”指引方向。中国的传统文化非常有吸引力，其中蕴藏的人文理念、道德传统都是宝贵的精神资源。传统文化中所发挥出来的国际性作用，在今天依然有着重要的实践意义。

文化形象是国家形象的重要组成部分，良好文化形象所带来的意义是其他传统国家形象无法企及的。习近平总书记在与世界各个国家的交往中，引经据典，以中华优秀传统文化为依托，打造出弘扬传统文化的新举措。从《论语》到诗词，从书法到音乐，用一幅幅中华优秀传统文化的优美画卷，向世界展示着一个个全方位的中国形象。其他国家的人民可以通过我们的传统文化来了解中国、认识中国，感受中国的文化大国形象。习近平总书记用中国智慧为人类命运共同体的建设做出了积极的贡献，展现了中国思维、中国态度、中国方案，提高了中国的综合国力，使中国拥有了更多的国际话语权。习近平弘扬中华优秀传统文化重要论述已经不仅仅是在对外展现中国爱好和平、与邻为善，倡导和谐共处的执政理念，而是要通过中华优秀传统文化，向世界传播更多中国的声音、中国的思想价值观念、中国的民族精神和中国的文化品格，逐步消除世界各国对于中国的误解和偏见，塑造了一个负责任的大国的形象。

新中国成立以来，我国先后与许多国家建立了文化交流与合作关系，开展了传统文化交流活动，如中俄艺术节、国际友谊艺术节、文化交流年等，文化沟通的方式方法包罗万象。这不仅加强了各国之间睦邻友好，还促进了两国文明不断融合。对中华优秀传统文化的弘扬，使我国的戏曲艺术、经典小说、节日习俗等逐步走出国门，推进了我国中华优秀传统文化的对外宣传工作，不断推动与世界各个国家和地方之间的文化交流，进而带动我国文化创意产业的成长壮大。不仅如此，习近平对中华优秀传统文化的弘扬还带动了各国孔子学院的成立，向世界人民教授汉语和中国文化，让世界各国人民共享中华文明。在新时代，文化也成为开启“外交”之门的一把钥匙。习近平总书记在古城西安同印度总理莫迪追溯中印古代文化交流，在雅典卫城博物馆同希腊总统帕夫洛普洛斯鉴往知今话未来，在意大利同孔特总理共话千年古城的保护传承，在法国同马克龙总统谈到《论语》……习近平总书记以文化为纽带，推动不同文明之间的对话，拉近国与国、人与人之间的距离，让中国的“朋友圈”越来越大，促使文化内涵丰富的“中国制造”“活起来”“走出去”，迈向世界。

四、传播和平理念，维护和谐世界秩序

现如今，世界各国都在追求和平与稳定，希望能够取得经济、社会的长足稳定发展。但是，在某些地区依旧存在一些恐怖组织，想要实现世界和平，各国共同发展，还有很长的一段路要走。目前，地球村让世界各国距离逐渐缩小，联系日益密切，但这也

会使世界各国之间的矛盾不断激发出来。一家独大的时代已经一去不复返，世界秩序的重建是每一个国家都无法逃避的问题。中国是世界上最大的发展中国家，也是一个负责任的大国，在与其他国家交往时，一直奉行和平共处，不主动挑衅，倡导人类共同发展，倡导世界和平与稳定，坚决打击恐怖组织，尊重他国的领土完整和主权独立，这与中国的传统文化中的“和”文化有着密不可分的关系。

在习近平总书记弘扬中华优秀传统文化的相关论述中，展示着传统文化积极向上的处世之道，并逐步挖掘出其中与当今时代治理理念的共鸣点，在世界秩序的维护中提出一系列新的倡议和新的方案，引导世界秩序更加公正合理，在世界的发展中贡献着自己的力量。无论是“人类命运共同体”概念的提出，还是新型国际关系的打造，抑或是“亲、诚、惠、容”的周边外交方针，这些执政思路都充分体现中国传统文化中古人智慧的闪光点，是用中国模式推动世界进步的关键方略。习近平总书记对于世界各国正确的义利观、丝绸之路精神等促进世界各国和平发展的理论，得到国际社会普遍赞誉，推动着世界秩序的和平稳定。习近平总书记倡导和平合作，建立共享共赢的和谐世界，为世界和平提供中国智慧。面对国际争端，世界期待听到中国声音，中国不能缺席。在激烈的冲突中，中国总能启发世界各国站在对方的角度考虑问题，平衡照顾各方关系，用精巧的手段解决各方面的矛盾，使矛盾双方都能接受调解结果。这种“以和为贵、合作共赢”的解决危机方法受到世界人民的欢迎。在处理国际事务中，习近平总书记反对霸权主义，反对独权专政，不搞零和博弈，提倡平等待人，主张“大家商量着办”，努力以达成一致的方式进行决策。

今天，中国的经济已然腾飞，我们已经可以创造出巨大的物质财富，但在国家经济硬实力得到增长后，我们也要致力于国家文化软实力的提升。绵绵用力，久久为功，优秀传统文化的深入发掘不是一朝一夕就能完成的工作，需要我们有愚公移山的精神，需要千千万万人和一代代人的共同努力。只有补齐文化建设的短板，才能坚定文化自信，促进中华民族的伟大复兴。实践证明，中华优秀传统文化为民族力量的凝聚打下了坚实基础，是实现国家统一的精神力量和保证民族团结的文化支撑。为了实现并维护国家统一，必须继承和弘扬中华优秀传统文化，使各族人民的价值观与社会主义国家意识形态保持一致，才能凝聚民族力量，坚定文化自信，构建社会主义文化体系，实现文化强国。

拓展阅读

故宫600年，所谓过去，皆是未来

故宫，作为保护和传承人类文明的重要殿堂，是连接过去、现在、未来的桥梁。今天，被数字技术颠覆的巍峨宫苑，正在成为全新的文化符号。永乐十六年，明成祖朱棣的迁都大业已经筹备了15年，一个经历两朝26帝的宫殿即将动工修建。也许自明成祖以下，到清末帝宣统，以及那些曾经风云朝堂庙宇的臣工，和从古至今600年来的万千百姓都没曾想到，他们的生活、器物、艺术、信仰，会以什么样的形式再现人世。

在时光的流变中，朝代更迭，王座之上的人来来去去，唯有紫禁城带着历史的记忆，凝聚成故宫这样一个文化符号，折射着中国人对于历史的梦幻想象。毋庸置疑，这是先人留下的智慧与可能。诚如梁思成先生所说："历史上每个民族的文化都产生了它自己的建筑。但遗憾的是，并不是每个民族都能从古建筑中理解并发扬自己的文化。"时间过了600年，故宫里的皇帝们戴起了墨镜、比剪刀手，古画里的美人动了起来，活色生香。故宫的雪，故宫的猫，故宫的周边，以及与故宫有关的综艺屡屡刷屏，动不动就上热搜。

大家都说故宫变了，变得越来越年轻、时尚、接地气，有人情味。作为传统文化的符号，走过历史沧桑的故宫，一改历史的严肃面孔，迅速在年轻人心中占领了一席之地。一场轰轰烈烈的传统文化复兴活动在年轻人中流行开来。近些年，将传统文化与互联网相结合的IP跨界并不少见：刻有罗塞塔石碑纹路的行李箱，印有《神奈川冲浪里》的折叠伞，大英博物馆、V&A博物馆在内的IP跨界走红网络等。

而故宫当然也不落人后，除了在文化上玩得贼溜，在拥抱互联网上也完全走在一线位置。记得小时候逛故宫，人和人推着走，排队、安检几个小时，和春运一样。进去了也是走马观花，常常是一天逛下来，除了腿酸、肚子饿，所获所得寥寥无几。

可自从微信上线了"玩转故宫"小程序——曾经需要排队租借的讲解器，现在被完全整合进手机中，手指轻轻一点，就可以使用小程序定位自身位置、规划步行线路，听取现场讲解。还提供打卡服务，可以一键分享旅游经历。它验证了我们所身处的时代：文字可以抛弃纸，商品可以抛弃店铺，服务亦可脱离人，我们的认知分分秒秒等着被颠覆，被刷新。一抹朱红，绛唇轻点。典雅精致的"故宫国宝唇彩"，演绎东方女人最美的神采。从里到外的中国风，寓意吉祥美好。同一种妆，流行不设限，经典有新意。故宫还强势打入了二次元的世界，让"清代皇后冠服"和《胤禛美人图》在《奇迹暖暖》中时髦呈现。游戏用户在手指点触间，便可感受故宫珍藏华服的文化魅力。

用这种方式，原本闭锁在展馆中的文物有了能够辐射到每个年轻人身边的“超链接”，只要一次点击，就能见面。

连故宫的镇馆之宝《千里江山图》，也被用音乐的形式重新演绎。当古画唱起了歌，试想历史中，以千里江山横压一世的王希孟作此画时，年仅18岁。而唱出《丹青千里》的易烊千玺，也正好是18岁。两个相隔近千年的少年俊才，在这一刻隔空相望。古往今来，人们对山河的赞美，对美好生活的向往都“异曲同工”！

我们相信唯有才气最盛的年轻人，可承前人所长又不落窠臼，可无惧资历深浅，以初生牛犊不怕虎的气势去挥洒生命，创作出让人五体投地的东西。故宫的“时髦”，更大的意义也正在于成功吸引了年轻一代，让其成为文化的传承者。

转变了文化的传播形式，从单向文化输出变为双向的文化交互，这座威严的宫殿，少了古板，多了亲切，摇身一变成了人见人爱的“网红”。看着这样的故宫，年轻人纷纷表示“朕心甚悦”！

资料来源：搜狐网，2020-09-23.

时政热点

练习题

一、单选题

1. 社会主义精神文明建设的主要内容是（　　）。

A. 培育有理想、有道德、有文化、有纪律的新人

B. 坚持为人民服务、为社会主义服务的方向和百花齐放、百家争鸣的方针

C. 进行思想道德建设和教育科学文化建设

D. 继承和发扬优秀民族文化传统和吸收各国优秀的思想文化成果

2. 依法治国和以德治国的关系是（　　）。

A. 在国家治理中的地位和作用不一样

B. 社会意识的形式不同

C. 治理国家的效果不一样

D. 社会控制和国家治理的方式不同

3. 中国特色社会主义文化建设的根本是（ ）。

A. 在全社会形成共同理想和精神支柱

B. 发展教育和科学

C. 营造良好的文化环境

D. 深化文化体制改革

4. 社会主义道德的集中体现是（ ）。

A. 诚实守信　　B. 为人民服务

C. 拾金不昧　　D. 爱国主义

5. 发展社会主义文化必须坚持的方向是（ ）。

A. 为人民服务，为社会主义服务

B. 为精神文明建设服务，为物质文明建设服务

C. 为党的工作服务，为经济发展服务

D. 为政治稳定服务，为经济发展服务

6. 促进人的全面发展是（ ）。

A. 社会主义的本质要求

B. 马克思主义建设社会主义新社会的本质要求

C. 社会主义初级阶段建设与发展的根本要求

D. 建设社会主义精神文明的根本要求

7. 中国特色社会主义文化建设的根本任务是（ ）。

A. 培养“四有”公民　　B. 培养社会主义事业接班人

C. 培养“四化”干部　　D. 培养社会主义事业建设者

8. （ ）是社会主义核心价值体系的灵魂。

A. 民族精神　　B. 时代精神

C. 马克思主义指导思想　　D. 社会主义荣辱观

9. 培养“四有”公民的核心内容是（ ）。

A. 理想信念教育　　B. 纪律教育

C. 文化知识传授　　D. 道德教育

10. 现阶段，全国各族人民的共同理想是（ ）。

A. 实现全体人民共同富裕

B. 走中国特色社会主义道路，实现中华民族的伟大复兴

C. 实现人的全面发展

D. 弘扬民族精神

11. 文化是民族的血脉、国家的灵魂。一个国家在一定历史时期的文化发展，必然与其政治制度、经济制度等构成的社会发展道路一脉相承。实践证明，中国特色社会主义文化发展道路，是符合国情、顺义民意的道路，方向正确，前途光明。坚持中国特色社会主义文化发展道路的根本任务是（　　）。

A. 满足人民精神文化需求

B. 提高全民族文明素质

C. 建设社会主义核心价值体系

D. 建设社会主义文化强国

12. 21世纪以来，随着改革开放的深入和对社会主义建设规律认识的深化，文化建设被摆放在更加突出的位置，我们党对文化建设规律的认识不断深化，在实践中逐步形成了中国特色社会主义文化发展道路。坚持中国特色社会主义文化道路的出发点和落脚点是（　　）。

A. 坚持社会主义先进文化前进方向

B. 坚持社会主义核心价值体系

C. 满足人民精神文化需求

D. 培养高度的文化自觉和文化自信

13. 坚持中国特色社会主义文化发展道路，必须以马克思主义为指导，必须发挥人民在文化建设中的主体作用，必须坚持自己的民族特色，必须积极吸收、借鉴国外优秀文化成果，必须坚持一手抓文化事业、一手抓文化产业。其中，事关文化改革发展全局的根本问题是（　　）。

A. 必须以马克思主义为指导

B. 必须发挥人民在文化建设中的主体作用

C. 必须坚持自己的民族特色，积极吸收、借鉴国外优秀文化成果

D. 必须坚持一手抓文化事业、一手抓文化产业

14. 党的十八大报告首次提出倡导“富强、民主、文明、和谐，自由、平等、公正、法治，爱国、敬业、诚信、友善”的社会主义核心价值观。其中，富强、民主、文明、和谐是（　　）。

A. 国家层面的价值目标

B. 社会层面的价值取向

C. 公民个人层面的价值准则

D. 普世层面的价值取向

15. 当今时代，文化在综合国力竞争中的地位日益重要，谁占据了文化发展的制高点，谁就能够更好地在激烈的国际竞争中掌握主动权。建设社会主义文化强国，关键是（　　）。

A. 增强全民族的创造活力

B. 大力发展文化事业

C. 优先发展文化产业

D. 培养文化自觉自信

16. 发展文化事业，建立覆盖全社会的比较完备的公共文化服务体系，是我们建设社会主义文化强国的重要内容，发展文化事业，必须坚持（　　）。

A. 政府主导　　B. 市场主导

C. 社会主导　　D. 民间主导

17. 随着经济的快速发展和物质生活水平的提高，人们的精神文化需求日益增长，迫切要求通过深化文化体制改革，激发文化发展的活力，为人民群众提供更多更好的文化产品和文化服务，保障人民的基本文化权益。加快文化体制改革的中心环节是（　　）。

A. 完善文化管理体制　　B. 建立健全现代文化市场体系

C. 激发全民族文化创造活力　　D. 提高文化开放水平

18. 建设社会主义文化强国，必须加快文化体制改革。十八届三中全会对全面深化文化体制改革作出了重大战略部署，其中要坚持放在首位的是（　　）。

A. 社会效益　　B. 经济效益

C. 繁荣文化市场　　D. 以人民为中心

19. 我国的文化建设必须以马克思主义为指导，这是由（　　）决定的。

A. 我国社会主义性质　　B. 中华民族的精神

C. 教育的基本地位　　D. 社会效益的首要位置

20. 面向世界，是中国特色社会主义文化建设（　　）的重要体现。

A. 充满时代精神　　B. 具有开放精神

C. 鼓励创新精神　　D. 具有政治意识

二、判断题

1. 培育有理想、有道德、有文化、有纪律的社会主义公民，是建设社会主义先进文化对公民素质提出的综合要求。其中，有理想、有道德、有纪律，是对公民科学文化素质方面的要求；有文化则是对思想道德素质公民的要求。(　　)

2. “仓廪实而知礼节，衣食足而知荣辱。”(　　)

3. 把握了以改革创新为核心的民族精神和以爱国主义为核心的时代精神，就把握了社会主义核心价值体系的精髓。(　　)

4. 现阶段国际综合国力竞争的焦点是军事实力的竞争。(　　)

5. 深化文化体制改革，要坚持以改革为主题，以体制机制创新为动力，以发展为重点，形成科学有效的宏观文化管理体制。(　　)

6. 文明是各种文化的总和。(　　)

7. 先进文化是以先进生产力为基础的，因此，在我国生产力尚不发达的情况下，不应提出建设先进文化的目标。(　　)

8. 中国特色社会主义文化建设的根本是坚持马克思主义的指导地位。(　　)

9. 建设社会主义核心价值体系，最根本的是在全社会形成共同理想与精神支柱。（　　）

10. 中国共产党人的最高理想是建设有中国特色的社会主义。（　　）

11. 亨廷顿认为：文化的重要作用是用价值观影响人类的进步。（　　）

12.《文化经济学》认为“文化是明天的生产力”。（　　）

13. 文化精神是指：民族文化中占主导地位的基本思想与观念，或者说是文化传统的主流。（　　）

14. 文化精神与民族精神的关系是文化精神属于事实判断范畴，民族精神属于价值判断范畴。（　　）

15.“以人为本”的思想包括：以人为尊，以民为贵，以仁为本。（　　）

16. 礼教的核心是：父子有亲，君臣有义，夫妇有别，长幼有序，朋友有信。（　　）

17. 社会主义文化建设与社会主义精神文明建设在基本内容、指导思想和根本目标上不是一致的。（　　）

18. 作为思想保证，社会主义精神文明建设能够为社会主义主体提供正确的指导思想和价值导向，保证我国社会主义现代化建设沿着正确的方向前进。（　　）

19. 要坚持面向世界，积极吸收世界不同国家和民族的一切优秀的思想文化成果。（　　）

20. 要继承和发扬中华民族优秀文化传统和革命文化传统，弘扬和培育民族精神，使社会主义文化成为凝聚中国广大民众精神、展现中国民族精神风貌、具有中华民族文化特色的文化。（　　）

三、思考题

1. 如何更好地发扬中华优秀传统文化？

2. 弘扬中华优秀传统文化有何意义？

第九章

坚持“一国两制”坚守事业初心

★★★★★

“一国两制”，即“一个国家，两种制度”，是中国政府为实现国家和平统一而提出的基本国策。习近平总书记多次强调：“一国两制”是中国特色社会主义的伟大创举，并提出了坚持“一国两制”，保持香港、澳门长期繁荣稳定，促进祖国和平统一的显著优势。标志着我们党对“一国两制”的认识不断地提升到新的高度。中国特色社会主义进入新时代，也是港澳台同胞发展的新时代，“一国两制”是香港行稳致远的“压舱石”、澳门繁荣稳定的根本保证、解决台湾问题的最佳方式。中华儿女携手共进，同心同德，一定能促进祖国统一，实现中华民族伟大复兴。

第一节 “一国两制”：香港行稳致远的“压舱石”

“小河弯弯向南流，流到香江去看一看，东方之珠我的爱人，你的风采是否浪漫依然？月儿弯弯入海港，夜色深深，灯火闪亮，东方之珠，整夜未眠，守着沧海桑田变幻的诺言。让海风吹拂了五千年，每一滴泪珠仿佛都说出你的尊严，让海潮伴我来保佑你，请别忘记我永远不变黄色的脸。”1997 年 7 月 1 日零时，歌声嘹亮，高亢有力的中华人民共和国国歌在香港维多利亚港湾的会展中心响起，五星红旗和紫荆花旗冉冉上升，百年期盼，一朝圆梦，香港回归祖国！党的十九大报告指出：“一国两制”实践取得举世公认的成功，是后人继承前人、接力向前推进的结果，也是行得通、办得到、得人心的。

一、“一国两制”的香港实践过程演变

香港回归以来，“一国两制”在香港实践中遇到不少“新情况、新问题”，我们始终坚定中央对港政策“不改变、不动摇”，落实中央对港政策过程“不走样、不变形”，加强中央政府对香港的管治，提升中央政府对香港管治水平，形成综合全面的管治体系。

（一）十八大以前的中央对港政策

香港回归以后，“一国两制”方针进入全面贯彻实施阶段。回归初期，中央对香港政策的态度是“河水不犯井水”“不管就是管好”。这一阶段中央对香港政策的关注点主要是“维稳”，即维护香港的稳定，例如中央对香港政策的“不干预”原则，强调香港的“高度自治权”等。

2003 年底，成立中央港澳工作协调小组（2020 年升格为中央港澳工作领导小组）作为中央层面领导港澳事务的最高议事协调机构，中央港澳工作领导小组成为中央港澳工作的领导、决策和协调核心。2007 年中共十七大将“保持香港、澳门长期繁荣稳定”问题提升到“党在新形势下治国理政面临的重大课题”的战略高度来认识和阐释。

1997—2012 年，中央对香港政策采取了克制和宽松相结合政策，在一些重大的问题上，为了避免香港社会产生大动荡采取克制政策，例如 2003 年二十三条立法、2010

年“政改”方案以及2012年国民教育等问题。

2003年后，中央政府意识到管治香港存在难度，将治理香港政策逐渐从“不干预”调整为“不干预，有所为”，2012年以后真正从思维、思路上开始转变。中共十八大政治报告中提出的中央对港政策的两个根本宗旨，及中央政府对香港实行的各项方针政策，根本宗旨是维护国家主权、安全、发展利益，保持香港长期繁荣稳定。中央开始强调底线不容触碰，将维护国家主权、安全和发展利益作为中央对港政策的基调并定为底线之根本。

（二）十八大以来的中央对港政策

2012年党的十八大以来，以习近平同志为核心的中央领导集体，针对回归以来“一国两制”在香港特区实践过程中出现的新情况、新问题，抓住机遇，直面挑战，趋利避害，因势利导，坚持“顶层设计”，注重“底线思维”，提出并实施了一系列具有理论创新和实践创新意义的处理港澳事务、解决港澳问题的重大战略举措。一方面，坚决贯彻落实“一国两制”方针政策“不改变、不动摇”；另一方面，高度重视，全面准确地理解认识和贯彻落实“一国两制”方针政策的问题，以求确保“一国两制”在香港特区的实践“不走样、不变形”。

1. 底线思维，绝不动摇

2017年7月1日，习近平在庆祝香港回归祖国20周年大会上指出，在“一国两制”具体实践中，必须牢固树立“一国”意识，坚守“一国”原则，正确处理特别行政区和中央的关系。任何危害国家主权安全、挑战中央权力和香港特别行政区基本法权威、利用香港对内地进行渗透破坏的活动，都是对底线的触碰，都是绝不能允许的。

2017年6月30日，习近平在向各界政商领袖致辞时指出，要正确对待、理性分析“一国两制”实践中遇到的新情况、新问题，需看到香港问题有复杂历史根源、国际背景，不能简单归因或采取情绪化态度。若此，“一国两制”才能行稳致远。香港特别行政区与中国内地不同的政治体制和政治文化，如何能在“一国”的框架内维持和谐的关系，互相尊重和互相接受，而非互相对立和对抗，这是“一国两制”实践在现阶段面对的重要课题。

2. 因地制宜，依法治港

面对香港问题的复杂性和特殊性，中央根据实际情况，不断进行调整。2014年6月10日发布《“一国两制”在香港特别行政区的实践》白皮书，白皮书说：“香港特别行政区的高度自治权不是固有的，其唯一来源是中央授权。同时，宪法明确规定国家的根本制度是社会主义制度，并规定了国家的基本制度、领导核心和指导思想等制度和原则。坚持一国原则，最根本的是要维护国家主权、安全和发展利益，尊重国家实行的根本制度以及其他制度和原则。”这是中央采取以法治港，不断调整“一国两制”在香港问题上的实施措施，坚决打击“港独”，落实向中央对香港的管治权，为香港的繁荣稳定提供前提和保障。

2020年6月30日，第十三届全国人大常委会第二十次会议通过了《中华人民共和国香港特别行政区维护国家安全法》，建立健全香港特别行政区维护国际安全的法律制度和执行机制，防范、制止和惩治危害国家安全的行为和活动。这一法案的通过，是为了坚定贯彻“一国两制”，遏制近年来在香港凸显的国家安全风险和挑战，构建完善的国家安全风险预防性制度体系，在中央和香港两个层面建立健全执行机制。这部法律的通过，是基于防范意识，依法积极采取规管措施应对国家安全风险和挑战，是维护国家主权、安全、发展利益，坚持和完善“一国两制”制度体系，保障香港居民合法权益，维护香港长期繁荣稳定的重要基石。

“一国两制”的精髓是一个实事求是的产物。“一国两制”在香港实践的过程中，也是一个发现问题、认识问题和解决问题的过程。在这个过程中，我们要始终不忘初心，直面问题，解决问题，不断完善“一国两制”在香港的实践。

二、“一国两制”的香港实践结果成绩斐然

1995年6月，美国《财富》杂志国际版推出了一期专题报道——《香港之死》，曾预测香港在回归之后经济将迅速衰弱。2007年7月，美国《财富》杂志又发表了一篇文章——《香港根本死不了》，坦言12年前的预测不正确，并在文章中指出“一国两制”是让香港繁荣昌盛的保证。2017年6月28日，美国《华尔街日报》网站中的文章再次肯定了“一国两制”在香港的实践。习近平总书记讲，“一国两制”在香港的实践，就像一棵幼苗，在风雨中茁壮成长，结出累累硕果，成绩斐然。

（一）依托祖国，经济繁荣

香港回归以来，先后经历了1997—1998年亚洲金融危机、2003年SARS事件、2008年全球金融危机的冲击，但在“一国两制”的原则下，依托中央政府，香港经济依然繁荣发展。1997年至2013年，香港本地的生产总值年均增长3.4%，人均本地生产总值按美元累计增长39.3%。香港本地生产总值位居全球第35位，人均本地生产总值已位居全球第7位。香港经济在2014年、2015年和2016年分别增长2.3%、2.4%和1.9%，已经超过发达经济体2%的平均增长速度。2017年，香港经济增加大幅度超过预期，GDP增长速度超过3.5%。2018年，香港全年进出口额约为1.2万亿美元，同比增长5%，其中，香港与内地的进出口贸易额为5 886.9亿美元，同比增长6.2%，由此可以看出，内地已经成为香港对外贸易的第一大市场。中国海关总署公布的外贸数据表明，2019年，内地与香港进出口贸易额为1 337.5亿美元，内地自香港进口8.5亿

美元，同比上升24.2%。2018年港股为33 484点，创下历史新高，首次公开募股额为3 000亿港元，居全球第一。2019年上半年香港共有84家公司上市，集资金额达698亿港元，领先亚洲。2019年6月24日，中国社会科学院和《经济日报》共同发布了《中国城市竞争力第17次报告》，香港综合竞争力排名第二。根据美国传统基金会公布的2019年度《全球经济自由度指数报告》，香港以90.2的得分排名全球第一，是唯一总分超过90分的经济体，这也是香港连续25年蝉联全球最自由经济体。

香港经济的繁荣离不开“一国两制”的制度优势和祖国的大力支持。英国《每日电讯报》表示，“香港最好的未来在于中国的成功”。改革开放以来，中国经济呈现高质量发展，国际影响力持续提升，“中国机遇”成为香港保持繁荣稳定的强劲驱动力。2017年习近平总书记视察香港时指出，中央政府支持香港在推进“一带一路”建设、粤港澳大湾区建设、人民币国际化等重大发展战略中发挥优势和作用。同时积极研究出台相关政策措施，为香港同胞在内地学习、就业、生活提供便利，同时也为香港同胞到内地发展提供更多机会。2018年9月23日，广深港高铁全线开通，标志着香港连入内地高铁网。广州到香港最短只需要47分钟，大大缩短了内地与香港的距离，增强内地与香港特区的经济协作。2019年7月10日，全国铁路实施新的列车运行图，包括雄安新区白洋淀站在内58个内地高铁车站将安排高铁动车直通香港，进一步加强了香港同内地的联系。2019年2月18日，在中共中央、国务院印发的《粤港澳大湾区发展规划纲要》中，对香港的定位作了明确规定：“巩固和提升香港国际金融、航运、贸易中心和国际航空枢纽地位，强化全球离岸人民币业务枢纽地位、国际资产管理中心及风险管理中心功能，推动金融、商贸、物流、专业服务等向高端高增值方向发展，大力发展创新及科技事业，培育新兴产业，建设亚太区国际法律及争议解决服务中心，打造更具竞争力的国际大都会。”

20余年来，在“一国两制”制度的保障下，香港依托祖国，不断加强与内地的联系，将“中国机遇”充分转化成内驱力，经济持续保持着繁荣发展，这也充分体现了“一国两制”的制度优势。

（二）坚持原则，蓬勃发展

2017年7月1日，习近平总书记在庆祝香港回归祖国20周年大会暨香港特别行政区第五届政府就职典礼上的讲话中指出：“在‘一国两制’之下，香港原有资本主义制度和生活方式保持不变，法律基本不变。香港同胞当家作主，自行管理特别行政区自治范围内事务，香港居民享有比历史上任何时候都更广泛的民主权利和自由。”香港回归之前，香港民众没有民主权利，香港由英国殖民统治，港督由英国政府委派。回归后的香港实现了真正意义上的当家作主，香港同胞享有言论、新闻、游行集会等自由。2019年7月3日，时任外交部发言人耿爽在例行记者会上就英国外交大臣亨特提出的“英国支持香港居民捍卫英方为其争取来的自由”错误言论进行回应。耿爽指出：“在英国对香港进行殖民统治期间，香港有何民主可言？港人连上街游行的权利都没有。恰恰是香港回归后，中国政府依照宪法和基本法，切实贯彻落实‘一国两制’、‘港人治港’、高度自治方针，保障香港居民依法享有前所未有的民主权利和自由。”2018年香港法律年度开启典礼上，香港特区政府律政司司长郑若骅致辞：香港司法独立情况连续三年亚洲第一。香港的法治制度和法治精神是香港社会的共识。

20余年来，香港经济持续稳定的发展为改善民生奠定了坚实的基础。香港的失业率不断下降，近年来一直保持在3.5%以下。香港特区政府统计处发布的最新劳动人口统计数据显示，2019年1月至3月香港失业率为2.8%，就业不足率为1%，基本上实现了全民就业。2018年3月，香港财政司又推出了“关爱共享计划”，针对没有能够在财政预算案中受惠的市民派发4 000港元，2019年4月发放第一批款项，特区政府初步推算估计发放金额110亿港元，受益居民约280万。2018年至2019年，香港特区政府用于医疗服务及福利的花费达860亿港元，占政府开支超过20%，是五六年前的一倍。2019年2月27日，香港特区政府公布了2019—2020财政年度特区政府财政预算案，在财政预算案中，香港政府推出一系列一次性纾缓措施，总值达429亿港元。

（三）香港国安法稳健实施

香港国安法的实施，使香港金融市场稳健有序、生机勃勃。香港金融管理局总裁余伟文说：“一个安全、稳定的社会环境将是投资者们期盼和乐见的。香港国安法实施后，我们接触的各类金融机构都对未来的机遇掌握甚为清晰，而这机遇就是建基于对香港金融制度有信心，对香港金融前景有希望。”曾有人说，香港国安法会影响投资者的信心，从而导致资金外流，事实上，香港国安法实施以来，不仅没有出现显著的资金外流，反而有了持续的资金流入。“自6月以来超过110亿美元资金流入港元体系，银行体系的存款总额在过去几个月也持续上升”。

香港回归祖国以来，结合自身特色，不断打造繁荣精彩、浪漫多彩的港都。瑞士洛桑国际管理发展学院在《2019年世界竞争力年报》中提出，香港地区的排名保持在全球第二位。由此可以看出，“一国两制”的方针再次得以实践，这是符合全体香港居民利益，符合香港繁荣发展需要，符合国家根本利益的制度。

三、“一国两制”的香港实践经验和启示

2018年11月12日，习近平总书记在会见香港澳门各界庆祝国家改革开放40周年访问团的讲话中指出：“实现中华民族伟大复兴，港澳同胞大有可为，也必将带来香港、

澳门发展新的辉煌。希望广大港澳同胞和社会各界人士同内地人民一道，不断开创‘一国两制’事业新局面，为创造港澳同胞更加美好的生活、为实现中华民族伟大复兴的中国梦而团结奋斗！”中国特色社会主义进入新时代，也意味着“一国两制”事业进入新时代，我们站在新的起点，共同开创“一国两制”伟大事业新局面。

（一）爱国爱港，保持社会风清气正

习近平总书记在十九大报告中强调：“我们坚持爱国者为主体的‘港人治港’‘澳人治澳’，发展壮大爱国爱港爱澳力量，增强香港、澳门同胞的国家意识和爱国精神。”近年来，爱国爱港成为香港社会的主流民意和最大的心声。2019年5月3日，青年学生、年近九旬的老革命家老战士、德高望重的院士学者、各界知名人士、晨练的外籍人士、认真工作的清洁人员等一同用“快闪”的方式歌唱《义勇军进行曲》，用嘹亮的歌声向祖国表白。演艺界知名人士谭咏麟接受采访时称：“每一个中国人唱中国的国歌，是天经地义的事情，非常开心。”

2019年6月以来，香港一些极端激进分子恣意妄为，公然采取暴力手段，冲击毁坏立法会大楼、暴力袭击执法警察、冲击中央政府驻港机构并污损国徽等违法行径，不仅践踏了香港的法治，更是触碰了“一国两制”的原则底线。面对部分激进示威者的暴行，香港各界社会团体及人士强烈谴责，纷纷发声，大力弘扬浩然正气。2019年7月20日，“守护香港”大型集会活动在香港金钟添马公园举行，超过31万香港市民冒雨参加，集会以“反暴力、撑警队、护法治、保安宁”为诉求，用和平理性的方式表达了广大市民支持警方依法维护社会秩序、希望香港社会和平安定的心声。2019年7月29日，香港警方拘捕至少49名激进示威者，并强调会对所有非法及暴力破坏行为进行调查，警方有能力及决心维护社会安宁，绝不姑息任何暴力行为。当天下午，国务院港澳事务办公室新闻发言人杨光回应香港局势：“中央政府坚决支持林郑月娥行政长官带领特区政府依法施政，坚决支持香港警方严正执法，坚决支持香港特区政府有关部门和司法机构依法惩治暴力犯罪分子，坚决支持爱国爱港人士捍卫香港法治的行动。”

面对香港不断出现的新问题，香港特区政府和香港居民展现出的爱国爱港精神，是“一国两制”制度在香港实施的具体表现。在这一原则下，不断增强国家意识、培育爱国精神是理所当然、合情合理的事情，也是香港回归的应有之义。

（二）把握机遇，融入国家发展大局

十九大报告提到“要支持香港、澳门融入国家发展大局，以粤港澳大湾区建设、粤港澳合作、泛珠三角区域合作等为重点，全面推进内地同香港、澳门互利合作”。2018年11月12日上午，习近平总书记在人民大会堂会见香港澳门各界庆祝国家改革开放40

周年访问团并发表重要讲话。在讲话中，习近平总书记指出："对香港、澳门来说，'一国两制'是最大的优势，国家改革开放是最大的舞台，共建'一带一路'、粤港澳大湾区建设等国家战略实施是新的重大机遇。"同时，习近平总书记对香港、澳门提出了四点殷切希望，其中第一点就是"更加积极主动助力国家全面开放"，并强调"在新时代国家改革开放进程中，香港、澳门仍然具有特殊地位和独特优势，仍然可以发挥不可替代的作用"。

自改革开放以来，香港累计为内地引进超过万亿美元的外来投资，商务部外国投资管理司司长唐文弘在香港出席"2018 年中国投资政策研讨会"时表示，香港是内地最大的投资来源地。根据商务部公布的数据，2018 年香港在内地新设立企业 39 868 家，同比上升 120.68%，实际使用港资 899.2 亿美元，占内地实际使用外资 1 349.7 亿美元的 66.6%。2018 年 11 月 14 日，《香港商报》发表时评指出，在"一国两制"下，只要我们积极主动，以香港所长配合国家所需，将香港打造成国家双向开放的桥头堡，香港发展定能更上一层楼。香港特区行政长官林郑月娥接受媒体采访时也表示，香港的最大优势在于"一国两制"，国家支持香港继续用好"一国两制"，香港社会各界更加积极主动助力国家全面开放，抓住新机遇，培育新优势，发挥新作用，实现新发展，作出新贡献。

"一国两制"在香港的成功实践，将香港的命运和祖国的命运紧紧相连。《辉煌中国》中讲道："我们前所未有地靠近世界舞台中心，前所未有地接近实现中华民族伟大复兴的目标，前所未有地具有实现这个目标的能力和信心。"让我们共担民族大义，把民族命运牢牢掌握在自己手中，就一定能够共创中华民族伟大复兴的美好未来。

第二节 "一国两制"：澳门繁荣稳定的根本保证

"你可知 MACAU，不是我真姓。我离开你太久了，母亲！但是他们掳去的是我的肉体，你依然保管我内心的灵魂。"《七子之歌》的旋律依然环绕在耳旁，离散了 400 多年的游子终于回到了祖国母亲的怀抱。1999 年 12 月 20 日零时，中国与葡萄牙两国政府在澳门文化中心举行政权交接仪式，中国政府对澳门恢复行使主权，从而结束了葡萄牙对澳门长达 400 余年的殖民统治。澳门回归以来，将"一国两制"理论和实践相结合，经营得有特色、有特点，使政治、经济、法律、文化多元发展，开创了"一国两制”成功实践新局面。

一、“一国两制”的澳门多元发展

澳门回归祖国 20 多年来，经济快速增长、民生持续改善、社会稳定和谐，向世界展示了具有澳门特色的“一国两制”成功实践。

（一）经济文化，持续增长

在澳门特别行政区政府欢迎晚宴上，习近平总书记讲道：“澳门经济社会发展取得了长足进步和巨大成就，一个生机勃勃、安定祥和的澳门正以崭新的姿态屹立在祖国的南海之滨。”澳门回归以来，其经济增长速度是全世界最快的地区之一。1999 年，澳门本地生产总值达到 518.72 亿澳门元，人均 GDP 为 1.55 万美元；2018 年，澳门全年经济实质增长 4.7%，本地生产总值达到 4 403 亿澳门元，人均 GDP 为 8.26 万美元，位居亚洲第一、世界第二。近些年来，澳门地区在中央政府的大力支持下，开始推行经济适度多元发展，努力将澳门打造成“世界旅游休闲中心”。

除了旅游业之外，澳门大力培育新兴产业的发展，如会展业、中医药产业、特色金融产业、文化创意产业等。2018 年 8 月，国际展览业协会（UFI）公布了《第 14 版亚洲贸易展览会研究报告》，报告中指出：“澳门为亚洲区内发展时期最短及最小型之展览市场之一，为过去五年亚洲表现最出色的展览市场。”

在《2019 年度全球经济自由度指数报告》中，澳门评分为 71 分，全球排名第 34 位，亚太地区排名第 9 位，明显高于世界及区内的平均水平。澳门经济文化之所以能够多元化发展，主要归因于“一国两制”的制度保证，充分彰显其制度的优越性。

（二）社会和谐，发展向好

在澳门回归以前，赌场势力、黑社会势力猖獗，社会治安状况较差。回归后，中央与特区政府联手打击整顿黑恶势力，在短期内社会风气向安全、良性发展，不但纵火、绑架、杀人等严重刑事案件的案发率逐年下降，而且破案率也大幅度提高，尤其是重大案件的破案率和破案速度迅速提升。澳门政府积极推行维护国家安全的宪制责任，颁布了一系列法案，大大提升了澳门的安全防范管理体系，更好地维护了社会公共安全。2009 年通过《维护国家安全法》，澳门特区政府司法警察局局长薛仲明说：“国家安全是安邦定国的重要基石，也是澳门繁荣稳定、居民安居乐业的前提保证。”2016 年澳门在立法会选举法修改法案中增加“防独”条款。2018 年 10 月，《澳门特别行政区维护国家安全委员会》正式生效，设立由行政长官任主席的特别行政区维护国家安全委员会。2018 年 10 月 18 日，《网络安全法》通过。2019 年 1 月，澳门本地立法《国旗、国徽及国歌的使用及保护》完成修改，进一步维护国家象征和标志的尊严和地位，确保“一国两制”在澳门不变形、不走样。

2014 年 12 月 20 日，习近平总书记在庆祝澳门回归祖国 15 周年大会暨澳门特别行政区第四届政府就职典礼上指出，要坚持以人为本的施政理念，察民情、知民需、解民忧、纾民困，要让广大居民更好分享发展成果，改善生活质量，提高幸福指数。2018 年，澳门总体失业率为 1.8%，总体就业人口月工作收入为 16 000 澳门元，2019 年 3 月至 5 月，总体失业率为 1.7%，基本上实现了完全就业。2017 年 5 月，澳门理工学院“一国两制”研究中心开展“一国两制”综合指标民意调查，调查显示“一国两制”（717 人，66.76%），“爱国爱澳”（675 人，62.85%），“关心社会，守望相助”（630 人，58.66%）处于澳门核心社会价值观的前三位。习近平总书记讲道：“澳门同胞对国家的认同感和向心力不断加强，血浓于水的民族感情不断升华，爱国爱澳成为社会主流价值观。”

澳门回归以来，社会和谐，百姓幸福，经济稳定繁荣，建立了有特色、有特点的多元化经济文化，这与“一国两制”在澳门的成功实践是分不开的，澳门用自己的方式实践了这一制度的优越性。

二、“一国两制”是澳门腾飞的利器

（一）政策扶持，支持发展

博彩业是澳门的一大特色，在澳门经济中占据重要地位，澳门回归之后，明确了以旅游博彩业为龙头，适度发展其他经济的规划。2002 年澳门正式“赌权开放”，澳门经济高速增长，为了破解澳门这种单一产业带来的经济隐患，中央政府给予各方面的支持，出台了一系列政策。例如，开放内地 49 个城市居民可以以“自由行”的方式赴澳门旅游，建立产业园，产品零关税进入内地市场等。这些政策大大加强了澳门和内地的联系，为澳门的经济和发展注入了活力和动力。

2019 年 2 月 18 日，中共中央、国务院印发《粤港澳大湾区发展规划纲要》，首次明确了澳门“一个中心、一个平台、一个基地”的定位，即“建设世界旅游休闲中心、中国与葡语国家商贸合作服务平台，促进经济适度多元发展，打造以中华文化为主流、多元文化共存的交流合作基地”。2019 年 4 月 2 日，澳门与中国银行签署《中国银行配合澳门特别行政区政府融入粤港澳大湾区建设的服务合作协议》。为更好地发挥澳门“一国两制”的制度优势，双方积极开展多方面合作。2019 年 7 月 4 日，中央政府还向澳门发行 20 亿元人民币国债，支持澳门金融市场的发展。

中央政府对澳门的政策支持，大大促进了澳门经济的多元发展，加强了内地和澳门的金融合作，促进了澳门可持续发展。

（二）爱国爱澳，担当使命

在特区政府的指导和扶持下，澳门社会各界和民间力量对澳门青年爱国主义思想的培育有很大的促进作用，澳门爱国情怀和“一国两制”理念深入人心。澳门的这种现象有深刻的历史背景，澳门回归之前，葡澳政府在政治、社会等方面管理能力较弱，社会治安差、贪污盛行，很多华人通过“自救”的方式结成社团组织，不愿效力于政府，遇到问题更习惯通过基层组织、同乡关系聚集力量，调动资源解决问题。随着澳门的回归，这些爱国社团逐渐形成了有影响力的势力，积极推动澳门的社会发展和进步，扩大爱国力量。例如，澳门著名的三大社团：澳门中华总商会、澳门街坊总会、澳门工人联合总会。

澳门回归后，学校重视中国文化的培养和国民教育，广大澳门中小学生、大学生及各界人士，积极学习中国文化，正确理解《中华人民共和国澳门特别行政区基本法》。2016 年以来，澳门特区教育暨青年局与相关部门合作，围绕宪法和基本法，组织了一系列活动。例如，组织 53 项普法专题活动，有超过 11.8 万人参与，通过这种方式帮助青少年理解宪法和基本法的内容，贯彻实践“一国两制”方针。

澳门特区教育暨青年局局长老柏生表示，特区政府将“致力培养及促进受教育者爱国爱澳、厚德尽善、遵纪守法的品格”作为教育目标之一，将中小学的“品德与公民”，包含历史内容的“小学常识”及中学“社会与人文”列为学生的必修科目，与人民教育出版社合作，先后出版中小学“品德与公民”教材及中学历史教材，为学生提供教学资源。

2018 年及 2019 年，澳门特区政府连续两年与中央政府驻澳门联络办公室联合举办“国家安全教育展”。展览内容和形式新颖，吸引了大批人前来观看，其中设置了青少年互动板块，通过游戏方式，让青少年感受到国家安全和他们密不可分。正确引导学生爱国爱澳，给青少年学生树立正确的价值观，积极开展爱国教育，广大政治人物、商界人士社团组织以及教育界正大光明地开展爱国主义活动和爱国主义教育，使得“一国两制”理念深入人心。

2018 年 12 月 17 日，习近平总书记在会见来京述职的澳门特别行政区行政长官崔世安时强调，“在新时代国家改革开放进程中，香港、澳门仍然具有特殊地位和独特优势，仍然可以发挥不可替代的作用。相信澳门同胞一定会抓住机遇、趁势而为，在融入国家发展大局中拓展发展空间、培育发展新动能”。澳门的发展已经融入祖国发展的大局之中，祖国好，澳门才会好，这已经成为澳门社会共同的认识。

第三节 “一国两制”： 解决台湾问题的最佳方式

邓小平提出的“一国两制”构想，首先运用于香港和澳门的回归和实践，但这个制度最初是为了解决台湾问题而设想的。迄今为止，虽然并未在台湾付诸实施，但港澳地区实践的过程也为“一国两制”的台湾模式提供了借鉴和参考。

“小时候，乡愁是一枚小小的邮票，我在这头，母亲在那头；长大后，乡愁是一张窄窄的船票，我在这头，新娘在那头；后来啊，乡愁是一方矮矮的坟墓，我在外头，母亲在里头；而现在，乡愁是一湾浅浅的海峡，我在这头，大陆在那头。”1972 年，诗人余光中一首《乡愁》写出了多少台湾同胞对祖国的绵绵怀念之情。因为我们同根同源，同文同种，历来命运与共。

一、新时代两岸关系发展形势

2019 年 1 月 2 日，习近平总书记在《告台湾同胞书》发表 40 周年纪念会上的讲话中指出，“民族复兴、国家统一是大势所趋、大义所在、民心所向”“两岸关系和平发展是维护两岸和平、促进两岸共同发展、造福两岸同胞的正确道路”。2019 年 1 月 16 日，国务院台湾事务办公室发言人马晓光介绍 2018 年两岸关系时表示，2018 年是两岸同胞携手推动两岸关系克难前行的一年，面对复杂严峻的台海形势，我们深入贯彻党的十九大精神和习近平总书记关于对台工作的重要论述，贯彻落实党中央决策部署，积极有为，稳中有进，团结广大台湾同胞，引领两岸关系朝正确方向发展。

（一）各领域交流蓬勃发展

2019 年 1 月 2 日，习近平总书记在《为实现民族伟大复兴 推进祖国和平统一而共同奋斗》的重要讲话中明确指出：“我们对台湾同胞一视同仁，将继续率先同台湾同胞分享大陆发展机遇，为台湾同胞台湾企业提供同等待遇，让大家有更多获得感。”中央从台湾同胞利益出发，相继出台了一系列政策和措施，促进了两岸交流与蓬勃发展，形成了良好的局面。

两岸经济交流深入，《关于促进两岸经济文化交流合作的若干措施》于 2018 年 2 月 28 日由国务院台办、国家发展改革委等出台发布，“31 条措施”中的 12 条措施涉及加快给予台资企业与大陆企业同等待遇，19 条措施涉及逐步为台湾同胞在大陆学习、创业、就业和生活提供与大陆同胞同等待遇。这项措施的出台率先同台湾同胞分享大陆发展的机遇，台商赴大陆投资越来越多，两岸贸易额不断增加，两岸经济依存度越来越高，开始形成“你中有我，我中有你”的经贸交流与合作格局。

2018 年，海峡两岸青年就业创业基地和示范点累计达到 76 个，共入驻或服务台企及团队约 2 000 个；各类企事业单位为台湾青年提供了超过 2.5 万个就业实习机会，无数台湾青年在祖国大地上实现了自己的梦想。2019 年 5 月，在江苏南京创业的 26 岁台湾青年赵苡甯在接受记者采访时表示：“在种子村工作，我们可以深度体验乡村生活，加强与大陆青年交流互动，同时将好创意落实到美丽乡村建设中去。”种子村不仅为台湾青年创业团队提供场地免租、导师指导等扶持政策，还为前来实习的台湾青年提供多样化实训场所，协助解决食住行等生活问题。江苏省台办主任练月琴介绍说，2019 年江苏继续推出“台湾青年实习专项扶持计划”，明确在全省同步实施“台湾千名大学生实习计划”，为台湾青年提供至少 1 000 个优质实习岗位，同时配套设立江苏省台湾青年实习奖助学金，奖助 150 名台湾青年到江苏实习。

两岸文化交流加强，从卫生、体育、演艺、影视、文物、美术、文学、图书出版、交通、医药发展到教育、科技、新闻、青少年、旅游、农业、金融、宗教、法律、城市建设、环保、气象、园林、公证、工会等，交流内容不断地深化，形式不断多样化，向学术化、专业化、纵深化与特色化方向发展，并由单向交流走向双向交流。

两岸社会交往扩大，从“老兵返乡探亲”开启两岸间的经商、贸易、考察、旅游等人员往来日益密切。特别是《海峡两岸关于大陆居民赴台湾旅游协议》的签署，为两岸交流交往开启了新的局面，不仅标志着两岸民众间往来的正常化迈出了重要的一步，使两岸人员往来进入一个直接、全面与双向的新时代，而且将密切两岸民众间的情感，加速两岸社会的融合化进程。

尽管两岸发展并非一帆风顺，但两岸各领域交流合作的蓬勃发展也展现出了两岸命运共同体的生动写照。2019 年 3 月 15 日，李克强总理在答中外记者问时所说：“两岸同胞走得越近越亲，两岸关系发展就会越好越实。”

（二）两岸关系好，台湾才会好

2019 年 6 月 16 日，台湾名嘴黄智贤在第十一届海峡论坛上发表演讲《“和平统一、一国两制”是台湾最光明的未来》，她说：“做节目，我过去两年到过大陆三十几个城市，每个城市我一落地，就有同胞来，我看见每一张脸孔，老老少少的脸孔，我常常被感动得不知道怎么办。我搭公车，坐地铁。当我第一次坐高铁，越过长江、黄河的时候，我忍不住掉下眼泪，觉得说，就是这种感觉，原来我真的可以在我这辈子看到中国的富强。谢谢大陆同胞，你们做到了！我们国家几经伤痛，我们受了多少的苦难，多少的流离失所，多少的前辈，多少的亲人为我们努力，我们才可以有今天。”她的演讲，不知道道出多少两岸同胞的心声，她的赤子之情引发热烈的掌声。她说道：“‘一国两制’是对台湾最大的尊重与体贴，两岸必将统一”“我们这一代要把台湾带回家”。这段演讲视频得到众多台湾民众的关注，纷纷点赞、留言，希望两岸统一，振兴中华。

蔡英文上台执政以来，拒不承认“九二共识”，挑衅大陆，两岸关系恶化，对台湾经济已经造成严重影响。台湾学者指出，蔡英文上台以来，台湾平均经济增长率是近 30 年来最差的。相比马英九时期大陆赴台游客一年增长 100 万，2015 年曾高达 418 万人次；近两年大陆赴台游客人数减少，2018 年为 269.5 万人次，6 年来最低。2016 年到 2018 年，大陆游客减少 361 万人次，这让台湾旅游业受到巨大损失，对台湾经济造成负面影响。很多台湾民众认为，只有改善两岸关系才能改善台湾经济。

习近平总书记强调，“台湾是中国一部分、两岸同属一个中国的历史和法理事实，是任何人任何势力都无法改变的！两岸同胞都是中国人，血浓于水、守望相助的天然情感和民族认同，是任何人任何势力都无法改变的！台海形势走向和平稳定、两岸关系向前发展的时代潮流，是任何人任何势力都无法阻挡的！国家强大、民族复兴、两岸统一的历史大势，更是任何人任何势力都无法阻挡的！”两岸关系好，台湾才会好。

二、奋发有为促进两岸关系和平发展

2019 年 1 月 2 日，习近平总书记在《告台湾同胞书》发表 40 周年纪念会上，明确指出，“和平统一、一国两制”是实现国家统一的最佳方式。

（一）不断探索新的方案，努力推进祖国统一

习近平总书记考虑台湾现实情况和统一后的长治久安，提出了探索“两制”台湾方案，这是党和国家领导人首次正式明确提出探索与研究“一国两制”台湾方案的政治主张。2020 年 1 月 15 日国务院台湾事务办公室发言人马晓光针对蔡英文胜选后关于两岸关系言论，进行回应：“四十年来，‘和平统一，一国两制’是我们始终坚持的对台基本方针。在这一基本方针指引下，我们打破了两岸的隔绝状态，开启了两岸的协商谈判，实现了两岸‘三通’，形成了两岸同胞大交流大合作的局面，两岸关系的历史面貌发生了深刻的变化。制度不同，不是统一的障碍，更不是分裂的借口。”我们清楚地认识到，台湾问题很复杂，是个长期的过程，需要两岸同胞共同努力。

（二）坚持与巩固两岸关系的政治基础

达成 20 余年来，“九二共识”在台湾地区社会与海峡两岸得到了极大普及化，而且“九二共识”的内涵得到了丰富与提高，“九二共识”经济化、“九二共识”民生化、“九二共识”去“污名化”，“九二共识”得到了两岸民众普遍认同，作为两岸关系和平发展

政治基础的地位得到了巩固与强化，成为台湾经济与社会发展不可或缺的条件，甚至成为东亚地区和平稳定的重要保证。两岸关系和平发展的实践已经证明，并且将继续证明，只有两岸双方坚持共同的政治基础：“九二共识”、反对“台独”，两岸关系和平发展就会平顺。如果离开了这个共同的政治基础，两岸关系的和平发展就一定会遇到波折。

（三）落实和深化两岸同胞的民生问题

民生问题是两岸关系的重大问题。中国共产党的根本宗旨是全心全意为人民服务，持执政为民、以民为本的宗旨，始终不渝地落实权为民所用、情为民所系、利为民所谋的执政理念，表现在两岸关系中就是真诚地为两岸同胞谋福祉。胡锦涛指出：“我们任何时候都要把两岸同胞的利益放在首位。凡是关系到台湾同胞切身利益的事情都要认真对待，凡是对台湾同胞做出的承诺都要认真履行。”

2019 年 1 月 20 日，“平潭—高雄”货运直航开通，直航的开通不仅节约时间，还节省了营运成本，既解决了台湾民众的水果、鱼产品销路问题，又满足了大陆的市场需求。台湾同胞苏庆和是货运航线开通的受益者，他兴奋地表示：“高雄首航平潭那天，我就在高雄码头将十个货柜的水果与鱼产品送上了‘台北快轮’，接下来还将与平潭企业家合作，将企业落地平潭。”在货运航线运营常规化后，2019 年 7 月 11 日，平潭到高雄的海上客运航线正式开通，单次海上航程只需 4.5 小时，标志着两岸间“黄金水道”的全面连通。“海峡号”“丽娜轮”“台北快轮”三船齐开、三线并行，实现了平潭到台北、台中、高雄航线的全覆盖，两岸同胞往来、贸易交往更为紧密。此外，平潭实验区还推出了涉及“提升经贸合作畅通”“推进基础设施联通”“加快能源资源互通”“深化行业标准共通”“推动台胞公共服务均等化”等 10 个方面的“36 条措施”，深入落实台胞台企同等待遇，切实解决台湾同胞的民生问题。

（四）发挥青年的中坚力量

青年是民族的未来和希望，是整个社会力量中最有生气的力量，国家的希望在青年，民族的未来在青年。习近平对青年寄予厚望：“两岸青年要勇担重任、团结友爱、携手打拼。”2019 年 3 月 23 日，台湾青年艺人欧阳娜娜唱响《我和我的祖国》，祝福新中国成立 70 周年，接受采访中强调：“我是一个中国人，希望大家团结起来，让祖国为我们骄傲。”2020 年祖国大陆抗击新冠肺炎疫情的非凡历程，包含在大陆广大台胞台企和许多台湾青年的贡献。

习近平总书记讲，青年一代有理想、有本领、有担当，国家就有前途，民族就有希望。广大青年不惧风雨、勇挑重担，让青春在党和人民最需要的地方绽放绚丽之花。青春由磨砺而出彩，人生因奋斗而升华，期待广大台湾青年把握时代脉搏，看准发展机遇，两岸青年在民族复兴、国家统一的进程中携手奋斗、勇担使命，铸就无悔青春。

拓展阅读

香港特别行政区维护国家安全法

《香港特别行政区维护国家安全法》有6章，分别为：总则，香港特别行政区维护国家安全的职责和机构，罪行和处罚，案件管辖、法律适用和程序，中央人民政府驻香港特别行政区维护国家安全机构，附则，共66条。是一部兼具实体法、程序法和组织法内容的综合性法律。

国务院港澳事务办公室副主任邓中华说："为什么要把这三个方面的内容都包含在一部法律里面，这也是经过慎重的考虑的，一个是根据全国人大的决定，同时考虑到香港的特殊性。只有这样才能够使维护国家安全的整个制度变成一个有效的制度。"

制定香港国安法，目的就是要堵塞法律上的漏洞，补齐香港维护国家安全机制上的短板，改变香港在国家安全方面长期"不设防"的状态。维护国家安全法律漏洞的存在，已经使香港的社会付出了惨痛代价。

清华大学港澳研究中心主任王振民说："香港是全世界唯一一个没有健全的维护国家安全的法律制度和执行机制的地方。"

全国人大常委会香港特别行政区基本法委员会委员、中国人民大学法学院教授韩大元说："从去年6月份修例到现在，法治受损害，营商环境受损害，包括投资者在内的外国人。加强了国家安全，不仅仅是主权国家的利益，也符合投资者的利益。"

法律是治国之重器，良法是善治之前提。香港国安法的公布实施，对实施危害国家安全行为的极少数人而言是高悬利剑，对于遵纪守法的香港广大居民来说是有力保障。目前，香港维护国家安全的新机构正在陆续成立。香港将重返正轨，"一国两制"将行稳致远，香港将会以更安全、稳定、和谐的社会环境和良好的营商环境吸引外来投资者，继续保持国际金融、贸易、航运中心的地位。风雨过后，"东方之珠"将更加灿烂。

资料来源：环球网，2020-07-04.

时政热点

练习题

一、单选题

1. “一国两制” 的前提是（　　）。

A. 国家主权统一于中华人民共和国　　B. 港澳台实行高度自治

C. 大陆实行社会主义制度　　D. 港澳台资本主义制度不变

2. 20 世纪 80 年代，邓小平提出 “一国两制” 的构想，这一构想成功运用的最早范例是（　　）

A. 香港回归　　B. 实行民族区域自治

C. 澳门回归　　D. 解决台湾问题

3. 下列关于香港、澳门、台湾的叙述，正确的是（　　）。

A. 香港素有“海上花园”之称　　B. 澳门被誉为“购物天堂”

C. 台湾盛产苹果、菠萝等水果　　D. 旅游业是三地的支柱产业

4. 以下关于香港的说法，正确的是（　　）。

A. 香港位于珠江口西侧，深圳以南

B. 香港是世界上仅次于纽约、伦敦的第三大金融中心，是重要的国际金融、贸易、交通中心

C. 京广线是北京通往香港的铁路干线

D. 香港的旅游业是本区最重要的经济支柱

5. 香港特别行政区区旗上是什么图案？（　　）

A. 玫瑰花　　B. 紫荆花　　C. 郁金香　　D. 山茶花

6. 我国一座连接香港大屿山、澳门半岛和广东省珠海市的跨海大桥是（　　）。

A. 港澳粤大桥　　B. 珠港澳大桥

C. 粤港澳大桥　　D. 港珠澳大桥

7. 《中华人民共和国政府和大不列颠及北爱尔兰联合王国政府关于香港问题的联合声明》，简称《中英联合声明》（　　）于北京签订。

A. 1982 年 12 月 19 日　　B. 1983 年 12 月 19 日

C. 1984 年 12 月 19 日　　D. 1985 年 12 月 19 日

8. 下列哪一个不是香港的美称？（　　）

A. 香江　　B. 购物天堂

C. 东方明珠　　D. 东方之珠

9. 全面准确贯彻 “一国两制” 方针，牢牢掌握（　　）赋予的中央对香港、澳门全面管治权，深化内地和港澳地区交流合作，保持香港、澳门繁荣稳定。

A. 宪法　　B. 基本法

C. 宪法与基本法　　D. 宪法与党章

10. 中国近代把香港和台湾割让给列强的不平等条约是（　　）。

A. 南京条约和马关条约　　B. 南京条约和辛丑条约

C. 北京条约和辛丑条约　　D. 北京条约和辛丑条约

11. 香港由香港岛、九龙和（　　）三部分组成。

A. 新界　　B. 铜锣湾

C. 尖沙咀　　D. 维多利亚港

12. 台湾岛隔台湾海峡与大陆相望的省区是（　　）。

A. 广东　　B. 广西　　C. 海南　　D. 福建

13. 台湾居世界首位的物产是（　　）。

A. 水稻　　B. 黄金　　C. 蔗糖　　D. 樟脑

14. “你可知MACAU，不是我真姓，我离开你太久了，母亲……”歌词中MACAU是指什么地方（　　）。

A. 香港　　B. 海南　　C. 北京　　D. 澳门

15. 澳门回归以来，“国民生产总值以年均15%的增幅快速增长……成为全球最活跃的微型经济体。”这些成就取得的政治性因素是（　　）。

A. 民族区域自治　　B. 人民代表大会制度

C. 独立自主外交　　D. “一国两制”方针

16. 根据《中华人民共和国澳门特别行政区基本法》，澳门特别行政区保持原有的资本主义制度生活方式（　　）。

A. 二十年不变　　B. 三十年不变

C. 四十年不变　　D. 五十年不变

17. 《中华人民共和国澳门特别行政区行政区域图》由（　　）制定的。

A. 澳门特别行政区立法会　　B. 全国人民代表大会

C. 最高法院　　D. 中华人民共和国国务院

18. 我国经济特区和香港、澳门特别行政区最大的区别是（　　）。

A. 主权归属不同　　B. 外交政策不同

C. 社会制度不同　　D. 经济政策不同

19. 被称为海上花园的是（　　）。

A. 澳门　　B. 香港　　C. 台湾　　D. 海南岛

20. 2019年，我们喜迎新中国成立70年和澳门回归20周年。在1999年12月20日，澳门回归，中华人民共和国正式恢复对澳门行使主权，澳门从此摆脱了（　　）的殖民统治。

A. 西班牙　　B. 葡萄牙　　C. 匈牙利　　D. 法国

二、判断题

1. 澳门特别行政区的人口主要集中在新界。（ ）

2. 澳门特别行政区约有32.8平方千米。（ ）

3. 2019年12月20日，澳门回归祖国20周年。20年来，“一国两制”显示出强大的生命力，澳门经济持续发展，社会繁荣稳定。这表明祖国统一大业已经完成。（ ）

4. “很久以前你离开了亲人，像一只断线的风筝……十年前你终于回归家门，像一片落叶寻到根……”这首2009年在网络上流行的歌曲中的“你”是台湾。（ ）

5. 在2009年“两会”期间，澳门代表团参加了会议。澳门代表团团长刘焯华表示，虽然金融危机对澳门的冲击相对较小，但代表团会关心澳门在区域合作中能发挥的作用，例如如何融入珠三角经济合作和横琴开发，并要促进自身多元化发展。这充分说明澳门同胞也是我国国家和社会的主人。（ ）

6. 根据《香港基本法》和《澳门基本法》规定，特别行政区行政长官对中央人民政府和特别行政区政府负责。（ ）

7. 1955年5月，周恩来总理在全国人大常委会会议上首次提出“和平解放”台湾的主张。（ ）

8. 1978年底，中国共产党和中国政府在确立用和平的方式实现两岸统一的大政方针时，明确提出统一前，先实现两岸通邮、通航、通商的政策。（ ）

9. 《反分裂国家法》于2005年3月14日在第十届全国人民代表大会第三次会议通过。（ ）

10. 台湾连接着中国的东海和南海，是中国的海上交通要道，同时也是中国与大西洋各国的交通枢纽。（ ）

11. 最早把香港割让给英国的条约是《马关条约》。（ ）

12. 中英关于香港问题的联合声明中规定，香港回归后，其事务由香港人自己管理，但不包括外交和国防事务。（ ）

13. 香港和澳门回归祖国后的稳定繁荣和发展证明：“一国两制”是正确的，具有强大的生命力。（ ）

14. 习近平主席曾指出，牢牢坚持“一国两制”的基本国策，是实现香港、澳门长期繁荣稳定的必然要求，也是实现中华民族伟大复兴中国梦的重要组成部分。（ ）

15. 我国实行“一国两制”，不会改变我国社会主义性质，其哲学依据是矛盾主次方面辩证关系原理。（ ）

16. 中国政府主张“一国两制”和平统一台湾，但决不承诺放弃使用武力，原因是对付“台独”和某些外国势力把台湾从祖国大陆分裂出去的图谋。（ ）

17. 我国目前在对待统一问题上使用的是“一国两制”的政策，但它不会改变我国

人民民主的国家性质，这是因为两种制度地位不同，社会主义制度是主体。（　　）

18. 中华人民共和国正式恢复对澳门行使主权的时间是 1999 年 7 月 1 日。（　　）

19. 澳门特别行政区第一任行政长官是何厚铧。（　　）

20. 澳门同胞应持有效证件经珠海口岸往返于内地。（　　）

三、思考题

1. 谈谈你对“一国两制”方针的理解。

2. “一国两制”在澳门的成功实践给我们带来什么启示？

第十章

坚持和平发展道路 推动构建人类命运共同体

★★★★★

当今世界处于一个大变局的时代，世界格局与国际秩序之变复杂而深刻：大国博弈的升温、新技术革命的酝酿、政治和社会动荡的起伏以及单边和多边之争的激烈。在这样一个风云变幻的世界，中国“稳定者”的角色更加凸显。构筑友谊信任的桥梁，分享开放合作的机遇，捍卫秩序规则的尊严，倡导命运与共的理念……习近平主席一路引领，中国成为维护世界和平稳定的中流砥柱、促进全球繁荣发展的主要力量。

第一节 在百年未有之大变局中把握机遇 应对挑战

“不谋万世者，不足谋一时；不谋全局者，不足谋一域”，“世界处于百年未有之大变局”是以习近平同志为核心的党中央在后冷战全球化时代背景下，运用辩证唯物主义和历史唯物主义观点，站在时代发展的战略高度，回顾历史、立足现实、展望未来，对当今世界形势所作出的重大战略判断。准确把握百年未有之大变局的内涵，把握机遇应对挑战，对中国建设社会主义现代化强国，实现中华民族伟大复兴具有重要的战略意义。

一、“世界处于百年未有之大变局”的内涵

人类社会发展是一个具有历时性和周期性的演进过程。“世界处于百年未有之大变局”中的“百年”，指的是人类社会发展进程中的一个时间段或发展周期；这里的“世界”，指的是当今世界；“大变局”描述的不是“百年以来世界所经历的大变局”，而是在“当今”这个时点“世界”所发生的大变化，这个大变化是近百年来前所未有的大变局。

从总体上讲，“世界处于百年未有之大变局”主要体现在世界格局的大变化上。世界格局的变化，实质上是各种力量对比的变化，一种世界格局的解体就是国际关系相互制约的稳定态势被打破而发生的质的变化，由此引发国际秩序大调整。从一战后凡尔赛-华盛顿体系，到二战后雅尔塔体系、冷战后苏联解体，全球秩序历经数次重构，世界呈现“一超多强”态势。

从世界格局细分层面来看，“世界处于百年未有之大变局”可分为世界政治格局、经济格局、科技格局、文化格局等方面的大变局。从政治格局来看，“世界处于百年未有之大变局”是世界局势之变和世界秩序之变，即世界正处于由政治多极化发展所导致的国际秩序发生重大变化的“大变局”之中。从某种意义上讲，“世界处于百年未有之大变局”的实质是世界秩序重塑。从经济格局来看，“世界处于百年未有之大变局”是经济全球化之变和经济结构之变，即世界正处于经济全球化发展而导致经济结构发生重大变化的“大变局”之中。从科技格局来看，“世界处于百年未有之大变局”是科技现代化之变和竞争新态势之变，即世界正处于科技现代化而导致国家竞争形态发生重大变

化的“大变局”之中。从文化格局来看，“世界处于百年未有之大变局”是世界文化格局之变和全球治理格局之变，即人类文化多元化发展导致世界文化重心和全球治理结构发生“大变局”。

二、世界处于百年未有之大变局，“变”在何处

（一）世界政治格局百年未有之巨变

在 100 年前，许多新兴经济体国家尚未实现民族独立，资本主义国家通过宗主国-殖民地体系牢牢把控全球生产、贸易和资源供给，“南方”国家完全处于受剥削、压迫和控制的从属地位。第二次世界大战后，以美国为主导的世界格局悄然发生变化。随着殖民体系瓦解，一些身处殖民地和半殖民地的亚非拉国家摆脱了被掠夺奴役的状态，实现了政治独立、经济独立和国家自主发展。随着中国、印度、巴西等国家的快速发展，发展中国家在国际政治中争取到越来越多的话语权，成为世界政治格局中的重要新生力量。中国、美国、欧盟、俄罗斯关系深入调整，世界政治格局充满不确定性。

（二）经济全球化百年未有之巨变

第二次世界大战以来，经济全球化促进了生产要素的跨国、跨地区流动，促进了国际经济文化的交流，推动了物质财富的极大增长，带来了世界经济的活跃和繁荣。与此同时，各国经济发展中相互依存的程度不断加深，从 100 年前商品贸易是主流转变为如今的服务贸易和产品内贸易是主流，南南贸易、南北贸易齐头并进，发达国家与发展中国家紧密联系和彼此依赖，世界各国联系达到百年未有之紧密。但近年来，以贸易保护主义和民粹主义为旗号的逆全球化潮流在美国等发达国家泛起，多边主义和自由贸易体制受到威胁，经济全球化遭遇阻力。

（三）科学技术发展百年未有之巨变

信息技术的突飞猛进，推动了新一轮科技革命和产业革命。互联网、云计算、大数据、人工智能等风起云涌，第四次工业革命方兴未艾，正在全方位改变人类生产方式、生活方式和交往方式。这给发展中国家带来了新的发展机遇，但也带来了巨大考验。

（四）全球治理秩序百年未有之巨变

百年以来，全球治理的主导权一直掌握在西方国家手中，包括联合国、世界货币基金组织等政治、经济组织以及以美元为核心的世界金融体系，都是在西方国家主导下建立的。广大发展中国家则处于边缘地带，话语权、治理权缺失。随着一大批新兴经济体和发展中国家的快速发展，全球治理体系进入加速变革期，国际力量对比更趋均衡。全

球经济治理体系由西方国家主导向西方国家与新兴经济体共治转变。世界政治舞台出现了非西方国家主导的全球性国际机制。例如，二十国集团、金砖国家集团、上海合作组织、亚太经合组织等，对全球地缘政治和地缘经济格局正在产生重大影响。

（五）文明多元激荡百年未有之巨变

“各美其美，美人之美。”100 年前，传播媒介匮乏、跨文化交流受限，制约了不同文明间的交流。如今，在经济全球化深入发展的时代条件下，文明多彩多姿、多元并存，不同文明交流互鉴。但美国凭借经济科技上的优势地位，把自己的文明凌驾于其他文明之上，操弄所谓“文明优越”“文明冲突”等话题违背发展大势，为人类文明发展蒙上阴影。与此同时，思想碰撞日趋激烈，各种思潮在国家间广泛传播，社会和政治不稳定风险迅速积聚，大幅增加了政治运转和国家治理的复杂度和难度。

三、在百年未有之大变局中把握机遇，应对风险和挑战

百年未有之大变局为中国扩大在国际舞台上的影响力和话语权提供了契机，但与此同时，也会刺激西方大国对中国崛起的疑虑，从而加强同中国的战略竞争。面对瞬息万变的国际形势，我们要实现积极有为的外交目标，必须有效把握时代机遇并合理应对风险挑战。

（一）在中国发展与世界变局交汇点上把握机遇

变局既是挑战，也是机遇。坚持变中求新、变中求进、变中突破，在世界百年未有之大变局中，准确把握我国发展的外部环境，在中国发展与世界变局交汇点上把握机遇，危中求机，变中取胜，既发展自身也造福世界。

1. 在中国对外开放与经济全球化变局的交汇点上把握机遇

2008 年国际金融危机以来，面对世界经济深刻调整，中国更大力度地实行对世界开放，以高质量共建“一带一路”为引领，坚持共商共建共享原则，积极打造全球互联互通伙伴关系。支持多边贸易体制，促进自由贸易区建设，推动建设开放型世界经济，推动中欧班列等现有合作机制和陆海新通道等重大联通项目取得新突破，同各方一道绘制共建“一带一路”工笔画，助力经济全球化朝更加开放、包容、普惠、平衡、共赢方向发展。由发展中国家和发达国家共同主导的海洋经济和内陆经济全面打通的，线上线下相互联动的新一轮经济全球化，已经提上议事日程。中国正逐步从经济全球化的参与者向倡导者、引领者转变，新一轮经济全球化正朝着更加合理的方向稳步推进。这正是中国和世界繁荣发展的最大机遇。

2. 在中国新旧动能转换与世界新一轮科技革命和产业革命的交汇点上把握机遇

加快新旧动能转换，推进经济高质量发展，是实现中华民族伟大复兴奋斗目标的必然

选择。以人工智能为引领的新一轮科技革命和产业变革蕴含巨大的战略性机遇，同时也存在不容忽视的挑战。我们要牢牢把握机遇，顺应科技发展潮流，瞄准世界科技前沿，积极推动转变发展方式、优化经济结构、转换增长动力，加强国家创新体系建设，努力推动前瞻性基础研究、引领性原创成果实现重大突破，努力建设科技中国、质量中国、数字中国、智慧中国。

3. 在中国发展与全球治理变局的交汇点上把握机遇

随着以中国为代表的发展中国家的快速发展，由西方国家主导的国际治理体系和治理规则已经不适应当前社会发展，变革势在必行。中国的快速崛起对全球治理格局变化产生深刻影响。一方面，中国发挥了负责任大国作用，积极参与全球治理体系改革和建设，在维护发展中国家权益、参与维护世界和平行动、解决人类面临共同问题、参与国际规则制定等方面的作用越来越突出。另一方面，全球治理体系的深刻重塑为中国参与全球治理体系变革提供了新的空间。这也成为推动中国与世界共同发展的重要机遇。

4. 在民族复兴与世界文明激荡的交汇点上把握机遇

中华民族伟大复兴也是中华文明的伟大复兴。各种不同文明的交流互鉴促进了人类文明发展，中华文明曾在世界文明发展进程中发挥过重要的历史作用。但近代以来，由于中国逐步落后于世界，中华文明的世界影响力也随之式微。如今，中华文明的“天人合一”“己所不欲，勿施于人”“和而不同”等理念为解决人类文明发展遇到的新挑战贡献了中国智慧，为解决人类问题提供中国方案。这也成为中华文明复兴的重要机遇。

世界变局中蕴含中国机遇，中国发展也为世界带来机遇。唯有把握机遇，才能推动前行；唯有不懈奋斗，才能实现复兴。

（二）在中国发展与世界变局交汇点上认清风险和挑战

彩虹和风雨共生，机遇和挑战并存。百年未有之大变局对世界和中国都会带来正负两方面的效应。当今世界所面临的挑战，主要来自单边主义逆流、贸易保护主义和意识形态冲突。对中国来说，既要把握大变局带来的历史机遇，也要认清大变局带来的严峻挑战。

1. 世界秩序在多边与单边的对垒中变革激荡

单边主义逆流涌动，“退群”“毁约”乱象纷呈，长期维系国际战略稳定的《中导条约》面临废弃，气候变化《巴黎协定》推进落实困难重重，以联合国为核心的国际体系受到前所未有冲击。但同时，多边主义潮流势不可挡，以维护以联合国为核心的国际体系，维护以国际法和国际关系基本准则为基础，完善现存国际秩序发展；维护以世界贸易组织为核心的多边贸易体制，共建人类命运共同体，成为世界上大多数国家的共同诉求。任何力量都无法改变世界多极化、国际关系民主化的历史前进方向。

2. 全球经济在开放与保护的较量中艰难前行

贸易保护主义为世界经济蒙上阴云，给跨国交流与合作筑起高墙，以世界贸易组织为核心的多边贸易体制面临前所未有挑战，严重制约了发展中国家的发展权利与空间。但同时，建设开放型世界经济的热忱并没有消退，亚太、欧洲、非洲等地的区域、跨区域自贸不断推进，区域全面经济伙伴关系协定（RCEP）15 个成员国结束全部文本谈判，为世界经济注入了新的动能。

3. 国际关系在共赢与零和博弈中调整重塑

当今世界，零和博弈的冷战思维再度回潮，地缘政治和意识形态竞争论大行其道，“文明冲突论”泛起，治理赤字、信任赤字、和平赤字、发展赤字日益凸显，引发全球范围的重视和思考。但同时，新兴经济体和发展中国家迅速崛起，中国特色社会主义道路优势持续展现，构建新型国际关系、构建人类命运共同体理念正在越来越多的国家达成共识，这为全球治理体系变革指明了正确方向。

洪波千万里，扬帆出其间。在中国共产党领导下，中国特色社会主义道路会越走越宽广，中国特色大国外交也一定会为世界的和平与发展作出越来越重要的贡献。

第二节 贯彻落实习近平外交思想 开创中国特色大国外交新局面

面对风云激荡的国际形势，习近平总书记以伟大战略家的远见卓识，准确把握人类社会发展规律，全面判断国际形势走向和我国所处历史方位，提出了一系列富有中国特色、体现时代精神、引领人类进步潮流的新理念、新主张、新倡议，旗帜鲜明地回答了中国应当推动建设什么样的世界、构建什么样的国际关系，中国需要什么样的外交、怎样办好新时代外交等一系列重大理论和实践问题，形成和确立了习近平新时代中国特色社会主义外交思想，为进入新时代的中国外交指明了前进方向，提供了根本遵循。

一、始终坚持走和平发展道路

新中国成立以来，中国始终高举和平的旗帜，提出和坚持和平共处五项原则，确立和奉行独立自主和平的外交政策，向世界做出永不称霸、永远不搞扩张的庄严承诺，强调中国始终是维护世界和平的坚强力量。崇尚和平是中华民族固有的基因。中国是世界上人口最多的国家，是维护世界和平、促进世界共同发展的重要力量。中国坚持和平发展道路，来源于中华文明的深厚渊源，来源于对实现中国发展目标条件的认知，来源于对世界发展大势的把握。中国走和平发展的道路，不是外交辞令，而是思想自信和实践自觉的有机统一。“中国人民不仅希望自己过得好，也希望各国人民过得好。”同世界各国人民一道，积极推动构建人类命运共同体，让和平的薪火代代相传，让发展的动力源源不断，这是中国人民的真诚愿望，是中国共产党的不懈追求。

20 世纪前半叶的历史表明，通过战争手段来谋求本国利益的发展是不明智的，“玩火者必自焚”，国际法在发展过程中也逐渐否定战争的正当性，将其作为严格限制的对象。而帝国主义列强对中国发动过的历次侵略战争也都给中国人民造成了深重的灾难，中国人民在中国共产党的带领下争取民族独立和解放的过程也是反对帝国主义侵略战争的过程。二战结束后，世界在相对和平的环境中获得了较大的发展，这表明战争不能带来发展，而只有和平共处才可能带来发展和繁荣。中国不但自己不会去发动战争，也反对他国肆意发动战争。面对国际社会各种版本的“中国威胁论”，第十三届全国人民代表大会第一次会议，将坚持和平发展道路、坚持互利共赢开放战略和推动构建人类命运共同体三大政策理念写入《宪法》。《宪法》是国家的根本法，具有最高的法律效力，规定国家的根本路线、方针和政策。这表明了中国坚定不移地走和平发展道路，同时也希望世界各国共同走和平发展道路的立场。只有各国都走和平发展道路，国与国之间才能和平相处，各国才能共同发展。1949 年以来中国历次应对边境和外交危机的事实无可辩驳地证明：中国绝不会以牺牲别国的利益为代价来发展自己，但也绝不放弃自己的正当权益，任何国家不要指望中国会拿自己的核心利益做交易，任何人不要指望中国会吞下损害自己的主权、安全、发展利益的苦果。

二、促进“一带一路”国际合作

自 2013 年习近平总书记提出“一带一路”倡议以来，“一带一路”建设从无到有，由点及面，从理念转化为行动，从愿景转变为现实，从“大写意”到“工笔画”，取得了令人瞩目的成就。2019 年 4 月第二届“一带一路”国际合作高峰论坛举行，来自 150 个国家和 92 个国家组织，共 40 个国家和国际组织的领导人出席圆桌峰会，6 000 余名外宾参加论坛，签署了 100 多项多双边合作文件，达成了 6 大类 283 项成果。习近平总书记强调，共建“一带一路”，目的是聚焦互联互通、深化务实合作，携手应对人类面临的各种风险挑战，实现互利共赢、共同发展。

共建“一带一路”是经济合作倡议，不是搞地缘政治联盟或者军事同盟，不针对谁也不排除谁，是开放包容的进程，不是关起门来搞小圈子或“中国俱乐部”，是中国同世界共享机遇、共谋发展的阳光大道。不是这样或那样的所谓“陷阱”，不以意识形态划界，“一带一路”成员国既有亚洲国家，也有欧洲、非洲国家；既有社会主义国家，也有资本主义国家；既有民众主要信仰基督教的国家，也有主要信仰佛教、伊斯兰教的国家。“一带一路”的倡议不是搞零和博弈，只要各国愿意参与，中国都欢迎。作为构建人类命运共同体的实践平台，未来“一带一路”建设，将继续坚持共商共建共享的原则，秉持开放、绿色、廉洁的理念，追求高标准惠民生的可持续发展目标，沿着高质量发展方向不断前进。世界银行研究报告显示，“一带一路”倡议将使沿线相关国家760万人摆脱极端贫困，3 200万人摆脱中度贫困，将使参与国贸易增长2.8%至9.7%，全球贸易增长1.7%至6.2%，全球收入增长0.7%至2.9%。

共建“一带一路”的发展前景来源于不断开辟新的合作领域。2016年6月，习近平主席就提出携手打造“健康丝绸之路”。新冠肺炎疫情暴发后，各国之间在公共卫生领域的合作需求大幅上升。推进“一带一路”卫生合作，共建“健康丝绸之路”，将进一步丰富高质量共建“一带一路”的内涵。此外，推动“绿色丝绸之路”“数字丝绸之路”建设，将为各国经济发展创造更多新增长点，为全球经济复苏提供更多动力源。世界卫生组织总干事谭德塞表示，共建“一带一路”有利于加速实现全民健康覆盖和可持续发展目标，中国提出的“健康丝绸之路”和“数字丝绸之路”倡议，表明了创新合作形式应对共同面临的挑战是何等重要。

三、推动建设新型国际关系

习近平总书记指出：“当今世界正经历百年未有之大变局。新兴市场国家和发展中国家的崛起速度之快前所未有，新一轮科技革命和产业变革带来的新陈代谢和激烈竞争前所未有，全球治理体系与国际形势变化的不适应、不对称前所未有。”建设新型国际关系，走出一条对话而不对抗、结伴而不结盟的国际关系，是中国提出的一项鲜明主张。

20世纪及其之前的国际关系史表明，西方国家在起初探索国与国之间的交往规则时，往往为了自身利益而寻求结盟，结盟是旧国际秩序的基础。这是将发展建设在对抗的假设上，是以“零和博弈”为假想的片面的发展观念，结盟也不是为了共同的命运，而是各自的利益。于是，结盟不但没有化解冲突，反而使冲突得以大规模的爆发，造成两次世界大战的苦果。冲突对抗没有赢家，和平合作没有输家，面对百年未有之大变局，各国应遵守规则、增进信任、维护秩序，构建新型国家关系，走对话不对抗、结伴不结盟的国与国交往新路。谋求合作安全、集体安全、共同安全，以合作取代对抗，以共赢取代独占。使地球村成为共谋发展的大舞台，而不是相互角力的竞技场。2014年11月，习近平总书记在中央外事工作会议上指出，我们要坚持合作共赢，推动建立以合作共赢为核心的新型国际关系，坚持互利共赢的开放战略，把合作共赢理念体现到政治、经济、安全、文化等对外合作的方方面面。

构建新型国际关系是实现人类命运共同体的基本路径。大国应该发挥关键作用。一是要以人类前途命运为根本，对世界和平与发展担负更大的责任，而不是依仗实力，对地区和国际事务谋求垄断。二是大国之间要尊重彼此核心利益和重大关切。坚持换位思考和相互理解，通过沟通和协商以建设性方式处理矛盾和分歧。三是对小国要平等相待，大国不搞唯我独尊的霸道。因此，中国所构想的新型国际关系，是以合作而非结盟为机制，以发展而非竞争为目标的，是以人类命运共同体为宗旨的，而不是追求某个或某些国家能够脱颖而出、把持主要资源甚至垄断发展机遇，它完全不同于西方资本主义主导的国际关系。

四、积极参与引领全球治理体系改革和建设

在旧的国际关系框架内，主要矛盾是帝国主义之间和帝国主义国家与反抗压迫的国家、地区之间的矛盾，经济、军事等方面的优势不仅是帝国主义国家压制其他国家和地区反抗的主要武器，同时也被作为解决其彼此之间的矛盾的根本力量。于是，战争和革命被认为是 21 世纪的主题。当时世界各国的联系在深度和广度上都远远不及现在，各国面临的问题往往更加取决于国内如何采取相应的行政措施。各国对国际合作的需求程度也远远不及当前。对西方国家而言，外交只是实现国家利益的一种工具而已。

冷战结束后，国际关系格局发生了极大的变化，和平与发展越来越成为 21 世纪的主题。但随着全球化的深入发展，新的共同挑战也不断涌现，现有的全球治理机制显得日益滞后，“治理赤字”成为当今世界最为普遍的挑战。战争和冲突不可能解决问题，而应对恐怖主义、全球气候变暖、环境污染、粮食危机、卫生防疫等方面的问题，每一个国家更是不可能将本国隔离于世界体系之外。旧思维不能解决新问题，新问题也已经超出了国界而成为世界面临的共同的难题。于是，推动全球治理体系朝着更加公正合理的方向发展，既是世界各国的普遍期待，也是进一步提高全球合作深度与广度的时代要求。作为现行国际关系体系的主要参与者、建设者、贡献者，中国认为，推动全球治理体系变革并不是推倒重来，也不是另起炉灶，而是与时俱进、创新完善。什么样的国际秩序和国际治理体系对世界好，对世界各国人民好，要由世界人民商量。新的国际关系秩序需要新的全球治理机制和相应的思维方式，它不是西方资本主义主导的国际关系秩序，不能由一家说了算，也不能由少数人说了算。因此，应坚持共商共建共享的原则，使全球治理体系变革的主张转化为各方共识，形成一致行动。

共商共建共享的全球治理观，集中回答了“谁来治理”“怎样治理”和“为谁治理”

等重大问题，彰显了中国共产党人高超的政治智慧和广阔的全球视野。“共商”就是在国际社会中处理全球事务时大家的事情大家说了算，在开放的基础上强调公平参与，回应了“谁来治理”的问题。全球治理事关世界各国人民的切身利益，只有世界人民通过对话协商达成一致意见，才能够从根本上解决那些存有争议的全球事务。“共建”就是各主权国家共同推动全球治理体系变革，以合作共赢优势互补超越资本逻辑，集中回答了“怎样治理”的问题。国际金融危机后，新兴国家推行对内改革、对外开放的结构性政策调整，实现了经济的复苏和崛起，对世界经济的影响不断增大，但国际力量的对比变化却没有在全球治理体系中得到匹配，严重制约新兴经济体的全球发展空间。所以，建立国际机制、遵守国际机制、追求国际正义成为多数国家的共识，也成为全球经济政治平衡发展的客观需求。“共享”就是强调全球治理主体在合作共赢的基础上平等享受全球治理成果，不搞一家独大或赢者通吃，回答了“为谁治理”的问题。应对全球问题、解决全球难题需要世界各国共同努力，加强合作实现优势互补，最大限度实现参与者双赢、多赢、共赢，让治理成果惠及各方，进一步激发参与者的动力。

五、推动建设开放型世界经济

共建开放型世界经济是顺应历史潮流的重大倡议。习近平总书记在主旨演讲中强调，各国要以更加开放的心态和举措，共建开放合作、开放创新、开放共享的世界经济，并发出“希望大家共同努力，不断为推动建设开放型世界经济、构建人类命运共同体作出贡献”的倡议。

开放型世界经济是共建开放合作的经济。“当今世界，全球价值链、供应链深入发展，你中有我、我中有你，各国经济融合是大势所趋。”开放合作是当今世界的现实需要和时代要求。习近平总书记指出：“我们应该坚持以开放求发展，深化交流合作，坚持‘拉手’而不是‘松手’，坚持‘拆墙’而不是‘筑墙’，坚决反对保护主义、单边主义，不断削减贸易壁垒，推动全球价值链、供应链更加完善，共同培育市场需求。”促进世界经济共同发展的方式是坚持合作互利共赢，破除保护主义、单边主义障碍，走向重塑经济全球化格局、优化全球多边贸易体系，而不是退回到“经济民族主义”“贸易保护主义”的民粹化、封闭化观念窠臼中，搞经济排外主义、孤立主义。经济全球化的历史表明：封闭最终只能走进死胡同，只有开放合作，道路才能越走越宽。

开放型世界经济是共建开放创新的经济。创新是引领发展的第一动力。创新发展是引领世界经济持续发展的必然选择。习近平总书记强调：“当前，新一轮科技革命和产业变革正处在实现重大突破的历史关口。各国应该加强创新合作，推动科技同经济深度融合，加强创新成果共享，努力打破制约知识、技术、人才等创新要素流动的壁垒，支持企业自主开展技术交流合作，让创新源泉充分涌流。”当前，我国基础前沿领域孕育重大突破，交叉融合态势更加明显，基础研究、应用基础研究和技术创新相互带动作用不断增强，创新模式向网络化、生态化转变，人工智能、生命科学、基因编辑等新技术加速突破，颠覆性创新持续涌现。尽管我国科技实力显著提升，但我们应当认识到，在全球化背景下，世界各国已成为一荣俱荣、一损俱损的命运共同体。因此，我们要与世界各国共同探寻新的世界经济增长动能、打造更有活力的增长点，把 5G 和数字经济等的发展机遇、经验与各国共享。

开放型世界经济是通过联动机制推动共建的经济。习近平总书记多次在国际重要场合提出“建设联动型世界经济，凝聚互动合力”“让世界各国实现联动增长，实现共同繁荣”。联动型世界经济是一个开放平等的经济，不仅在经济增长过程上是开放合作的联动方式，而且在经济发展的结果上也是联动的。在这一点上，中国“身体力行”，展现了大国形象，为建设联动型世界经济做出了重大贡献，并提出了“中国方案”。一是在区域内、区域间实现联动，比如倡导“一带一路”与东盟、亚太经合组织等区域性组织的发展和规划，实现对接和协调。二是在对接、协调基础上建立互联互通的机制，即在基础设施、人员往来以及法规政策等方面实现联通。三是发展结果上的联通，各国共商共建，共享发展成果。

开放型世界经济是鼓励包容的世界经济。旧的世界经济体系是从西方殖民主义演变而来的，始终是以欧美为中心的，尽管将全世界连接为了一个整体，但也制造了发展不均衡、贫穷与对抗等一系列的社会问题。习近平总书记就此提出了相应的“中国方案”，主张建立包容性的世界经济，即经济体系应当惠及所有的国家、民族和种族。一是落实 2030 年可持续发展议程，消除极端贫困，战胜不平等。二是主张加强南北对话和南南合作。三是主张将社会、经济等政策进行有机的结合，以求更加有效应对发展过程产生的各种矛盾，促进公平合理。

开放型世界经济是倡导平等的世界经济。旧的经济体系本质上有很多不平等的要素，如规则不平等、话语不平等。发达国家在历史上对发展中国家进行殖民掠夺，在战后则借助经济体系进行更加隐秘的剥削，制定了诸多不利于发展中国家的国际经济贸易规则。但是，随着经济全球化的进一步发展，发展中国家和新兴国家对世界经济增长的贡献已经达到了 80%，发达国家主导国际经济规则没有反映这一现实。对此，习近平总书记提出“确保各国在国际经济合作中权利平等、机会平等、规则平等”的主张。特别是在全球治理中，主张增加新兴市场国家和发展中国家在全球治理体系中的代表性和发言权，推动形成更加合理的全球治理体系，促进国际经济秩序朝着平等公正、合作共赢的方向发展。

第三节 坚持合作共赢 携手共建人类命运共同体

构建人类命运共同体理念的提出，在国际社会得到了高度评价和热烈响应，对国际社会发展产生了深远而广泛的影响，彰显了新时代中国特色大国外交的新气象、新作为、新贡献。构建人类命运共同体理念顺应历史潮流，贴合时代要求，达到各国共识，为人类社会实现共同发展、持续繁荣、长治久安绘制了蓝图，对中国的和平发展、世界的繁荣和谐都具有重大而深远的意义。

一、伟大构想应时顺势

（一）构建人类命运共同体理念是对世界大势和人类社会发展趋势的科学研判

人类历史的发展告诉我们，一个国家要繁荣发展，必须把握和顺应世界发展大势。那么，当今世界的大势是什么？习近平主席运用马克思主义立场观点方法观察、分析国际形势，准确把握世界发展走向，指出：“宇宙只有一个地球，人类共有一个家园。”“这个世界，各国相互联系、相互依存的程度空前加深，人类生活在同一个地球村里，生活在历史和现实交汇的同一个时空里，越来越成为你中有我、我中有你的命运共同体。”事实证明，当今世界各国间商品、资金、信息、人才高度流动，无论是大国还是小国，无论是发达国家还是发展中国家，无论是远交还是近邻，都日益形成利益交融、安危与共的利益共同体和命运共同体。习近平主席在上海合作组织青岛峰会上的讲话中指出：“当今世界正处在大发展大变革大调整时期，世界多极化、经济全球化深入发展，国与国相互依存更加紧密。世界经济复苏艰难曲折，国际和地区热点问题频发，各国面临许多共同威胁和挑战，没有哪个国家能够独自应对或独善其身。各国只有加强团结协作，深化和平合作、平等相待、开放包容、共赢共享的伙伴关系，才能实现持久稳定和发展。”

（二）构建人类命运共同体理念为维护世界和平、促进共同发展提供了科学指引

任何科学思想都是对时代重大问题的科学回答。当今世界正经历百年未有之大变局，和平发展的大趋势没有改变，但动荡、冲突、失衡的一面也十分突出。粮食安全、气候变化、网络攻击、环境污染、重大传染性疾病等非传统安全问题层出不穷，对国际

秩序和人类生存都构成了严峻挑战。面对“世界怎么了、我们怎么办”这一时代之问，习近平主席掷地有声地回答：中国方案是构建人类命运共同体，共同建设持久和平、普遍安全、共同繁荣、开放包容、清洁美丽的世界。这一理念的核心就是要和平不要战争、要发展不要贫穷、要合作不要对抗、要共赢不要独占，旨在解决我们这个星球面对的各种全球性挑战，为在和平与发展的跑道上奔跑的人们指明方向、明确路径、注入能量。

（三）构建人类命运共同体理念为全球治理体系变革提供思想引领和实践指南

“放眼世界，我们面对的是百年未有之大变局。”世界多极化、经济全球化、社会信息化、文化多样化深入发展；地区热点持续动荡，恐怖主义蔓延肆虐，保护主义、反全球化、民粹主义思潮泛起，全球治理遭遇瓶颈，制度供给严重不足，人类面临各种矛盾与冲突，而世界正面临治理、信任、和平、发展四大赤字。面对上述多重风险挑战，习近平主席强调，要坚持共商共建共享的全球治理观，积极推进全球治理规则民主化，高举联合国这面多边主义旗帜，充分发挥二十国集团等全球和区域多边机制的建设性作用，共同推动构建人类命运共同体。这些重要论述为全球治理体系变革提供了新的思想引领和中国方案。

构建人类命运共同体需要树立共商共建共享的全球治理观。中国主动积极参与全球治理体系改革和建设，为世界贡献中国智慧和力量，从全球治理的参与者向引领者转变。而中国与世界深度互动，积极参与并引领全球治理，也是中国新时期维护和扩大自身利益的有效路径。一方面，便于中国获得更大的制度性权利。中国在 2016 年 1 月生效的新一轮国际货币基金组织投票权份额中的占比从 3.996%上升至 6.394%，排名从第六位跃居第三位，居美国和日本之后，增强了中国在全球经济治理体系中的权重。另一方面，参与全球治理将推动中国治国理政理念的国际化延伸，增强国际社会的认同，也让中国方案更好地服务于全球治理。

（四）构建人类命运共同体理念是中西方文化理念和价值追求的融会贯通

对美好世界的共同追求是中国与世界的共同愿望。构建人类命运共同体是中西方文化理念和价值追求的融会贯通，是中西方文化理念和价值追求的最大公约数。5 000 多年的中华文明，就是一部追求美好世界的厚重史诗。中华优秀传统文化秉持的“天下一家”，主张民胞物与、协和万邦、天下大同等理念，憧憬“大道之行，天下为公”的美好世界。中华文化在 21 世纪焕发新的活力，并以“合作共赢”来定义中国与世界的关系，这是马克思主义国际情怀与中华文明天下情怀的融合体现，是与人类其他文明的价值追求的融会贯通。古罗马哲学家塞涅卡曾说过的“我们是同海之浪，同树之叶，同园之花”，拉丁谚语“人人为我，我为人人”，南部非洲的乌班图思想等，与人类命运共同体理念都有异曲同工之处。

二、旗帜鲜明广泛认同

人类命运共同体理念不断上升为国际共识。2013 年 3 月，习近平主席在莫斯科国际关系学院发表演讲，首次提出构建人类命运共同体理念。2015 年 9 月，习近平主席在第 70 届联合国大会上，全面阐释了构建人类命运共同体理念的具体内容。2017 年 1 月，习近平主席在日内瓦万国宫发表《共同构建人类命运共同体》的演讲，全面系统地阐述了人类命运共同体理念，主张共同推进构建人类命运共同体伟大进程，坚持对话协商、共建共享、合作共赢、交流互鉴、绿色低碳，建设一个持久和平、普遍安全、共同繁荣、开放包容、清洁美丽的世界。中国领导人在各个场合对人类命运共同体理念的阐述总能引发强烈共鸣。

中国作为负责任的大国，提出构建人类命运共同体的倡议，得到了国际社会越来越多的积极响应：2017 年 2 月 10 日，中国倡议被写入联合国社会发展委员会“非洲发展新伙伴关系的社会层面决议”；3 月 17 日，载入联合国安理会关于阿富汗问题的第 2344 号决议；3 月 23 日，纳入联合国人权理事会关于“经济、社会、文化权利”和“粮食权”两个决议；11 月 1 日，又被写入联合国“防止外空军备竞赛进一步切实措施”和“不首先在外空放置武器”两份安全决议。2018 年，构建人类命运共同体被相继写入中非合作论坛、上海合作组织、中阿合作论坛、亚信峰会以及诸多双边多边高层交往的成果文件。

人类命运共同体理念在联合国决议中若干次“首次出现”，彰显了中国理念和中国方案对全球治理的重要贡献，谱写了人类命运共同体理念不断上升为国际共识的历史篇章。

三、中国方案前景可期

构建人类命运共同体是以习近平总书记为核心的党中央谋划全球布局，统筹国内国际两个大局提出的重要理念，是习近平新时代中国特色社会主义外交思想的核心和精髓，也是习近平新时代中国特色社会主义思想对世界贡献的中国智慧和中国方案。2019 年，在风云激荡的国际形势中，中国在挑战中克难前行，在乱局中引领方向，为世界和平进步作出了重大贡献，人类命运共同体的理念更加深入人心。

（一）深入参与引领全球治理，中国行动彰显担当

构建人类命运共同体，不仅是驰而不息的价值追求，更是孜孜不倦的现实行动。

2013年至今，人类命运共同体理念在实践中日趋完善，实现路径日渐清晰。中国步履坚定，用实际行动推进构建人类命运共同体这一宏伟蓝图的实践。

（1）中国深入参与全球应对气候变化、反恐防恐、维护网络安全等领域国际合作，认真履行应尽的国际责任和义务，为共同应对全球性挑战作出重要贡献。积极参与联合国维和行动，探索具有中国特色的热点问题解决之道，推动各国对话协商解决全球和地区热点问题，为推动建设持久和平、普遍安全的世界贡献中国方案和中国力量。

（2）中国致力于在世界范围内建立平等相待、互商互谅的伙伴关系，从与多个国家分别构建的双边命运共同体，到周边命运共同体、亚太命运共同体，从中欧命运共同体到中非命运共同体、中拉命运共同体、中阿命运共同体，中国在实践中为世界各国共享和平、安全与繁荣不断求索。

（3）中国倡议构建网络空间命运共同体、核安全命运共同体、海洋命运共同体、人类卫生健康共同体，为不同领域应对安全挑战提供更精准的行动指引。

（4）从二十国集团领导人峰会到金砖国家领导人会晤，从亚洲文明对话大会到中法全球治理论坛，从博鳌亚洲论坛到东亚合作领导人系列会议，中国秉持共商共建共享的全球治理观，坚定维护以联合国为核心的国际体系，坚定维护以国际法为基础的国际秩序，坚定维护以世界贸易组织为核心的多边贸易体制。中国以构建人类命运共同体为目标，引领全球治理变革，得到国际社会广泛认可。

人类命运共同体理念不断走深走实，也日益走进世界人民的心中，成为国际社会的普遍共识，也是克服各种挑战的有效途径。

（二）携手共建“一带一路”，中国方案深入人心

实施共建“一带一路”倡议，不仅是惠及更多国家和地区的经济合作，也成为完善全球发展模式和全球治理、推进经济全球化健康发展的重要途径。“一带一路”倡议从共识到共建，事实已经证明，“一带一路”不是口号和传说，而是成功的实践和精彩的现实。

中意签署共建“一带一路”合作谅解备忘录，为亚欧互联互通建设、为拓展“一带一路”全球合作增添新的动力。中意达成共识，将“一带一路”倡议与意方“北方港口建设”“投资意大利计划”对接，深挖双方合作潜力。

中法双方统筹推进共建“一带一路”和第三方市场合作，取得积极进展。中法签署了第三方市场合作第三轮示范项目清单，启动第三方市场合作基金，合力打造两国“一带一路”合作支点。中法双方决定在传统战略性合作领域推进现有大项目合作，在科技创新、农业、金融等新兴领域加快战略对接和全方位合作，进一步深化两国产业利益融合。

中俄双方扎实推进共建“一带一路”同欧亚经济联盟对接，相互支持共建“一带一

路”倡议和大欧亚伙伴关系倡议，协同促进地区一体化和区域经济融合发展，双方持续推进能源、航空、航天、互联互通等领域战略性大项目，深挖新兴领域合作潜力，发挥地方经济互补优势，实现经贸合作提质增量。

在中亚，中国同吉尔吉斯斯坦、塔吉克斯坦两国领导人商定，共同落实好第二届“一带一路”国际合作高峰论坛成果，以高质量共建“一带一路”为主线，加强“一带一路”倡议同吉“2018 至 2040 年国家发展战略”、塔“2030 年前国家发展战略”的深度对接，拓展基础设施建设、能源、农业、工业、互联互通等领域合作，促进贸易投资便利化，密切人文和地方交流。

在南亚，互联互通建设取得新进展。中尼领导人决定，将中尼共建“一带一路”同尼泊尔打造“陆联国”的国策对接，加快构建跨喜马拉雅立体互联互通网络，并宣布启动中尼跨境铁路可行性研究。

截至 2020 年 1 月，中国已经与 138 个国家、31 个国际组织签署共建“一带一路”合作文件。中巴经济走廊、中老铁路、雅万高铁、中欧班列等重大项目给沿线各国带去大量发展机遇，共建“一带一路”踏上高质量发展新征程。

（三）牢牢把握发展机遇，中国方案前景可期

对美好生活的向往，不仅是中国人民的愿望，也是全世界人民的共同愿望。人类命运共同体理念不但为解决当今世界问题提供了可行方案，更着眼于世界各国人民对美好生活的向往的实现。中国方案因其对时代主题的精准把握和对人类福祉的不懈追求，呈现出引领时代进步的力量。

当前，和平与发展仍是时代主题，世界走向多极化大势不会改变，全球化在曲折中前行的大势也不会改变。建立持久和平、普遍安全、共同繁荣、开放包容、清洁美丽的世界，符合各国共同利益，契合时代发展要求。另外，在经历一次全球磨难后，能够让人们更加清楚地看到人类的现实处境和未来的前进方向。新冠肺炎疫情让世界人民前所未有地认识到人类是一个命运共同体，在面临重大灾难时，没有哪个国家可以独善其身，构建人类命运共同体是必由之路。同时，中国在抗疫大考展现出负责任大国的担当，中国主动承担起携手世界多国共同抗疫的责任，向出现疫情的国家提供力所能及的援助，在国际社会疫情防控中发挥了重要作用；中国作为率先复工复产的国家，加大力度向国际市场供应原料药、生活必需品和防疫物资，在极大缓解了全球医疗物资供应紧张局面的同时也推动了世界经济早日回归正常，中国在全球抗疫中展现出的担当，为构建人类命运共同体增添了新的吸引力。牢牢把握这些难得的发展机遇，构建人类命运共同体前景可期。

第四节　团结合作战胜疫情 共同构建人类卫生健康共同体

一、从三个维度把握人类卫生健康共同体

党的十九届五中全会通过的《中共中央关于制定国民经济和社会发展第十四个五年规划和二〇三五年远景目标的建议》明确强调："积极参与重大传染病防控国际合作，推动构建人类卫生健康共同体。"这是为应对全球公共卫生治理危机贡献的中国智慧。把握人类卫生健康共同体的深刻意蕴，为全人类携手打造人类卫生健康共同体提供价值引领，需要从理论维度、现实维度和实践维度三者内在联系、辩证统一的视角着眼。

（一）从理论维度把握人类卫生健康共同体的深刻内涵

马克思将人看作处于一定社会关系中生存和发展的"类存在物"，共同体是人类存在的基本方式，任何人都无法脱离共同体而独立存在。人类卫生健康共同体是对人类命运共同体理念的发展，同时为其注入时代内涵。人类卫生健康共同体，至少蕴含人类生命安全及确保人类生命存在和发展的外在环境即生态安全两方面内涵，可以说是生命安全与生态安全一体化的表现。有生命的个人存在是历史大前提，但是，个体为了获得存续发展的可能，不仅需要满足维持基本生命活动的自然基础条件，而且需要"生产物质生活本身"，生产自己的生活资料，从而满足发展所需的社会条件，如卫生健康权益、生命权益、生态权益、安全权益等。人类卫生健康共同体是人类命运共同体在卫生健康领域的具体表现，是人类命运共同体旨在维护人类卫生健康的生命权益与生态权益方面的具体表现，是一种为应对威胁个体生命安全和生态安全的"生命—生态"一体化危机而形成的共同体。在生命危机与生态危机相交织的态势下，不能将关乎人类卫生健康的生命健康与生态健康割裂开来，而要从"生命—生态"一体化健康和一体化安全的维度出发，把握人类卫生健康共同体的深刻意蕴，为 21 世纪全球"生命—生态"一体化危机综合治理贡献中国智慧。

（二）从现实维度把握人类卫生健康共同体的时代背景

人类卫生健康共同体的提出是针对时代突出问题和顺应时代发展的必然之举。要真

正实现每个人自由全面发展，就必须高度重视人类社会面对的复杂严峻的环境问题和公共卫生健康问题。今天，在全球化的历史大背景下，各国之间联系紧密、利益攸关，生态环境问题和卫生健康问题早就突破国界，成为整个人类共同面对的普遍问题。生命是人的基本属性，健康与人的生命质量息息相关，人类卫生健康问题不仅仅指医疗卫生健康方面的问题，还包含与人类生存发展息息相关的生态环境问题。这种由人与自然关系和人与社会关系延伸出的生命与生态的关系，具有作用与反作用的辩证互动性：一方面，大自然是有记忆的，人类生产生活对生态环境产生的影响，无论好坏都会在日后表现出来，人类是否善待大自然，大自然也会采取相应的回报方式；另一方面，人类的生命依赖生态存在与发展，生态环境的优劣直接影响人类的生命安全与身体健康。面对新冠肺炎疫情给全球公共安全带来的巨大挑战，以及个别国家不顾一切搞“疫情政治”给国际抗疫合作带来的诸多挑战，中国创造性地提出推动构建人类卫生健康共同体倡议，凸显中国作为负责任的大国，为了应对当前疫情危机及关乎未来的深层次“生命—生态”一体化危机，从现实维度出发深刻认识人类卫生健康共同体构建的重要性和紧迫性。

（三）从实践维度把握人类卫生健康共同体的应然指向

人类卫生健康共同体的构建是一项需要多方发力的系统工程，对当前人类社会发展乃至文明走向具有深远影响。从实践维度把握人类卫生健康共同体，一是树立从“生命—生态”一体化健康与一体化安全视域出发构建人类卫生健康共同体的新理念。理念是行动的先导，人类卫生健康共同体的构建首先要解决思想观念问题，打破传统安全理念中把生命安全与生态安全割裂来看的观念，深刻领悟“生命—生态”一体化安全理念的意蕴，以维护世界人民生命安全和全球生态安全为最终目标。二是推动人类卫生健康共同体的体制机制创新。完善以生命安全体制机制与生态安全体制机制一体化发展为目标的世界公共卫生安全治理体系，完善突发公共卫生事件和生态安全事件的预警机制、信息分享机制、应急响应机制、科技成果共享机制，完善“生命—生态”一体化安全复合型人才的培养机制。三是推动人类卫生健康共同体的行为方式革新。利益是推动人类行动的基础，也是推动人类卫生健康共同体构建的强大动力。为了维护全人类的生命权益和生态权益，人类在未来大有可为，要加强信息、资源、技术合作，将“生命—生态”一体化健康与安全的新理念融入校园、课堂和书本，使之成为社会文化的重要内容，通过大力推行绿色健康的生活方式，走向将健康与美丽相结合的健康中国、美丽中国、平安中国，并推动实现共建共享健康安全清洁美丽的人类美好家园。

二、中国彰显大国担当 推动构建人类卫生健康共同体

团结合作是国际社会战胜疫情最有力的武器。国务院新闻办公室发布的《抗击新冠肺炎疫情的中国行动》白皮书指出，各国应为人类发展计、为子孙后代谋，秉持人类命运共同体理念，齐心协力、守望相助，战胜疫情，共同构建人类卫生健康共同体。在全球战“疫”过程中，中国肩负大国担当，以实际行动推动国际社会合作抗疫，推动构建人类卫生健康共同体。

（一）构建人类卫生健康共同体，中国有主张

疫情发生以来，习近平主席同近 50 位外国领导人和国际组织负责人通话或见面，介绍中国抗疫的努力和成效，向世界传递坚决打赢疫情防控阻击战的“中国信心”，并分享中国疫情防控经验和救治方案，为打好疫情防控全球阻击战分享“中国方案”。在会见会谈和通信通电中，习近平主席多次强调世界各国是休戚与共的命运共同体，呼吁各方树立人类命运共同体意识，携手应对疫情。在二十国集团领导人应对新冠肺炎特别峰会上，习近平主席提出加强疫情防控国际合作的 4 点主张和系列合作倡议，为全球战胜疫情注入强大信心和澎湃动能。在第 73 届世界卫生大会视频会议开幕式上，习近平主席呼吁国际社会共同构建人类卫生健康共同体，并提出全球疫情防控的 6 点建议，宣布全球抗疫合作的 5 项重要举措。充分彰显了中国与国际社会命运与共、守望相助的大国担当、天下情怀。

（二）构建人类卫生健康共同体，中国有行动

推进国际社会抗疫合作，中国言必信、行必果，言行一致。病毒没有国界，疫病不分种族，中国呼吁各方以人类安全健康为重，加强国际抗疫合作。中国坚定支持世卫组织发挥全球抗疫领导作用，调动全球资源打赢疫情防控阻击战。中国及时向国际通报疫情信息，毫无保留地同各方交流防控经验，中方分享的新冠病毒全基因组序列信息、疫情诊疗和防控方案多语种版本等，为全球防疫提供了基础性支持。同时，中国投桃报李，积极回馈国际社会的宝贵支持和帮助，力所能及地向国际社会提供人道主义援助和帮助，并想方设法为各国来华采购防疫物资提供支持和便利。中国的行动，展现了疫情期间的人间大爱。

（三）构建人类卫生健康共同体，中国有承诺

在人类与病毒的斗争中，中国既对本国人民生命安全和身体健康负责，也对全球公共卫生事业尽责，致力于擘画适应新时代要求的全球卫生治理体系。中国与有关方面商

谈和加紧筹建联合国人道主义应急仓库和枢纽，加紧建立中非对口医院合作机制，加快建设非洲疾控中心总部，着眼于发展中国家的抗疫斗争和社会民生，中国将在 2 年内提供 20 亿美元国际援助，暂缓最贫困国家债务偿付，并庄严承诺把研发完成并投入使用的中国新冠肺炎疫苗作为全球公共产品。2021 年 2 月 7 日，为落实习近平主席关于将中国新冠疫苗作为全球公共产品的重要宣示，经中央军委批准，中国人民解放军向巴基斯坦军队、柬埔寨军队提供了一批新冠疫苗。

患难见真情。在国际社会合作共同抗击疫情的过程中，构建人类卫生健康共同体的理念日渐深入人心，得到国际社会的积极反响。联合国秘书长古特雷斯指出，新冠肺炎疫情凸显了全球脆弱性，在病毒威胁面前，我们必须团结一致。法国总统马克龙、德国总理默克尔等多国领导人均表示，面对疫情危机，必须团结一致，共同努力。各国人民在抗疫过程中相互施以援手、守望相助、共克时艰，成为构建人类卫生健康共同体的真实写照和亮丽风景。

拓展阅读

“中国天眼”与世界共“见”未来

中国日前向世界宣布，被誉为“中国天眼”的500米口径球面射电望远镜(FAST) 4月1日起将正式对全球科学界开放。为世界科学界提供中国智慧，为全球工程界提供中国技术，为人类外空命运共同体提供中国贡献和中国发展经验……“中国天眼”邀请各国科学家携手走向星辰大海，共“见”未来。

遥望未知宇宙，全球科学家在未来若干年间将因“中国天眼”变得更为“火眼金睛”。从宇宙星辰，到基本粒子，人类重大科学发现往往离不开尖端科研仪器。天文学界通常认为，宇宙中只有不到1%是人类能看见的发光物质。科学家们常常通过射电望远镜来提升观测宇宙的能力。作为全球最大且最灵敏的射电望远镜，“中国天眼”能看见更遥远暗弱的天体，其高灵敏度将可能帮助科学家在低频引力波探测、快速射电暴起源、星际分子等前沿方向取得突破，使科学家有能力发现更多未知星体、未知宇宙现象、未知宇宙规律。“中国天眼”对全球开放的消息，让美国西弗吉尼亚大学射电天文学家莫拉·麦克劳夫林“感到超级兴奋”，她一直期待用它来研究脉冲星，包括在银河系外的星系追踪这些天体。

“中国天眼”还向全球工程界贡献了大科学工程的中国经验和创新实践：4 450个反射单元构成的反射面；6根钢索控制的30吨馈源舱；500米的尺度上测量角度精确到8角秒；超高耐疲劳钢索在200万次循环加载条件下可达500 MPa应力幅，国际上尚无先例……“天眼”非凡，凝聚着中国人的智慧和汗水，更体现着中国的决心和魄力。多位天文学家指出，除了天文学观测以及建造望远镜带动的技术创新，“中国天眼”将成为最精确的物理规律验证实验平台。

未知和未来面前，人类命运与共。“中国天眼”向世界开放，正是人类命运共同体的又一注脚。这不仅让“中国天眼”的开放程度再次向前推进，也必将成为中国科学家与世界分享科研成果的标志性事件。事实上，“中国天眼”从一诞生，就肩负全球使命。早在中科院国家天文台主导建设初期，就已确立了“中国天眼”将按国际惯例逐步开放的原则，以更好地发挥其科学效能，促进重大科学成果产出，为全人类探索和认识宇宙作出贡献。德国马克斯·普朗克射电天文学研究所天文学家劳拉·斯皮特勒指出，“中国天眼”将会推动国际合作，到21世纪30年代，它将为人类研究超大质量黑洞碰撞等积累大量数据。

从中国开放空间站、与全球共享北斗系统，到“中国天眼”邀世界共“见”未来……

无一不体现中国在利用外太空时与世界携手合作的精神。在可预见的未来，中国将为国际科学界持续探索宇宙、尝试寻找未知事物带来更多新视角，为引领人类突入认知新领域作出更大贡献。

资料来源：新华社，2021－01－08.

时政热点

练习题

一、单选题

1. 推进“一带一路”国际合作要坚持的原则是（　　）。

A. 和平共处五项原则　　B. 独立自主原则

C. 共商共建共享原则　　D. 共同但有区别的原则

2. 当今世界局势发展方向是（　　）。

A. 单极化　　B. 两极化　　C. 多极化　　D. 三极化

3. 我国独立自主的和平外交政策，应坚持把（　　）。

A. 发展对外经济关系放在首位

B. 发展睦邻友好关系放在首位

C. 维护国家主权和国家利益放在首位

D. 反对霸权主义、强权政治放在首位

4. 科学认识和准确把握（　　），是制定正确发展战略和内外政策的重要前提。

A. 时代主题　　B. 领导人意识

C. 社会舆论　　D. 天命、神的启示

5. 当今时代的主题是（　　）。

A. 战争与和平　　B. 战争与革命

C. 和平与发展　　D. 主权与自由

6. 我国的外交工作归根到底就是要坚定不移地维护（　　）。

A. 国家和民族的最高利益　　B. 世界多样化

C. 经济全球化　　D. 政治多极化

7. （　　）的发展振兴是百年大变局的重大变化之一。

A. 日本　B. 中国　C. 英国　D. 美国

8. 党的十八大以来，习近平总书记倡导各国共同推动建立以（　　）为核心的新型国际关系。

A. 共建共享　B. 互利共赢

C. 公平正义　D. 合作共赢

9. 以下哪个国家不属于“金砖国家”？（　　）

A. 南非　B. 泰国　C. 俄罗斯　D. 中国

10. “一带一路”，是指（　　）。

A. 丝绸之路经济带　21 世纪海上丝绸之路

B. 21 世纪丝绸之路经济带　21 世纪海上丝绸之路

C. 海上丝绸之路经济带　丝绸之路

D. 山东沿海经济带　丝绸之路

11. 当今世界正面临百年未有之大变局，国际力量对比发生了什么样的变化？（　　）

A. 东升西升　B. 东升西降

C. 东降西升　D. 东降西降

12. 中国迅速崛起，已成为世界第（　　）大经济体。

A. 一　B. 二　C. 三　D. 四

13. 疫情在全球蔓延，我国采取强有力的防控措施，一系列举措彰显中国力量、中国效率、中国速度，受到了国际社会的广泛赞誉。中国做出的努力符合中国首创的（　　）理念。

A. 构建社会主义和谐社会　B. 构建资源节约型社会

C. 建设创新型国家　D. 构建人类命运共同体

14. （　　）已经成为国际秩序中和平与稳定的主要倡导者。

A. 中国　B. 美国　C. 日本　D. 英国

15. “人类命运共同体”概念最早是在党的（　　）明确提出。

A. 十八大　B. 十八届三中全会

C. 十八届六中全会　D. 十九大

16. 2017 年 5 月，首届（　　）成功举行，论坛形成涵盖政策沟通、设施联通、贸易畅通、资金融通、民心相通 5 大类，共 76 大项、270 多项具体成果，成为新时期推动全球发展合作的机制化平台。

A. 博鳌亚洲论坛　B. 中非合作论坛

C. G20 杭州峰会　D. “一带一路”国际合作高峰论坛

17. 2017年5月，首届“一带一路”国际合作高峰论坛在（　　）举行。

A. 上海　　B. 北京　　C. 深圳　　D. 重庆

18. 处理国家间关系，（　　）是关键词。70年来，中国先后同179个国家建交，参与了几乎所有政府间国际组织和500多项国际公约，建立110对伙伴关系，“朋友圈”越来越大，“伙伴网”越织越密。

A. 和平共处　　B. 合作共赢

C. 互不侵犯　　D. 互相尊重

19. 2020年2月14日，习近平主持召开中央全面深化改革委员会第十二次会议强调，要鼓励运用（　　）等数字技术，在疫情监测分析、病毒溯源、防控救治、资源调配等方面更好发挥支撑作用。

A. 大数据、人工智能　　B. 大数据、云计算

C. 人工智能、云计算　　D. 大数据、人工智能、云计算

20. “一超多强”的国际格局正在发生变化，“多强”的力量上升，“一超”的力量相对下降，国际格局呈现出多极化和均衡化的趋势。“一超”指的是（　　）。

A. 美国　　B. 英国　　C. 中国　　D. 日本

二、判断题

1. “一带一路”不是一个实体和机制，而是合作发展的理念和倡议。（　　）

2. “一带一路”有利于将政治互信、地缘毗邻、经济互补等优势转化为务实合作、持续增长优势。（　　）

3. 共建“一带一路”致力于亚欧非大陆及附近海洋的互联互通。（　　）

4. 当今时代主题中，和平问题是带有战略性和全局性的问题。（　　）

5. 当今世界，不应该维护世界多样性、促进国际关系民主化和发展模式多样性。（　　）

6. 经济全球化是一把利与弊铸成的“双刃剑”。（　　）

7. 中国走和平发展道路最鲜明的特征是科学发展、自主发展、开放发展、和平发展、合作发展、共同发展。（　　）

8. 维护世界和平、促进共同发展是中国外交政策的宗旨。（　　）

9. 推动建立以合作共赢为核心的新型国际关系是由我国实行独立自主和平外交政策和坚持走和平发展道路所决定的。（　　）

10. 中共十八大以来，中国提出并强化了“中国特色大国外交”，核心内容是中共要在国际上更好地发挥负责任大国作用，并体现出中国特色。（　　）

11. 全球性挑战越来越需要各国通力合作来应对。（　　）

12. 2019 年中国是联合国预算第二大出资国，仍是维和预算第二大出资国。(　　)

13. 在解决地区热点问题时，中国外交始终坚持从事情本身的是非曲直出发，坚持从地区人民根本利益出发。(　　)

14. 引领全球治理体系改革要坚持以公平正义为理念。(　　)

15. 霸权主义和强权政治是威胁世界和平的根源。(　　)

16. 全球性挑战越来越需要各国通力合作来应对。(　　)

17. 经济全球化为世界各国和地区的经济发展提供了机遇。(　　)

18. 只要发挥中国的作用，就能成功构建人类命运共同体。(　　)

19. 中国始终高举和平的旗帜，提出和坚持和平共处五项原则，确立和奉行独立自主和平外交政策。(　　)

20. 经济全球化把世界连接成为一个不可分割的有机整体。(　　)

三、思考题

1. 面对“百年未有之大变局”，中国应如何应对？

2. 为什么人类命运共同体理念能够得到广泛认同？

参考文献

1. 韩庆祥．为什么必须坚持全面从严治党？中国网，2019－12－26.

2. 杨艳秋．坚持中国特色社会主义道路的历史观．中国纪检监察报，2019－07－11.

3. 谢春涛．坚定“四个自信”．中国纪检监察报，2016－12－07.

4. 梁镒．从抗击疫情看四个自信．中国冶金地质总局一局官网，2020－03－13.

5. 钟君．从疫情防控看中国制度优势．党建，2020（5）.

6. 徐艳玲．抗“疫”：以制度优势回答“初心”命题．人民网，2020－04－10.

7. 战“疫”中为何强调坚定“四个自信”. 人民论坛网，2020－07－12.

8. 中共中央关于坚持和完善中国特色社会主义制度 推进国家治理体系和治理能力现代化若干重大问题的决定．北京：人民出版社，2019.

9. 习近平．坚持、完善和发展中国特色社会主义国家制度与法律制度．求是，2019（23）.

10. 中华人民共和国国务院新闻办公室．抗击新冠肺炎疫情的中国行动．人民日报，2020－06－08.

11. 中华人民共和国国务院新闻办公室．新时代的中国国防．北京：人民出版社，2019.

12. 习近平．决胜全面建成小康社会 夺取新时代中国特色社会主义伟大胜利——在中国共产党第十九次全国代表大会上的报告．北京：人民出版社，2017.

13. 习近平．关于坚持和发展中国特色社会主义的几个问题．求是，2019（7）.

14. 北斗三号全球卫星导航系统正式开通. 人民日报，2020－08－01.

15. 全国脱贫攻坚总结表彰大会在京隆重举行. 人民日报，2021－02－26.

16. 习近平. 关于《中共中央关于坚持和完善中国特色社会主义制度 推进国家治理体系和治理能力现代化若干重大问题的决定》的说明. 人民日报，2019－11－06.

17. 孙宪忠．民法典何以为“典”．光明日报，2020－05－30.

18. 罗志勇．《民法典》在推进生态文明建设中的重要作用．中国环境报，2020－08－11.

19. 杨立新．民法典婚姻家庭编立法亮点．北京日报，2020－07－27.

20. 王利明．民法典令人瞩目的体系创新．北京日报，2020－08－10.

21. 徐娟．民法典的时代精神及其规则表达．人民法院报，2020－07－24.

22. 郑秩言．民法典——新时代的人民法典．新长征，2020（8）.

23. 雷震文．民法典人格权编对“人”的特别关怀．民主与法制时报，2020－08－09.

24. 杨立新．民法典侵权责任编的鲜明中国特色．检察日报，2020－08－04.

25. 段相宇．这条路走了66年民法典编纂的历史沿革．中央纪委国家监委网站，2020－05－22.

26. 姚辉．筑牢个人信息保护的法治堤坝．人民日报，2020－06－18.

27. 习近平．习近平扶贫论述摘编．北京：中央文献出版社，2018.

28. 张少波．决战决胜脱贫攻坚的重大意义．党建网，2020－03－06.

29. 孙梦雨．深刻认识如期完成脱贫攻坚的重大意义．党建，2020（5）.

30. 许徐琪．中国脱贫攻坚的世界性意义．经济日报，2020－04－15.

31. 国家统计局9位司局长撰文解读2017年中国经济年报．经济日报，2018－01－19.

32. 本书编写组．毛泽东思想和中国特色社会主义理论体系概论．北京：高等教育出版社，2018.

33. 宋大伟．坚持创新驱动 引领中国经济高质量发展．中国人才，2019（11）.

34. 高智．以新发展理念引领高质量发展．河北日报，2020－01－15.

35. 任保平．以新发展理念引领我国经济高质量发展．红旗文稿，2019（10）.

36. 李兵，王小龙．坚持以新发展理念引领高质量发展．经济日报，2019－08－13.

37. 肖汉平．决胜全面脱贫攻坚战，共享全面小康成果．中国网，2020－06－26.

38. 骆江玲．跑好全面建成小康社会“最后一公里”．江西日报，2020－06－22.

39. 王生升．新知新觉：坚持加强党对经济工作的集中统一领导．人民网，2018－08－30.

40. 常庆欣．坚持加强党对经济工作的集中统一领导．光明日报，2020－01－23.

41. 人民日报评论员．坚持人民至上——论坚持以人民为中心的发展思想①．人民日报，2020－06－02.

42. 人民日报评论员．牢牢植根人民——论坚持以人民为中心的发展思想④．人民日报，2020－06－05.

43. 杜念峰．论始终坚持以人民为中心的发展思想．学习时报，2019－05－24.

44. 李可愚．经济运行稳中有变 稳就业居“六个稳”对策首位．每日经济新闻，2018－08－01.

45. 人民日报评论员．当前经济运行稳中有变 应保持定力积极应对．人民日报，

2018－08－03.

46. 冷万欣，郭航．民营经济的“56789”．中国产经新闻，2019－03－07.

47. 郝全洪．关于我国经济发展主要矛盾变化的思考——学习习近平新时代中国特色社会主义经济思想．教学与研究，2018（9）.

48. 宁夏中国特色社会主义理论体系研究中心．经济发展进入新时代．宁夏日报，2018－08－10.

49. 习近平新时代中国特色社会主义思想三十讲．人民网-中国共产党新网，2018－11－23.

50. 习近平出席建成暨开通仪式并宣布北斗三号全球卫星导航系统正式开通．新华网，2020－07－31.

51. 历史题材电视纪录片《大国崛起》，2006－11.

52. 中国科学技术史，百度百科.

53. 中央党史和文献研究院．中华人民共和国大事记（1949年10月—2019年9月）．北京：人民出版社，2019.

54. 国家最高科学技术奖，百度百科.

55. 新时期促进集成电路产业和软件产业高质量发展的若干政策．新华网，2020－08－04.

56. 阿里参与共建之江实验室 开展重大前沿基础研究．环球网，2017－09－06.

57. 于华．河南科技大学积极探索科技成果转化新模式．河南省教育厅官网，2019－04－01.

58. 2019年中国十大伦理事件．中国伦理在线，2020－01－21.

59. 中国驻英国大使．英方宣布禁用华为5G决定那天，是“黑暗的一天”．中国新闻网，2020－07－20.

60. 袁隆平．以科技创新保障国家粮食安全．光明网，2020－06－25.

61. 站上新职业的“风口”，潇潇洒洒工资翻番．新华网，2020－07－24.

62. 信息方舱、风云四号卫星、北斗导航系统……防汛抗灾有利器 科学技术来助力．央视新闻客户端，2020－07－21.

63. 马剑．从“治堵”到“治城”这座城市拥有了一个升级版“最强大脑”．新华网，2018－12－30.

64. 我国首次火星探测任务“天问一号”探测器成功发射．新华网，2020－07－23.

65. 第45届世界技能大赛闭幕 中国队荣登金牌榜和奖牌榜第一．央视新闻客户端，2019－08－28.

66. 庞培法．华罗庚：用生命谢幕的人民数学家．党史文汇，2010－03－12.

67. 张丛博．中国最早的“北斗九星”遗迹在郑州．大河报，2020－08－01.

68. 金一南．苦难辉煌．北京：作家出版社，2015.

69. 饶毅．中国科技从不怕封锁，怕的是一时脑热的实用主义．文化纵横，2020（7）.

70. 陈姝．完善关键核心技术攻关的新型举国体制．光明日报，2020－03－20.

71. 任正非．励精图治，十年振兴——在 Fellow 及部分欧研所座谈会上的讲话．心声社区，2018－07－06.

72. 方力，任晓刚．有的放矢：完善科技创新体制机制．人民网，2020－02－06.

73. 国务院．国务院关于全面加强基础科学研究的若干意见．中华人民共和国国务院公报，2018（5）.

74. 习近平总书记给 25 位科技工作者代表的回信在广大科技工作者中引起热烈反响．央广网，2020－05－30.

75. 贾争慧，杨小明．大力弘扬新时代科学家精神．光明日报，2019－07－19.

76. 求贤若渴，奖掖后学．淄博文明网，2017－03－24.

77. 邓志革，黎修良，沈言锦．“中国制造 2025”背景下的汽车专业群建设方案研究. 长沙：中南大学出版社，2016.

78. 胡军．让青年人才成为科技强国生力军．人民网-中国共产党新闻网，2018－06－01.

79. 腾讯成立 21 周年更新价值观，新愿景为“用户为本，科技向善”．澎湃新闻，2019－11－11.

80. 习近平．紧密结合“不忘初心、牢记使命”主题教育 推动改革补短板强弱项激活力抓落实．新华网，2019－07－24.

81. 冯华，刘诗瑶．“天问一号”踏上征程 火星，我们来了．人民日报，2020－07－27.

82. 王一彪．从一穷二白走向伟大复兴——对新中国 70 年发展历程的回顾与思考．人民论坛，2019（26）.

83. 中共中央国务院关于构建更加完善的要素市场化配置体制机制的意见．社会主义论坛，2020（5）.

84. 中医药防治重大疾病基础研究平台在京成立．云南网，2020－08－31.

85. 朱日祥．基础研究亟待民间资本“加盟”．科技日报，2018－03－09.

86. 李童．看以后谁还说“造导弹的不如卖茶叶蛋的”．新华网，2020－05－21.

87. 李志红．完善发现、培养、激励机制 全面增强科技人才活力．科技日报，2020－03－19.

88. 构建关键核心技术攻关新型举国体制．21 世纪经济报道，2019－11－15.

89. 佘惠敏．《2020 年全球创新指数报告》显示：中国创新能力排名保持第 14 位．

经济日报，2020-09-07.

90. 温家宝．钱学森之问对我是很大刺痛．央视网综合，2010-05-05.

91. 习近平主持召开科学家座谈会并发表重要讲话．学习强国，2020-09-12.

92. 习近平．在文化自觉中传承文脉．人民日报，2016-08-06.

93. 习近平．习近平在中并中央政治局第十一次集体学时的讲话．人民日报，2014-02-26.

94. 胡锦涛．坚定不移沿着中国特色社会主义道路前进为全面建成小康社会而奋斗——在中国共产党第十八次全国代表大会上的报告．人民日报，2012-11-08.

95. 习近平．在会见第四届全国文明城市、文明村镇、文明单位和未成年人思想道德建设工作先进代表时的讲话．人民日报，2015-02-28.

96. 习近平．在第五届全国道德模范座谈会上的讲话．人民日报，2015-10-14.

97. 习近平．在中央民族工作会议暨国务院第六次全国民族团结进步表彰大会上的讲话．人民日报，2014-09-28.

98. 中央文献研究室．十八大以来重要文献选编（上）．北京：中央文献出版社，2014.

99. 习近平．习近平谈治国理政（第一卷）．北京：外文出版社，2018.

100. 习近平．在纪念毛泽东同志诞辰120周年座谈会上的讲话．人民日报，2013-12-26.

101. 习近平．在俄罗斯“中国旅游年”开幕式上的致辞．人民日报，2013-03-22.

102. 习近平．干在实处 走在前列：推进浙江新发展的思考与实践．北京：中共中央党校出版社，2013.

103. 孙立极．习近平总书记会见中国国民党主席朱立伦．人民日报，2015-05-05.

104. 齐鹏飞．中共十八大以来习近平“依法治港”的新理念、新论述初探．党史研究与教学，2016（8）.

105. 习近平．在庆祝香港回归祖国20周年大会暨香港特别行政区第五届政府就职典礼上的讲话．新华网，2017-07-01.

106. 习近平．在会见香港澳门各界庆祝国家改革开放40周年访问团时的讲话．人民日报，2018-11-13.

107. 习近平．在澳门特别行政区政府欢迎晚宴上的致辞．新华网，2014-12-20.

108. 袁持平．澳门的“一国两制”与人心回归．人民论坛·学术前沿，2018（11）.

109. 习近平．在庆祝澳门回归祖国15周年大会上发表重要讲话．人民网，2014-12-20.

110. 习近平．为实现民族伟大复兴 推进祖国和平统一而共同奋斗——在《告台湾同胞书》发表40周年纪念会上的讲话．新华网，2019－01－02.

111. 蒋建国．“一国两制”是保持香港、澳门长期繁荣稳定的最佳制度．人民日报，2018－01－10.

112. 解放日报评论员．保持勇气锐气朝气，当好排头兵先行者．解放日报，2016－03－06.

113. 习近平．在庆祝中国共产党成立95周年大会上的讲话．解放日报，2016－07－02.

114. 习近平．在纪念孙中山先生诞辰150周年大会上习近平的讲话．解放日报，2016－11－11.

115. 严安林等．“一国两制”理论的实践与创新研究．北京：九州出版社，2018.

116. 杨晓慧．形势与政策．南京：东南大学出版社，2019.

117. 百年变局中的中国信心与担当——2019年习近平主席引领中国特色大国外交深刻影响世界．新华网，2020－01－18.

118. 杨琳．“世界处于百年未有之大变局”论析．中学政治教学参考，2020（1）.

119. 徐伟新，李志勇．以伟大斗争应对百年变局．光明日报，2019－06－19.

120. 王俊生，秦升．从“百年未有之大变局”中把握机遇．红旗文稿，2019（4）.

121. 王毅．不忘初心 接续奋斗 全力开拓中国特色大国外交新局面．求是，2020（1）.

122. 任琳．“百年未有之大变局”下的全球治理体系改革．当代世界，2020（3）.

123. 张宇燕．理解百年未有之大变局．国际经济评论，2019（5）.

124. 郭树勇．百年未有之大变局下的中国外交转型．国际观察，2019（3）.

125. 凌胜利．中国特色大国外交的战略体系构建．国际展望，2020（2）.

126. 中国特色大国外交的作为与担当——开创新时代中国特色外交新局面．武汉大学党委宣传部、武汉大学形势与政策教育中心，2020－07－17.

127. 解放军报评论员．坚持和平发展道路——三论学习贯彻习主席在庆祝中华人民共和国成立70周年大会上的重要讲话．解放军报，2019－10－04.

128. 冯霞，乔玉强．引领全球治理健康发展的中国方案．福建日报，2019－11－18.

129. 徐鹏杰．不断推动建设开放型世界经济．中国社会科学报，2019－12－03.

130. 赵瑾．习近平关于构建开放型世界经济的重要论述——理念、主张、行动与贡献．经济学家，2019（4）.

131. 郑归初．全球抗疫彰显人类命运共同体理念时代性．学习时报，2020－04－24.

132. 阮宗泽．构建人类命运共同体 助力中国战略机遇期．国际问题研究，2018（1）.

133. 何梦舒，谢琳，商婧．人类命运共同体理念之光照亮世界前行之路．新华网，

2020-09-02.

134. 本报采访组．人类命运共同体理念更加深入人心．经济日报，2019-12-31.

135. 打赢疫情阻击战彰显“四个自信”．中国社会科学网，2020-08-07.

136. 从中西方疫情防控看中国制度优势．共青团中央，2020-05-06.

137. 北斗三号全球系统运行稳定 服务能力步入世界一流行列．新华社，2020-03-04.

138. 2020政府工作报告．中国政府网，2021-03-05.

139. 茅台女总工入围院士候选人？当慎之又慎！央广网，2021-02-17.

140. 最新版国家新冠肺炎诊疗方案所列药品全部纳入国家医保目录．新华网，2020-12-28.

141. 任正非访问北大：期待产生更多原创性颠覆性的成果．中国青年网，2020-09-22.

142. 张小东．颠覆！1 000多年前，我国竟掌握这项黑科技！如今40多国掀起争夺战．科创中国，2021-01-02.

143. 马姗姗，方世南．从三个维度把握人类卫生健康共同体．辽宁日报，2020-11-02.

144. 本报评论员．推动构建人类卫生健康共同体．经济日报，2020-06-10.